Badstübner · Stadtkirchen der Mark Brandenburg

Ernst Badstübner

Stadtkirchen der Mark Brandenburg

Evangelische Verlagsanstalt Berlin

Herausgeber: Karl Wagner

Inhaltsverzeichnis

Geleitwort

»So dumm war ich nicht«, wehrte Theodor Fontane, der es ja wohl wissen muß, den Verdacht ab, der »Wanderer« hätte auch eine »Schwärmerei für Mark und Märker« gehabt. Auch wir wollen uns nicht verführen lassen, überschwenglich zu werden, wenn uns die »Stadtkirchen der Mark Brandenburg« in diesem schönen Band vor Augen geführt werden. Es ist kaum etwas darin von der Wucht der Kirchen der Hansestädte im Norden noch von der feinziselierten Hausteinarchitektur in südlicheren Breiten. Zum Eindrucksvollsten im Brandenburger Land gehören für mich die aus Feldsteinquadern sorgfältig zusammengefügten Mauern der Gotteshäuser aus der ältesten Zeit und die gewaltigen Westwerke nach dem Muster des Havelberger Doms. Fast jede Stadt, und mag es ein winziges Landstädtchen sein, ist mit Recht stolz auf eine wohlgeformte, das Stadtbild bestimmende Pfarrkirche. Unter diesen heben sich einige von europäischem Rang heraus, St. Marien in Prenzlau, St. Katharinen in Brandenburg, St. Marien in Frankfurt an der Oder – letztere seit dem vorigen Krieg leider als Ruine.

Diese Kirchen und das, was in ihnen an Schätzen erhalten blieb, gehören zu dem reichen Erbe, das wir von unseren Vätern übernommen haben. Vergangene Generationen haben sie gediegen ausgestattet, Brandkatastrophen haben sie heimgesucht, Kriege haben sie bis in ihre Substanz gefährdet. Besonders arg hat der letzte Krieg gewütet; noch immer konnten seine Spuren – bei allem guten Willen – nicht vollständig beseitigt werden. Mancher besonders schöne und wichtige Bau liegt noch in Trümmern, mancher wird auf lange Zeit Ruine bleiben müssen.

In diesen letzten Jahren ist – unter Mithilfe kirchlicher Baufachleute und staatlicher Denkmalpfleger – viel geschehen, das Überkommene wiederherzustellen, ja, ohne es zu vergewaltigen, den Bedürfnissen der heutigen Gemeinde anzupassen: statt des einen für unsere Zeit viel zu großen Kultraumes galt es, den einzelnen Gruppen der Gemeinde den passenden Rahmen zu geben. Seit kurzem kommen in den neuentstandenen Städten neue Aufgaben auf uns zu. Unsere Zeit wird nicht nur als bewahrende und vorsichtig verändernde, sondern auch als das Erbe vermehrende zu dem uns anvertrauten Schatz das Ihrige beitragen.

Wir sind Ernst Badstübner für das Werk, das er uns in die Hand legt, sehr dankbar. Wir lassen uns von ihm daran erinnern, daß auch die Pflege der uns erhaltenen Kirchengebäude als ein Stück Bekenntnis dazu gelten kann, »daß allezeit die eine, heilige, christliche Kirche sein und bleiben muß« (Augsburgische Konfession, Art. VII). Das gilt, obwohl wir manche alte, schöne Kirche abgegeben haben und weitere schweren Herzens abgeben werden. Auch »die eine, heilige, christliche Kirche« hat an den Auf- und Abwärtsbewegungen ihrer Zeit teil. Und allein an den Kirchengebäuden selbst ist nicht abzulesen, was und wie die Kirche da ist. Dennoch hat es etwas mit der Dankbarkeit und Treue gegenüber unserem Herrn, der lebt und dessen Auftrag gilt, und darum auch mit unserem Glauben zu tun, wie wir es mit den uns anvertrauten Kirchen halten. Dies Buch kann und wird uns bewußt machen, wie groß dieser Schatz ist.

D. Albrecht Schönherr
Bischof

Landeskundliche Einleitung

DIE LANDSCHAFT, IHRE ENTSTEHUNG UND IHRE GESTALT

Der Landschaftsbegriff der Mark Brandenburg hat sich in einem selten so deutlich zu beobachtenden Zusammenhang mit den geschichtlichen Abläufen herausgebildet. Noch bis heute ist er entsprechenden Veränderungen unterworfen. Er ist deshalb auch keineswegs so fest bestimmt wie etwa der Thüringens oder Mecklenburgs. Dort prägen beim einen das Mittelgebirge, beim anderen die Küste das Wesen der Landschaft, legen ihre Grenzen fest, beeinflußten Wirtschaft und Politik. In der Mark Brandenburg fehlen derart dominante geographische Elemente. Die Entstehung der märkischen Landschaftsgestalt wird im allgemeinen so beschrieben: Ihre Oberflächenform ist das Ergebnis der letzten Eiszeiten, der Saale- und der Weichseleiszeit, in denen das skandinavische Inlandeis Norddeutschland in mehreren Stadien überwanderte. Die riesigen Gletscher führten Gesteinsmassen aus dem Norden mit und hinterließen Schuttberge am südlichen Rand ihrer jeweiligen Ausdehnung, die Endmoränenwälle, von denen die bedeutendsten als südlicher und nördlicher Landrücken mit ihren Abschnitten zwischen Elbe und Oder eine natürliche Begrenzung der zentralen Teile der Mark bilden. Die Erhebungen des südlichen Landrückens erreichen im Hohen Fläming mit dem Hagelberg bei Belzig eine Höhe von 201 Meter. Die Landschaft zwischen den großen Endmoränen – man spricht von der Mulde des märkischen Zwischenstromlandes – ist geprägt von den flachwelligen Grundmoränenplatten, durchsetzt von Rinnen, Wirbelseen und anderen »Hohlformen« zwischen den reich verzweigten ehemaligen Wasserläufen der Urstromtäler, die die Platten und Sander umschließen, die Teil- und Kleinlandschaften der Zauche, des Teltows und des Barnims, der Ländchen Rhinow, Friesack, Glin und Bellin und schließlich der Lebuser, der Beeskow-Storkower und der Lieberoser Platte, in die sich die Gesamttopographie der Mark Brandenburg zwischen Elbe und Oder späterhin gliederte.

Der Gegensatz zwischen den mehr oder weniger trockenen, meist steilrandig begrenzten Hochflächen und den weithin vermoorten Talzonen macht den großen Reiz der märkischen Landschaft aus. Ausgedehnte Wälder auf den Grundmoränenplatten stehen den meist sumpfigen Wiesen in den Niederungen der Fließe und Lüche gegenüber. Die überaus reichen Gewässer gliedern in ihrer natürlichen Form als ein Netz aus Flüssen und Seen, von Norden (Havel) und Süden (Spree) kommend, den Landschaftsraum und erschließen ihn in westlicher Richtung zur Elbe; die Verbindung nach Osten zur Oder ist dann künstlich durch Kanäle geschaffen worden. Die eiszeitlichen Gletscherablagerungen haben Geschiebemergel und Geschiebelehm als Oberflächenböden, meist recht fruchtbar, vor allem in den nördlichen Teilen, zur Folge gehabt. Die durch fließendes Wasser ausgeschwemmten sogenannten Bändertone wurden neben erdgeschichtlich älteren Tonlagern zur Grundlage der Ziegelherstellung. Natürliches Baumaterial gab es dagegen in der Mark nur in Form der Granitfindlinge und Feldsteine, die aus Skandinavien im Geschiebe der Gletscher nach Mitteleuropa geführt worden waren. Der aus dem Geschiebelehm ausgewehte Sand, der weite, heute aber doch meist ausgedehnt bewaldete Teile der Hochflächen und Endmoränen bedeckt, hat der Mark den Spottnamen »Streusandbüchse« eingetragen.

DIE TERRITORIALE GLIEDERUNG

Die eiszeitliche Gestaltgebung der Landoberfläche des märkischen Gebietes zwischen Elbe und Oder hat nicht nur die landschaftliche, sondern bis in die Neuzeit hinein auch die politische Gliederung beeinflußt. Die Kleinlandschaften der Mark sind in geschichtlicher Zeit bald zu territorialen Einheiten geworden, zu slawischen Stammesherrschaften zunächst, später – im Zuge der expansionistischen deutschen Landnahme im 10. Jahrhundert vorübergehend, seit dem 12. Jahrhundert dann beständiger – zu feudaldynastischen Herrschaften, die schließlich die Grundstruktur der landesherrlichen Verwaltung der Markgrafen und Kurfürsten von Brandenburg abgaben.

Als verwaltungspolitisches Territorium hat die Mark Brandenburg bis zum Anfang des 19. Jahrhunderts bestanden. Im 17. Jahrhundert war für das gesamte Gebiet die Bezeichnung »Chur und Mark Brandenburg« aufgekommen. Später unterschied man in der Verwaltungsgliederung zwischen der Kurmark und der Neumark. Zur Neumark gehörte außer dem »Land über der Oder« auch die im 15. Jahrhundert bereits an Brandenburg gefallene Herrschaft Cottbus-Peitz in der Niederlausitz. Die Kurmark dagegen umfaßte die Altmark, die Prignitz, die Mittelmark und die Uckermark.

In den Jahren 1815 und 1816 ist der preußische Staat, in den die Mark als zentraler Bestandteil hineingewachsen war, aufgrund einer Verordnung vom 30. April 1815 neu gegliedert worden. Die damals gebildete Provinz Brandenburg entsprach nicht mehr dem ursprünglichen Bestand der Mark. Die Altmark wurde von ihr getrennt und zu der neu entstandenen preußischen Provinz Sachsen geschlagen. Dafür wurden ihr die königlich-sächsischen Gebiete der Niederlausitz, der Ämter Belzig, Jüterbog und Dahme wie auch der Herrschaft Baruth einverleibt, die aufgrund der Beschlüsse des Wiener Kongresses 1815 zu Preußen gekommen waren.

Heute ist das ehemalige Gebiet der Provinz Brandenburg zwischen Elbe und Oder seit der Verwaltungsreform von 1952, durch die das von 1945 an bestehende Land Brandenburg aufgelöst wurde, zum größten Teil in den Bezirken Potsdam, Frankfurt an der Oder und Cottbus, zu einem geringeren Teil in den Bezirken Neubrandenburg, Schwerin und Magdeburg aufgegangen.

Von den einstigen kurmärkischen Gebieten zwischen Elbe und Oder gehörten der Provinz Brandenburg nach der geographisch-historisch-statistischen Beschreibung von Heinrich Berghaus aus dem Jahre 1854 die Prignitz oder Vormark, die Mittelmark und die Uckermark an.

Die *Prignitz,* das Gebiet östlich der Elbe zwischen Elde und Dosse nördlich der Havel, geriet, von der vorübergehenden Inbesitznahme im 10. Jahrhundert abgesehen – das 948 gegründete Bistum Havelberg war mit drei Burgwarden in dem Land ausgestattet –, im 12. Jahrhundert in die Hände lehnsunabhängiger Feudalherren, deren Herrschaften jedoch im 13. Jahrhundert zugunsten markgräflicher Landeshoheit und des bischöflich-havelbergischen Eigenlandes verkleinert wurden. 1375 ist die Prignitz als territorialpolitische Einheit mit einem Landvogt bezeugt, die Stadt Perleberg war zum Hauptort aufgestiegen. Im 17. und 18. Jahrhundert war der Kreis in sieben Unterkreise geteilt, 1817 sind die brandenburgischen Landkreise Ost- und Westprignitz gebildet worden. Die Ostprignitz (Kyritz, Pritzwalk, Wittstock) ist heute Bestandteil des Bezirkes Potsdam, die Westprignitz (Perleberg, Wittenberge, Lenzen) gehört zum Bezirk Schwerin. Nur Havelberg ist dem Bezirk Magdeburg angeschlossen worden.

Unter dem Begriff der Mittelmark wird das Gebiet um Havel und Spree zwischen Elbe und Oder zusammengefaßt. Die Kreiseinteilung nach 1816 folgte mit ihren Grenzziehungen teilweise noch immer Voraussetzungen, die bis auf das 12. Jahrhundert zurückgingen. Die alten Territorien Havelland, Ruppin, Barnim, Teltow, Lebus, Beeskow-Storkow und Zauche blieben Grundlage der politischen Gliederung.

Das *Havelland,* auch im 10. Jahrhundert bereits vorübergehend in deutschem Besitz (Burgwarde in Ziesar, Pritzerbe und Brandenburg), wurde um die Mitte des 12. Jahrhunderts zum Kernland der ersten markgräflichen Herrschaft unter den Askaniern. Im 13. Jahrhundert wurden ihm die sogenannten Ländchen nördlich des havelländischen Luches, Nußwinkel, Rhinow, Friesack, Bellin und Glin, eingefügt. Nach 1815 entstanden die Landkreise Ost- und Westhavelland. Mit den Kreisen Rathenow, Brandenburg, Potsdam, Nauen und Oranienburg gehört das Havelland seit 1952 zum Bezirk Potsdam.

Das Land *Ruppin* um das Rhin-Seen-Gebiet war von einem mit den Askaniern verwandten und wie diese aus dem Nordharz stammenden Adelsgeschlecht, den Grafen von Arnstein, die sich auch von Lindow oder Ruppin nannten, übernommen und zu einer sehr beständigen Territorialherrschaft zwischen der Mark Brandenburg und Mecklenburg mit Burgen und Städten ausgebaut worden. Im 14. Jahrhundert gelang ihnen eine Erweiterung nach Westen um Wusterhausen und nach Osten um Gransee. Nach dem Tod des letzten Ruppiner Grafen 1524 fiel das Land an Brandenburg.

Ansicht von Rathenow, um 1710. Zeichnung von Daniel Petzold

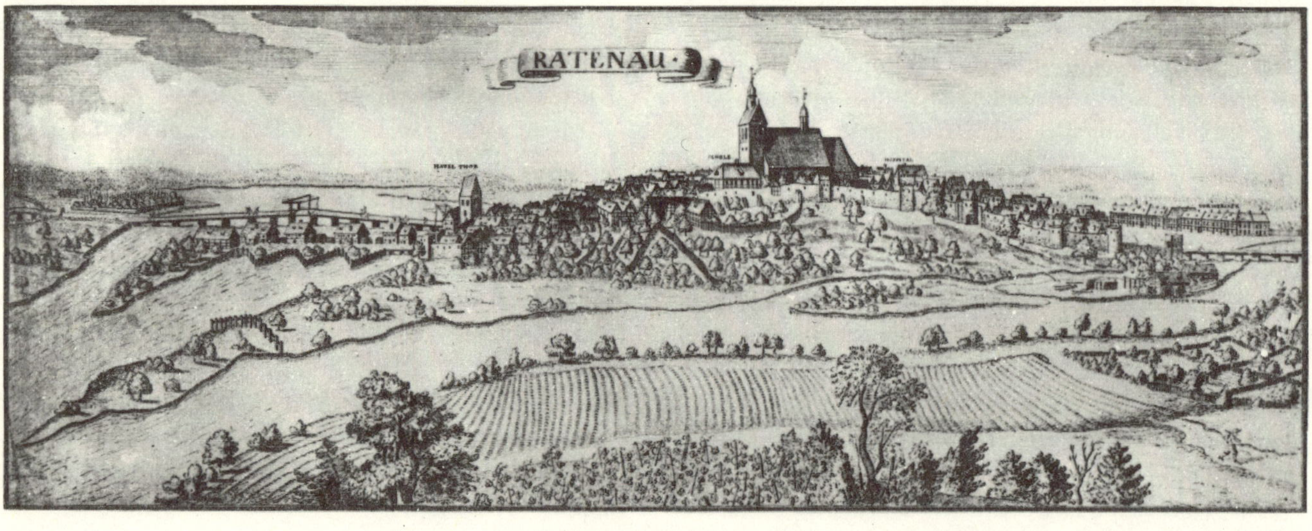

1815 wurde aus ihm unter Einbeziehung des Ländchens Löwenberg der Landkreis Ruppin. Heute bildet es mit den Kreisen Neuruppin und Gransee den nordöstlichen Teil des Bezirkes Potsdam.

Die zentralen Teillandschaften der Mittelmark, der *Teltow* südlich und der *Barnim* nördlich der Spree, sind schon in der Expansionsgeschichte des späten 12. und frühen 13. Jahrhunderts als territoriale Einheiten in Erscheinung getreten, und es gibt Vermutungen, daß selbst die 1816 fixierte Teilung in Nieder- und Oberbarnim (auch Hoher Barnim) eine Widerspiegelung des Eroberungsvorgangs durch die Askanier darstellt. Zum Landkreis Niederbarnim zählte neben den Gebieten um Oranienburg, Liebenwalde, Bernau und Altlandsberg auch das von der Spree aus rechtsseitige Berlin. Zum Landkreis Oberbarnim gehörten die Gebiete um Biesenthal, Eberswalde, Oderberg, Freienwalde, Wriezen und Strausberg. Heute ist der Barnim in dem Kreis Oranienburg des Bezirks Potsdam und in den Kreisen Bernau, Eberswalde, Bad Freienwalde und Strausberg des Bezirks Frankfurt an der Oder aufgegangen. Der Teltow, die Grundmoränenplatte zwischen Nuthe und Dahme südlich der Spree und nördlich des Fläming, ist vollständig erst Mitte des 13. Jahrhunderts in askanische Hände gelangt, nachdem vorher die Wettiner hier ihre Interessen verteidigt hatten. Im 15. Jahrhundert kamen die bis dahin zur Lausitz gehörenden Herrschaften Zossen und Teupitz hinzu. Frühere Unterteilungen in Ämterkreise und den Hauptkreis Hoher Teltow verschwanden 1816 mit der Bildung des Landkreises Teltow, zu dem, ähnlich wie beim Niederbarnim, neben den Gebieten um Teltow, Saarmund, Trebbin, Zossen, Teupitz, Mittenwalde und Königs Wusterhausen und unter anfänglichem Einschluß des Landes Storkow auch das von der Spree aus linksseitige Berlin geschlagen wurde. Heute haben die Kreise Zossen und Königs Wusterhausen des Bezirks Potsdam den größten Anteil an der ehemaligen Verwaltungseinheit des Teltows. Berlin war schon im 19. Jahrhundert aus den Kreisverbänden ausgeschieden.

Rechts der Dahme sowie südlich der Spree und der Verbindung Fürstenwalde – Müllrose – Eisenhüttenstadt (Fürstenberg) schließen sich östlich an den Teltow Gebiete der Niederlausitz an. Der Landesteil nördlich der Linie Fürstenwalde – Eisenhüttenstadt zwischen Barnim und Oder, das Land *Lebus,* war schon in frühgeschichtlicher Zeit von Bedeutung als Berührungsgebiet deutscher und polnischer Interessen. Es war seit 1124 Teil des polnischen Bistums gleichen Namens und begann in der Christianisierungsgeschichte der Elbslawen eine gegen das deutsche Vordringen gerichtete Rolle zu spielen. Im 13. Jahrhundert wurde es zum Streitobjekt unter verschiedenen Territorialgewalten, von denen die Askanier schließlich als siegreiche Landesherren hervorgingen. Seit dem 14. Jahrhundert ist das Land Lebus fester territorialer Bestandteil der Mittelmark. Der Bischofssitz verblieb trotz der Aufgabe der Residenz in Lebus westlich der Oder – seit 1373 in Fürstenwalde –, unterstand aber bis 1425 der Erzdiözese Gnesen. Erst dann konnte das Erzbistum Magdeburg, das von Anfang an die Unterwerfung angestrebt hatte, es seiner Gewalt unterstellen. Die territoriale Einheit blieb auch nach der Reformation und der Gebietseinteilung von 1815 gewahrt. Heute ist das Land Lebus auf die Kreise Seelow, Strausberg, Fürstenwalde und Eisenhüttenstadt des Bezirks Frankfurt an der Oder verteilt.

Zur Mittelmark zählt auch das Gebiet südlich von Brandenburg zwischen Havel und Fläming, die *Zauche,* die schon um 1127/29 den Askaniern übereignet worden war. Sie war das erste Gebiet, das den Markgrafen östlich der Elbe zu eigen war, und sie haben auf diesem Territorium sowohl ihre erste Stadt, die Neustadt Brandenburg, als auch ihr erstes Kloster, die Zisterzienserabtei Lehnin, gegründet. Die Neustadt Brandenburg gehörte noch zu dem 1815 gebildeten Landkreis Zauch-Belzig, während die Altstadt dem Havelländischen Kreis angeschlossen worden war. Das südlich anschließende Land am Nordhang des *Fläming,* der seinen Namen wohl von der Besiedelung durch Niederländer im 12. Jahrhundert herleitet, war von den Magdeburger Erzbischöfen zunächst um Jüterbog und Zinna, dann bis Luckau und Doberlug in der Lausitz in Besitz genommen worden. Das Gebiet wechselte in seinen verschiedenen Teilen zwischen Magdeburg, Kursachsen und Kurbrandenburg-Preußen häufig, bis es 1816 zu den Landkreisen Zauch-Belzig, unter Einschluß des bis dahin königlich-sächsischen Amtes Belzig, und Jüterbog-Luckenwalde, mit der Herrschaft Baruth, zusammengeschlossen wurde. Heute haben die Kreise Brandenburg, Belzig, Potsdam, Luckenwalde und Jüterbog im Bezirk Potsdam und der Kreis Luckau im Bezirk Cottbus daran Anteil.

Von dem nördlichen Teil der Niederlausitz fiel das Gebiet zwischen Dahme und Spree, das Land *Beeskow-Storkow,* ursprünglich Herrschaften sächsischer Adliger und seit 1518 Besitz des Bischofs von Lebus, 1575 an Kurbrandenburg. Nach 1816 zunächst geteilt, wurde das Gebiet 1836 wieder zusammengeschlossen zum Landkreis Beeskow-Storkow. Heute ist es in den Kreisen Beeskow und Fürstenwalde des Bezirks Frankfurt an der Oder enthalten.

Um vorerst das Gebiet der ehemaligen Kurmark, soweit es heute noch kirchlicherseits als brandenburgisch angesprochen wird, zu Ende zu beschreiben, muß noch die *Uckermark* behandelt werden. Das Land zwischen oberer Havel im Westen und Randowbruch im Osten, durchflossen von der namengebenden Uecker, war vermutlich in der zweiten Hälfte des 12. Jahrhunderts aus polnischer Hand an die Pommernherzöge gefallen und noch unter deren Herrschaft deutsch besiedelt worden. Die Gründung der Stadt Prenzlau erfolgte 1235 nach deutschem Recht. Mitte des 13. Jahrhunderts aber waren dann die Askanier im Besitz der gesamten Uckermark, nachdem sie die südlichen Teile schon früher gewonnen hatten. Brandenburg verlor sie zeitweilig wieder an Pommern, erhielt sie aber 1472 endgültig zurück. 1816 entstanden anstelle einer älteren Gebietsteilung drei Landkreise, von denen, mit einigen Grenzverschiebungen und der Bildung des Kreises Strasburg, seit 1952 die Kreise Prenzlau und Templin dem Bezirk Neubrandenburg zugeordnet sind, während der Kreis Angermünde dem Bezirk Frankfurt an der Oder angehört.

Mit dem 18. Mai 1815 kam das bis dahin königlich-sächsische Markgrafentum *Niederlausitz* an Preußen und wurde 1816 in die neugebildete Provinz Brandenburg einbezogen. Dazu gehörten der Kreis Luckau mit den Herrschaften Dobrilugk, Sonnewalde und Drehna, der Kreis Guben mit dem Stift Neuzelle und der Herrschaft Forst, der Kreis Calau mit der Herrschaft Lübbenau, der Crumspreeische Kreis mit den Ämtern Lübben, Neuzauche und Friedland sowie den Herrschaften Lieberose, Straupitz und Leuthen und schließlich der Kreis Spremberg. Ferner kamen zu diesem Gebiet aus dem ehemals Meißnischen Kurkreis noch Senftenberg und Finsterwalde hinzu. Die neue Kreiseinteilung von 1816 wies gegenüber der alten einige Veränderungen auf. Der Landkreis Guben wurde auf das Gebiet links der Oder beschränkt. Aus dem Crumspreeischen Kreis wurde der Landkreis Lübben. Der Landkreis Luckau erhielt Finsterwalde und der Landkreis Calau Senftenberg zugeteilt. Cottbus und sein Kreis, die Herrschaften Cottbus und Peitz, waren schon 1462 an Brandenburg gefallen und nun 1816 aus der isolierten Lage inmitten sächsischer Lande gelöst worden. Heute umfaßt der Bezirk Cottbus die wesentlichen Teile der Niederlausitz.

Die kirchlichen Grenzen sind heute noch in etwa die der ehemaligen Provinz Brandenburg zwischen Elbe und Oder. An der nördlichen und südlichen Peripherie sind 1973 Teile von Kirchenkreisen an die benachbarten Landeskirchen übergegangen. Gleichzeitig wurde auch das immer noch recht ausgedehnte Gebiet der Evangelischen Kirche in Berlin-Brandenburg neu gegliedert. An die Stelle der früheren Generalsuperintendenturen Kurmark und Niederlausitz, die zusammen 49 Kirchenkreise verwalteten, traten vier neue mit insgesamt 46 Kirchenkreisen. Davon entfallen auf den Sprengel Berlin neun, auf den Sprengel Cottbus elf, auf den Sprengel Eberswalde zehn und auf den Sprengel Potsdam sechzehn Kirchenkreise. Ursprünglich basierten die Kirchenkreise auf Einteilungen, die nach der Reformation unter Berücksichtigung mittelalterlicher Sprengelgrenzen vorgenommen wurden. Bei dem historischen Charakter des vorliegenden Buches über Stadtkirchen der Evangelischen Kirche in Berlin-Brandenburg mag es gerechtfertigt sein, daß einerseits Bauwerke von Städten im Lande mit behandelt werden, die heute nicht mehr zum Kirchengebiet gehören, und andererseits die Kirchen Berlins aufgrund der besonderen Entwicklung der Stadt außerhalb der Betrachtung bleiben; ihnen soll eine eigene Publikation gewidmet werden.

DIE GESCHICHTLICHEN ANFÄNGE

Die einst von den Schmelzwassern der eiszeitlichen Gletscher umflossenen Hochflächen wurden bald zu Plätzen früher vorgeschichtlicher Besiedelung. In der mittleren Steinzeit sind bereits seßhafte Jäger bezeugt, Ackerbauern und Viehzüchter im 4. bis 3. Jahrtausend v. Chr. In der mittleren Bronzezeit, am Ende des 2. Jahrtausends, nahm die Siedlungsdichte zu; die damalige Bevölkerung ist allerdings ethnisch nicht bestimmbar. Erst im 5. vorchristlichen Jahrhundert haben Germanen hier Land genommen, und um die Zeitenwende ist bei römischen Schriftstellern von den zwischen Elbe und Oder lebenden Semnonen die Rede. Sie zogen im Verlauf der Völkerwanderung nach Südwesten, und slawische Stämme folgten von Osten in das Gebiet zwischen Oder und Elbe nach. In der mittleren märkischen Landschaft waren seitdem die Wilzen oder Liutizen ansässig, von denen der »Bayrische Geograph« im 9. Jahrhundert berichtet. Das Siedlungsgebiet der Liutizen grenzte im Nordwesten an das der Obodriten in Mecklenburg und im Südosten an das der Sorben in der Lausitz. Den Wilzen oder Liutizen werden folgende Teilstämme zugeordnet: die Ukrer oder Ukranen im Nordosten um Uckersee und -fluß, die Leubuzzen oder Lebuser östlich im Lande Lebus, die Spirawanen oder Spreewanen an der Spree mit dem späteren Herrschaftsmittelpunkt in Köpenick, die Heveller oder Stodoranen in Havelland und Zauche mit dem Herrschaftszentrum in Brandenburg und schließlich die Doxanen oder Dossaner im Dossegebiet und die Brizzanen in der Prignitz. Die Teilstammbenennungen sind schon früh überliefert. Sie gehen mit den bis heute gebräuchlichen Namen der Kleinlandschaften zusammen, in die das Gebiet der Gesamtlandschaft aufgrund seiner geographischen Struktur zerfällt. Der Name für die Gesamtlandschaft entstand erst im 12. Jahrhundert, in Zusammenhang mit der askanischen Eroberung.

Die slawischen Siedlungen scheinen sowohl straßendorfähnliche wie auch Rundlingsformen gehabt zu haben, auf jeden Fall waren sie weit auseinandergezogen, auch dann, wenn sie einen vorstädtischen Marktsiedlungscharakter besaßen. Vielfach sind sie Burgwällen zugeordnet gewesen. Später bildeten sie häufig den Ausgang der deutschen Siedlungsgründungen.

Die staatliche Entwicklung bei den Elbslawen hat vermutlich frühe, allerdings kurzlebige, die Teilstämme zusammenfassende Großformen gezeitigt. Als Herrscher einer solchen staatsartigen Vereinigung gilt Dragowit, der Gegner Karls des Großen im Jahre 789. Beständiger waren offenbar spätere kleindynastische Herrschaftsformen der Teilstämme, deren Fürsten von festen Burgsitzen (Brandenburg, Havelberg, Köpenick) aus regierten.

Als im 10. Jahrhundert unter dem sächsischen Königshaus der Ottonen der frühfeudale deutsche Staat entstand, erwuchs im Adel der Grenzmarken an der Elbe, der wie das Herrscherhaus selbst im Umland des Harzes seine Stammsitze hatte, eine Vasallengruppe, die das Interesse an der Eroberung und an der Herrschaft über das rechtselbische Slawenland nachhaltig vertrat. Sie wurde zum Träger der ersten deutschen Ostexpansion. Im Winter 928 auf 929 eroberte König Heinrich I. die Brandenburg, und am 5. September 929 siegte er mit einem Heer unter den grenzmärkischen Adligen Bernhard und Thietmar in der durch Grausamkeiten berüchtigten Schlacht bei Lenzen über die Wilzen. König Otto I. setzte die sächsischen Feudalherren Hermann Billung und Gero als Markgrafen im annektierten Gebiet ein. Gero, der auf seiner Burg am Harz das Damenstift Gernrode gegründet hat, in dessen Kirche er 965 begraben wurde, nahm das Land bis an die Oder einschließlich der Lausitz in Besitz.

Im Jahre 937 hatte Otto I. in Magdeburg ein dem heiligen Mauritius geweihtes Benediktinerkloster eingerichtet und mit rechtselbischen Besitzungen ausgestattet. 948 erfolgte die Gründung zweier Bistümer im slawischen Gebiet. Die Bischofssitze wurden in Brandenburg und Havelberg, also an slawischen Herrschafts- und Kultzentren, errichtet. 968 gelang es Otto I. schließlich, die Schaffung eines neuen Erzbistums in Magdeburg durchzusetzen, dem die Diözesen östlich der Elbe unterstellt und damit dem alten Mainzer erzbischöflichen Verband entzogen werden konnten. Die Voraussetzungen für eine Herrschaft von Dauer über die Elbslawen schienen geschaffen, bis deren Aufstand von 983 die politische und geistliche Vormachtstellung des niedersächsischen Adels brach. Die königlichen und bischöflichen Burgen in Brandenburg und Havelberg, bei denen auch erste Kirchbauten zu vermuten sind, gingen wieder verloren. Kirche und Reich mußten ihre Grenze an die Elbe zurücknehmen. Versuche der Rückeroberung führten zu fortwährenden Grenzkämpfen, blieben aber erfolglos. Interessant ist, daß die Markgrafen und Bischöfe der rechtselbischen Territorien im Besitz ihrer Ämter und Würden belassen wurden, und kontinuierlich eingesetzte Nachfolger vertraten Ansprüche auf das eingebüßte Gebiet. Der gezielte Haß der Elbslawen, vor allem der Liutizen, gegen die Zeichen christlich-deutscher Herrschaft ist deshalb durchaus verständlich. Die Priesterschaft von Rhetra, an jenem bis heute nicht lokalisierbaren Hauptkultort, von dem Thietmar von Merseburg und Adam von Bremen berichten, wird als Träger dieser militanten antichristlichen Haltung angesehen, die eine sonst bei den Slawen in diesem Ausmaß nicht bekannte Institutionalisierung der Religion zur Grundlage hatte. Deshalb behaupteten sich die Elbslawen gegen das Christentum auch dann noch, als andere westslawische Völker und Staaten längst christlich waren. Polen und Tschechen bekannten sich schon seit dem 10. Jahrhundert zu dem neuen Glauben. Im östlichen Teil der späteren Mark Brandenburg entstand 1124 das polnische Bistum Lebus, und 1128 nahm der durch Bischof Otto von Bamberg missionierte pommersche Adel das Christentum an. Die Beständigkeit des Heidentums bei den ostelbischen Slawen war vermutlich mit ein Vorwand dafür, den massiven Vorstoß der zweiten deutschen Ostexpansion im 12. Jahrhundert als Kreuzzug zu deklarieren. Mit Berichten über angeblich von den Heiden verübte Greuel ist schon im Jahre 1108 dazu aufgerufen worden, dem Beispiel der fränkischen Ritter zu folgen. Wie diese zur Befreiung Jerusalems von den Seldschuken, so sollten die sächsischen Adligen gegen die Heiden jenseits der Elbe ziehen. Ein Hinweis auf die materiellen Reichtümer des dabei zu gewinnenden Landes fehlte nicht. Hier artikulierte sich ein Kolonisationsdrang des frühen 12. Jahrhunderts, der nicht nur Feudalherren, sondern auch Bauern, Handwerker und Kaufleute aufgrund sozialökonomischer Entwicklungen in Westeuropa erfaßt hatte. Neue Techniken bei der Bodenbearbeitung und -nutzung hatten eine steigende Produktion in der Landwirtschaft zur Folge. Gleichzeitig begann das Handwerk, sich aus der Bindung an die ländliche Produktion zu lösen und Waren auch über den Eigenbedarf hinaus herzustellen. Der Handel gewann größere Bedeutung. Wachstum und soziale Differenzierung der Bevölkerung waren die Folge, und es entstand eine neue Gesellschaftsschicht mit antifeudalem Charakter, die zum Träger einer neuen Form von Siedlungsgemeinschaften, der Städte, wurde.

Die sozialen und wirtschaftlichen Veränderungen wurden von politischen und weltanschaulichen Erschütterungen begleitet. Den Angriff des Papsttums gegen den deutschen König und Kaiser im letzten Viertel des 11. Jahrhunderts nutzte der niedere Adel zum Ausbau eigener Herrschaft. Er bediente sich dabei gern der neuen Ordensverbindungen des Reformmönchtums und des Reformklerus, für die er Klöster und Stifter gründete. Zisterziensermönche und Chorherren vom Orden der Prämonstratenser folgten denn auch dem linkselbischen Grenzadel bei seinem Vorstoß in das heidnisch-slawische Gebiet und verhalfen der zweiten Ostexpansion mit zum Erfolg. Es waren wieder aus dem Harzland stammende Geschlechter, die den Angriff nach Osten vortrugen, die Askanier ins Havelland und in die Prignitz, die Wettiner in die Lausitz und ins Spreeland. Dazwischen zielte die Stoßrichtung des erzbischöflich-magdeburgischen Interesses auf den »Winkel« zwischen Elbe und unterer Havel, auf das Land Jüterbog und auf den Fläming. Anfang des 13. Jahrhunderts kam es zwischen den drei Mächten um den Zugang zur Oder zu Konflikten, aus denen schließlich die Askanier als Sieger hervorgingen.

1134 war Albrecht der Bär, der erste askanische Markgraf, mit der Altmark beziehungsweise der Nordmark belehnt worden. Die Zauche und das Havelland fielen ihm durch Schenkung und Erbe vom letzten, bereits christlich getauften Hevellerfürsten Pribislaw-Heinrich zu. Albrecht verlor allerdings die von ihm sofort nach Pribislaws Tod besetzte Brandenburg 1153 wieder an einen anderen Prätendenten, an den möglicherweise von polnischer Seite unterstützten Liutizenfürsten Jacza, dessen Identität mit dem Jaxa von Copnic (Köpenick) wahrscheinlich ist. 1157 aber konnte Albrecht zusammen mit Erzbischof Wichmann von Magdeburg die Brandenburg zurückerobern. Im selben Jahr haben er und sein Sohn Otto den Titel »Markgraf in Brandenburg« angenommen, und das Land der Mark erhielt seinen Namen nach dem gewonnenen Hauptort. Bis heute ist er als Landschaftsbezeichnung in Gebrauch.

Stadtkirchen und askanische Territorialpolitik

Durch die erfolgreiche Eroberung des rechtselbischen Slawenlandes konnten die in ottonischer Zeit geschaffenen Bischofssitze wieder von den Amtsinhabern eingenommen werden. Die derzeitigen Würdenträger, Anselm, 1129 zum Bischof von Havelberg, und Wigger, 1138 zum Bischof von Brandenburg geweiht, waren Prämonstratenser und entstammten dem Kreis um den Ordensgründer Norbert von Xanten, der seit 1126 Erzbischof von Mageburg war und dort im Kloster Unser Lieben Frauen ein Prämonstratenserstift eingerichtet hatte, das für die Missionierung im neugewonnenen Lande große Bedeutung bekam. Während Anselm schon um 1150 in Havelberg residierte, hat Wigger die Brandenburger Dominsel noch nicht beziehen können. Das konnte erst sein Nachfolger Wilmar, der 1161 einen 1147, also noch zu Lebzeiten Pribislaw-Heinrichs, bei St. Gotthard im Suburbium Parduin, der späteren Altstadt Brandenburg, gegründeten Prämonstratenserkonvent zum Domkapitel erhob. Das Zögern des Brandenburger Bischofs, die ursprüngliche Residenz wieder einzunehmen, scheint seine Ursachen in Komplikationen gehabt zu haben, die um die Burg- und Kathedralinsel nach dem Herrschaftsantritt der Askanier auftraten und die die erste landesherrliche Stadtgründung in der Mark zur Folge hatten. Auf der Insel nahm ein königlicher Burggraf die Rechte des Reiches wahr, wohl auf Grund einer bereits in ottonischer Zeit geschaffenen Institution. Die Askanier hatten sich gegen sie zu behaupten. Sie taten es mit der Gründung der Neustadt Brandenburg auf dem linken, südlichen Havelufer, auf dem durch Pribislaws Schenkung ihnen als Eigenbesitz zugefallenen Gebiet der Zauche. Der Vorgang muß sich früh abgespielt haben. Wahrscheinlich bestanden um 1170 die Altstadt (Parduin) und die Neustadt Brandenburg bereits de jure nebeneinander, auch wenn ihre Benennungen urkundlich erst später nachweisbar sind, 1197 »nova civitas« und 1241 »antiqua civitas Brandenburg«.

Der Parduiner Prämonstratenserkonvent wurde 1166 auf die Dominsel verlegt, und die Kirche des Stiftes behielt nur die Funktion einer Pfarrkirche der Altstadt. Bestechend ist der neuerlich geäußerte Gedanke, der aus Feldsteinquadern errichtete Westbau der Gotthardkirche ginge auf ein Baukonzept der Prämonstratenser, also auf einen vor 1166, vielleicht schon unter Pribislaw-Heinrich nach 1147 begonnenen Kirchbau zurück. Die offensichtlich geplante Doppeltürmigkeit hätte er mit den Prämonstratenserbauten in Leitzkau und Jerichow gemeinsam gehabt. Der große Bogen über dem Westportal erinnert an den Eingang zur Vorhalle des Westbaues der Magdeburger Liebfrauenkirche. Diese Bezugnahme auf prämonstratensische Vorbilder wäre für die Errichtung einer Stadtpfarrkirche, und als solche wäre die Gotthardkirche »um 1200« (so die landläufige Datierung) begonnen worden, ebensowenig wahrscheinlich wie die Aufwendigkeit der Anlage, die etwas Demonstrativ-Repräsentatives hat wie auch die anderen genannten Prämonstratenserkirchen. Alle sind sie errichtet worden, als die slawischen Heiligtümer im Lande noch existierten und verehrt wurden, und die »Zeichen«-hafte wie auch die wehrhafte Erscheinung der ersten christlichen Kirchen in der noch heidnischen Umgebung ist nur um so verständlicher. Durch den Auszug des Konventes und durch die Erhebung des Suburbiums zur Stadt (»villa forensis« und »civitas Parduin« 1170 bis 1238) wurde die Gotthardkirche zugleich die älteste städtische Pfarrkirche in der Mark.

Klostergründungen traten hinter der Bedeutung, die die Brandenburger Stadtgründung für die Konsolidierung der askanischen Territorialherrschaft hatte, auffallend zurück. 1180 legte Otto I., bezeichnenderweise wieder in der Zauche, den Grund für das Zisterzienserkloster Lehnin. Es avancierte zum askanischen Hauskloster. Als erster wurde der Stifter 1184 in der markgräflichen Grablege beigesetzt.

Unter Otto II. sind um 1200 Ausdehnungsunternehmen der Askanier nach Nordosten, über eine durch Nuthe und Havel gebildete Grenzlinie hinaus, zu erschließen. Sie lassen als Ziel den Zugang zur Ostsee erkennen. Feldzüge gegen die Dänen führten den Markgrafen bis an die Küste, und auf dem Weg dorthin, havelaufwärts und durch das Land Stargard, scheint es zu ersten Besetzungen und Besiedlungen um Löwenberg, Gransee, Zehdenick und auf dem Barnim gekommen zu sein. Die gleiche Expansionspolitik ist unter Albrecht II. nach 1205 zu beobachten. 1214 erbaute er die Burgen Eberswalde und Oderberg »gegen die Slawen«, wie es die Markgrafenchronik nennt und die damit die miteinander verbündeten Pommern und Dänen meint. Diese Vorposten in Odernähe setzen Stützpunkte an der Havellinie voraus, die man in den Grenzburgen, bei denen später Städte entstanden, Spandau, Bötzow (Oranienburg), Liebenwalde, auch Biesenthal, sehen kann.

In Zusammenhang mit der Vorgeschichte des sogenannten Zehntstreites erfahren wir 1210 aus einem Schreiben des Papstes Innocenz III., daß Albrecht II.

die Absicht mitgeteilt habe, »ein großes Gebiet seiner Mark, das er, sein Bruder, Vater und Großvater den Heiden entrissen hätte, da es wüst liege«, besiedeln zu wollen. Man vermutet neuerlich, daß es sich bei dem »großen Gebiet« um den westlichen und nördlichen Teil des Barnim und um den westlichen Teltow gehandelt hat. Es ist aber wahrscheinlich, daß die Pläne Albrechts nicht nur bereits erworbenes, sondern auch noch zu gewinnendes Land einbezogen haben, und das dürfte die Uckermark gewesen sein. Im gleichen Zusammenhang hat Albrecht den Wunsch geäußert, für das zu besiedelnde Gebiet eine Stiftskirche zu errichten, die vom zuständigen Diözesanbischof unabhängig und dem päpstlichen Stuhl direkt unterstellt sein sollte. Ihr Einkommen, eben der Zehnte, um den dann gestritten wurde, sollte dem Markgrafen und dem Stift allein zufallen. 1210 waren der Papst und der Brandenburger Bischof Balduin mit dieser Regelung einverstanden, die Nachfolger Balduins waren es offenbar nicht. Die Markgrafen behielten jedoch den Zehnten aus den neuen Landen, obwohl es nicht zur Einrichtung des geplanten Stiftes kam. Trotzdem wird man annehmen dürfen, daß es bereits Vorstellungen zu seiner Plazierung gegeben hat, vielleicht auch, daß der Plan schon länger gehegt und mit der Errichtung eines zur Stiftskirche designierten Baues begonnen worden ist. Überblickt man das in Frage kommende Gebiet, so fällt unter den erhaltenen Bauten des 13. Jahrhunderts die Stadtkirche in Eberswalde auf. Im Schutze der um 1214 errichteten Burg auf dem Hausberg legten die Lokatoren Eberhard und Jakob die Dörfer Ebersdorf und Jakobsdorf an, von denen Ebersdorf als Suburbium mit handwerklich-kaufmännischem Charakter fungierte. Hier, in unmittelbarer Nähe zur Burg, fand auch die spätere Stadtkirche ihren Platz. Es heißt, der Gründungsbau, »ein kleines erstes Feldsteinhaus«, sei von Bischof Rutger von Brandenburg geweiht worden; das müßte zwischen 1241 und 1251 geschehen sein. Nun hat die bestehende Kirche – von der Gesamtüberformung durch das 19. Jahrhundert abgesehen – mit dem Chorhaupt nach Choriner Muster und den Figurenzyklen an den hochgotischen Portalen sowie mit der Hochschiffwölbung ihre Ausgestaltung erst gegen Ende des 13. Jahrhunderts erfahren, aber die Pfeiler des basilikalen Langhauses haben so altertümliche Details, daß man sie gut mit einem Bau vor der Jahrhundertmitte in Zusammenhang bringen könnte. Sie würden dann zu einer Flachdeckbasilika aus Backstein gehört haben, die mehr der Kirche eines Klosters oder eines Stifts ähnlich gewesen wäre als der Pfarrkirche eines sich erst entwickelnden städtischen Gemeinwesens, für das in dieser Zeit noch Feldsteinbauten die Regel waren. Sollte dieser Kirche nicht die überregionale Funktion jener Stiftskirche zugedacht worden sein, die Albrecht II. für das neue Territorium errichten wollte? Die Plazierung des geplanten Stifts in der Finowniederung nahe der Oder würde gut zu der Stoßrichtung der askanischen Eroberung in pommersche Gebiete, vor allem in die nördlich anschließende Uckermark, passen.

Der südöstliche Barnim und der östliche Teltow waren nach 1200 noch in der Hand der Wettiner. Die Markgrafen von Meißen waren von der Lausitz her Ende des 12. Jahrhunderts nach Norden vorgedrungen und hatten sich in Mittenwalde und Köpenick festgesetzt, hatten versucht, Lebus zu nehmen und territorialherrliche Rechte im Barnim und im Hohen Teltow auszuüben. Sie verloren diese ihre Einflußsphäre aber um 1245 an die Askanier.

Zu dieser Abrundung des askanischen Territoriums kam es in der Zeit der gemeinschaftlichen Regierung der Markgrafen Johann I. und Otto III. Die Brüder waren unmündig, als ihr Vater 1220 starb. Die Lehnsvormundschaft lag beim Reich, sie wurde dem Erzbischof von Magdeburg übertragen. Obwohl sich dieser die für das Erzbistum gewiß nicht unattraktive Aufgabe wieder abkaufen ließ, dürfte der politische und kulturelle Einfluß der Elbmetropole auf die sich entwickelnde Mark nicht eingeschränkt worden

Ansicht von Strausberg, um 1710. Zeichnung von Daniel Petzold

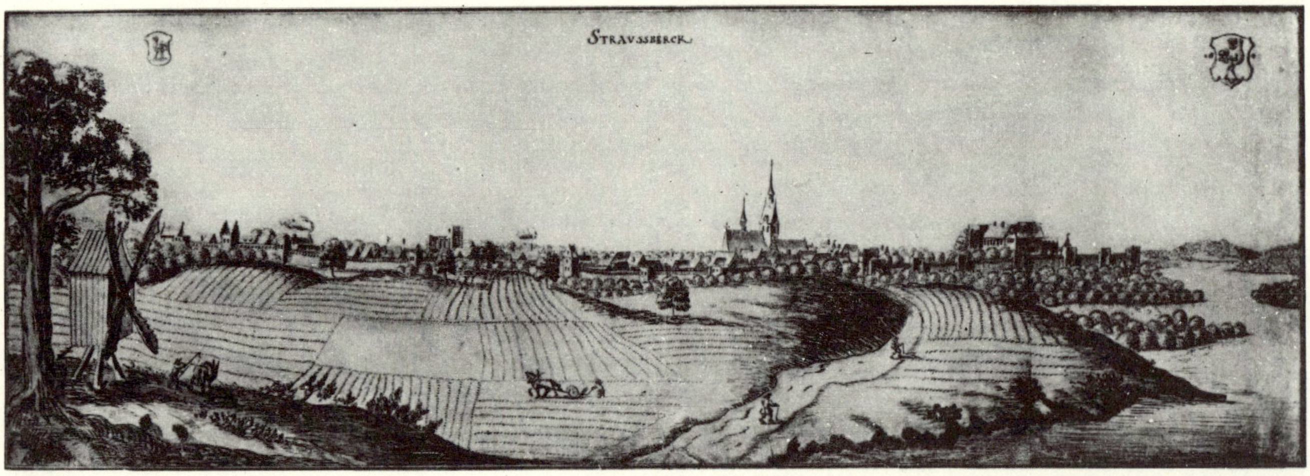

sein. Über Magdeburg erreichte die Mark die späte Blüte staufischer Kunst. Die Magdeburger Dombauhütte wirkte auf die Dom- und Klosterbauten in Brandenburg und Lehnin, und der Jungfrauenzyklus an der Eberswalder Stadtkirche ist ohne das Magdeburger Vorbild nicht denkbar. Die spätromanischen Abendmahlskelche, von denen in der Mark mehrere erhalten sind, gehören zu den großen Leistungen damaliger Goldschmiedekunst niedersächsischer Prägung.

1231 wurden die Markgrafenbrüder voll mit ihrem Territorium durch Kaiser Friedrich II. belehnt, der auch ihre Lehnshoheit über Pommern bestätigte. Durch Heiraten waren sie mit Dänemark und Böhmen verbunden. Die Voraussetzungen für einen erfolgreichen Landesausbau waren denkbar günstig. So festigten die Askanier ihre Herrschaft durch den Erwerb der Uckermark in zwei Etappen um 1230 und 1250, durch den Vorstoß in das »Land über der Oder«, die spätere Neumark, durch das Zurückdrängen der Wettiner, durch die Verteidigung der Altmark gegen den Erzbischof von Magdeburg und durch die Einziehung kleinadliger Lehen in der Prignitz.

Bedeutungsvoll war die Besitzergreifung von Burg und Land Lebus, die um die Jahrhundertmitte erfolgte. Vorangegangen waren vergebliche Bemühungen Magdeburgs und Meißens, das Land dem Herzog von Schlesien abzunehmen, der bereits Kolonisation mit deutschen Siedlern betrieben und Landschenkungen an schlesische Klöster und den Templerorden gemacht hatte. Um 1250 aber war Lebus im gemeinsamen Besitz des Magdeburger Erzbischofs und der Brandenburger Markgrafen. Man teilte sich darein 1252/53, und erst 1287 gelangte das ganze Land Lebus in askanisch-brandenburgische Hand.

Unmittelbar nach der Besitzteilung kam es 1253 zur Neugründung der Stadt Frankfurt an der Oder durch die Markgrafen. Dabei wurde eine schon vorhandene Kaufmannssiedlung mit einer Nikolaikirche, deren Gründung unter schlesisch-piastischer Herrschaft erfolgt ist, um mehr als das Doppelte erweitert und im neuen Stadtteil eine zweite Kirche St. Marien angelegt, die seit ihrer Erbauung zur Hauptpfarrkirche bestimmt war. Doch fällt auch diese Kirche aus dem Rahmen der für Gründungsstädte typischen Bauformen. Ihre Ausmaße verwundern bei der Größe der Stadt und der ihr zugedachten Bedeutung als größter Fernhandelsplatz an der Oder nicht, und der Backstein als Baumaterial ist offenbar schon an der Nikolaikirche zur Anwendung gekommen (die erhaltenen Reste lassen auf einen größeren Bau aus der ersten Hälfte des 13. Jahrhunderts schließen). Auffallend aber ist der kreuzförmige Grundriß der Hallenkirche von St. Marien, die Anlage mit einem Querschiff, und der zweitürmige Westbau. Beides sind feudale Bauformen, die das städtische Bürgertum als Bauherr selten angewendet hat; ob aus Gründen der Ablehnung oder weil sie ihm nicht zugestanden worden sind, sei dahingestellt. Immerhin ist gerade der Entstehungsgeschichte märkischer Stadtkirchen die ganz bewußte Typenbestimmung durch den kolonisierenden Territorialherrn abzuspüren. So könnte sich auch hinter der Bauform der Frankfurter Marienkirche die Absicht einer Zweckbestimmung verbergen, die über den einer städtischen Pfarrkirche hinausgeht.

Der Bischof von Lebus hat an seinem Sitz über einen repräsentativen Kathedralbau nicht verfügt. Vielleicht hat er schon früher eine Residenzverlegung nach dem weitaus günstiger gelegenen und sich vorteilhafter entwickelnden Ort oderaufwärts erwogen, spätestens aber nach 1253 dürfte der Wunsch konkret geworden und möglicherweise auch vom neuen Landesherrn unterstützt worden sein, galt es doch, Lebus aus der Oberhoheit des Erzbistums Gnesen zu lösen. Nachweisbar sind die Versuche des Bischofs von Lebus, sich in Frankfurt festzusetzen, erst im 14. Jahrhundert, aber sie sind so nachhaltig, daß man schon frühere Bemühungen, vielleicht sogar Ansprüche auf zugesagte Rechte dahinter vermuten kann. Jedenfalls besteht die Möglichkeit, daß Frankfurt nicht nur erster Handelsplatz im Osten des askanischen Herrschaftsbereichs, sondern auch Bischofssitz werden sollte. Die dreischiffige kreuzförmige Halle, die den Kern der später erweiterten Kirche bildet – ihre Reste sind noch in der heutigen Ruine erhalten –, hat ihre Vorbilder in den westfälischen Domkirchen von Paderborn und Minden, und die Bauidee der Zweiturmfassade dürfte aus dem niedersächsischen Umkreis des erzbischöflichen Kathedralbaus in Magdeburg stammen. Wieder treffen wir, wie in der Altstadt Brandenburg und in Eberswalde, an einem für die askanische Territorienbildung entscheidenden Ort, der zur Stadt ausgebaut wurde, auf eine Pfarrkirche, die von ihrer Gestalt her für eine weitergehende Funktion gebaut zu sein scheint.

Landesgeschichte und Stadtentwicklung verliefen dann anders. Im Falle Frankfurts wurden die Ansprüche des Bischofs von Lebus abgewehrt, und erst 1373 konnte er in Fürstenwalde eine neue Residenz beziehen. Aber die aus dem Üblichen herausragenden Gestaltungen dieser Stadtkirchen verdeutlichen die ursprünglichen politischen Ziele der Landesherren. Hinter jedem dieser Bauwerke ist ein vitales Unternehmertum zu spüren, dessen überlegtes und planmäßiges Vorgehen besticht. Sachliches Denken spricht aus der Tatsache, daß Zeichen landesherrlicher Repräsentation nur an ausgesuchten Punkten gesetzt wurden. Die im Zuge der Besiedelung und der ökonomischen Erschließung des Landes systematisch angelegten Städte erhielten ihre Kirchen nach rein praktischem Bedarf. Ihre Gestalt läßt andere ihnen zugedachte Bedeutungen nur in Ausnahmefällen erkennen.

Unter diesem Gesichtspunkt sei auf die Anfänge Berlins hingewiesen. Sie werden in Zusammenhang mit den Interessen der Askanier an Teltow und Barnim gesehen, und man vermutet sie bereits zu dem Zeitpunkt, als der Barnim zwar weitgehend, der Teltow aber nur in seinen westlichen Teilen erworben war. Der Grund für die Anlage als Doppelstadt an dem Platz, wo die Hochflächen beider Landschaften nahe zusammenrücken und die Spreeniederung wegen der Flußinsel leicht zu überqueren war, dürfte in handels- und verkehrspolitischen Überlegungen zu suchen sein. Der Zeitpunkt der planmäßigen Gründung ist jedoch weiter umstritten und schwankt zwischen 1200 und 1230. Durch Ausgrabungen ist die erste Berliner Pfarrkirche St. Nikolai als kreuzförmige Feldsteinbasilika ermittelt worden. Sie war im Westen durch den bis heute erhaltenen Querriegelturm abgeschlossen, wie er charakteristisch war für die meisten Kirchen in den durch die Markgrafen Johann I. und Otto III. gegründeten Städten. Von der Bauform her hielt sich die erste Berliner Nikolaikirche im Rahmen üblicher Normen. Lediglich ihre Größe deutet auf die Planung einer zahlenmäßig starken Kommune. Das Querschiff erscheint als altertümliches Element, das auch bald, noch vor dem Jahrhundertende, durch die Erweiterung und die Erhöhung der Seitenschiffe aus der Baugestalt der nunmehrigen Hallenkirche ausgeschieden wurde. Hier gewinnt man den Eindruck, daß die feudale Prägung des Gründungsbaues durch eine bürgerliche Initiative schon sehr früh überwunden wurde zugunsten einer Bauform, die stadtbürgerliche Freiheit signalisiert, mit einer Ausnahme, nämlich der Wahrung der Gestalt des Westbaues. Letztere wirkt so prononciert, weil auch alle späteren Bauperioden sie beibehalten haben. Es scheint, als sei der Stadt ein wirklicher Turmbau nicht erlaubt gewesen. Erst im späten Mittelalter kam es zum zaghaften Aufsetzen eines turmartigen Aufbaues mit einem spitzen Helm. Im Gegensatz zu den besprochenen Bauten zeigt die Berliner Nikolaikirche im 13. Jahrhundert keine Zeichen landesherrlicher Bevorzugung. Sie vertritt einen frühen Typ von Pfarrkirchen in Gründungsstädten, denen eine überregionale Bedeutung in der Landespolitik von ihren Planern nicht bestimmt war.

Kirchen aus der Gründungszeit märkischer Städte

STADTPLANUNG UND STADTGESTALT

Schon im Jahre 1150 hatte Anselm von Havelberg einen königlichen Schutzbrief von Konrad III. erwirkt, demzufolge der Bischof das Recht erhielt, in seiner Diözese Kolonisten als seine Untertanen anzusiedeln, die frei von Dienstpflichten gegenüber dem weltlichen Adel sein sollten. Aber es gab auch seitens weltlicher Territorialherren, so von Albrecht dem Bären selbst, Aufrufe, mit denen Siedler vor allem vom Niederrhein und aus den Niederlanden in das eroberte Gebiet östlich der Elbe gerufen wurden. Die Werbungen, die mit dem Angebot erblichen Landbesitzes und persönlicher Freizügigkeit verbunden waren, haben Erfolg gehabt. Vom Fläming bis zum Rhin weisen Orts- und Flurnamen auf die entsprechende Herkunft der Einwanderer hin. Gleichzeitig ist ein niedersächsischer und fränkischer Siedlerzustrom vorauszusetzen. Die slawische Bevölkerung wurde dabei, soweit es sich nicht um assimilierte feudale Schichten gehandelt hat, in eine sozial niedere Stellung gedrängt. Sie verlor ihre ursprünglichen Wohnplätze, die sich in der Nähe befestigter Sitze befanden, vermutlich durch zwangsweise Um- und Aussiedlung; auf jeden Fall gerieten die »Kietze« in Randlage zu den dörflichen und städtischen Neuanlagen der Kolonisten.

Die siedlungsmäßige Erschließung durch die neuen Landesherren hatte modern territorialplanerischen Charakter. Der Markgraf, die Bischöfe und kleinere, mit grundherrlichem Besitz belehnte Adlige beauftragten sogenannte Lokatoren, Gründungsunternehmer sowohl bäuerlichen als auch ritterlichen Standes, die Siedler zu werben und Dörfer wie Städte anzulegen hatten. Aus dem 13. Jahrhundert sind Gründungsurkunden erhalten, die uns die Namen der Lokatoren und die Größe der Landfläche für Äcker und Weide überliefern, mit der die Neusiedlung ausgestattet werden sollte. Daß dazu auch das Bauland gehörte, ist ausdrücklich nur der Gründungsurkunde für das altmärkische Stendal zu entnehmen, darf aber doch wohl allgemein vorausgesetzt werden. Das den neugegründeten Städten in der Mark verliehene Recht war das Magdeburger; es konnte auch aus einer Stadt abgeleitet werden, die dieses Recht bereits besaß. Bisweilen trat das Recht erst in Kraft, nachdem die abgabenfreien Jahre für die Zeit des Aufbaus abgelaufen waren; sie betrugen drei bis zehn Jahre. Die Plazierung der Siedlungsorte erfolgte zunächst nach strategischen und günstigen Verkehr ermöglichenden Gesichtspunkten. Paß- und Furtlagen wurden in dem sumpf-, seen- und flußreichen Gelände bevorzugt. So gelegene Siedlungsplätze sind die älteren und haben meist slawische Vorläufer. Bei der später vorgenommenen Hochflächenbesiedlung sind eher Gründungen aus »wilder Wurzel« anzunehmen, und die planmäßige Erschließung ist um so offensichtlicher ablesbar. Der oft frappierend regelmäßige Abstand zwischen Orten, die wie in einer Kette an einem Verkehrsweg oder einer strategischen Linie aufgereiht sind, dürfte das Ergebnis derartiger Planung sein. Siedlungen, die als Stadt geplant waren, deren Lage sich aber als ungünstig gewählt herausgestellt hatte, wurden verlegt oder aufgegeben. Oft sind es nur die Typen der schon gebauten Kirchen, die auf die Absicht einer Stadtgründung hinweisen. Die ursprünglich militärischen Funktionen sind meist nur noch aus der geographischen Lage zu erschließen, ehemals vorhandene Burgen sind oft schon bald bedeutungslos geworden und bauliche Reste heute nur noch ganz selten zu finden. Vielfach lebt aber die Erinnerung an ehemalige Burgplätze in Straßennamen oder Flurbezeichnungen weiter, oder Besonderheiten des Siedlungsgrundrisses lassen sie erkennen. Wesentliche Bedeutung kommt der Tatsache zu, daß im elbslawischen Kolonisationsraum die Anlage dörflicher und städtischer Siedlungen gleichzeitig erfolgte und nicht das Ergebnis einer kontinuierlichen Entwicklung war. Die Ansiedler übertrugen im 12. und 13. Jahrhundert in ein Gebiet mit noch frühfeudaler Gesellschafts- und Wirtschaftsstruktur die entwickelteren Formen des Hochfeudalismus, zu denen bereits die Stadt als wirtschaftlich autarke Institution gehörte. Der hervorgehobene territorial-planerische Charakter hat darin seine Grundlage und kommt schon 1174 in der Urkunde des Erzbischofs Wichmann von Magdeburg für Jüterbog zum Ausdruck, in der ausdrücklich auf die Bedeutung der Stadt für den Ausbau des Landes hingewiesen wird. Erst nach der Stadtgründung kam es zur Anlage dörflicher Ackerbausiedlungen, die dem städtischen Hauptort dienstbar gemacht wurden. Dies festzustellen heißt nicht, die Gründungsstädte im Kolonisationsgebiet als die ersten städtischen Siedlungen dort zu erklären. Im Gegenteil, die Neugründungen knüpften vielfach an slawische Siedlungen an, die bereits in handwerklicher Produktion und im Handel ihre ausschließliche Existenzgrundlage besaßen, also frühstädtischen Charakter hatten. Sie wurden zwar durch die Gründungsvorgänge des späten 12. und des 13. Jahrhunderts überlagert, doch lassen sich entsprechende Grundschichten auch in den späteren Erscheinungsformen der Siedlungen, vor allem im östlichen Teil der Mark, noch erkennen.

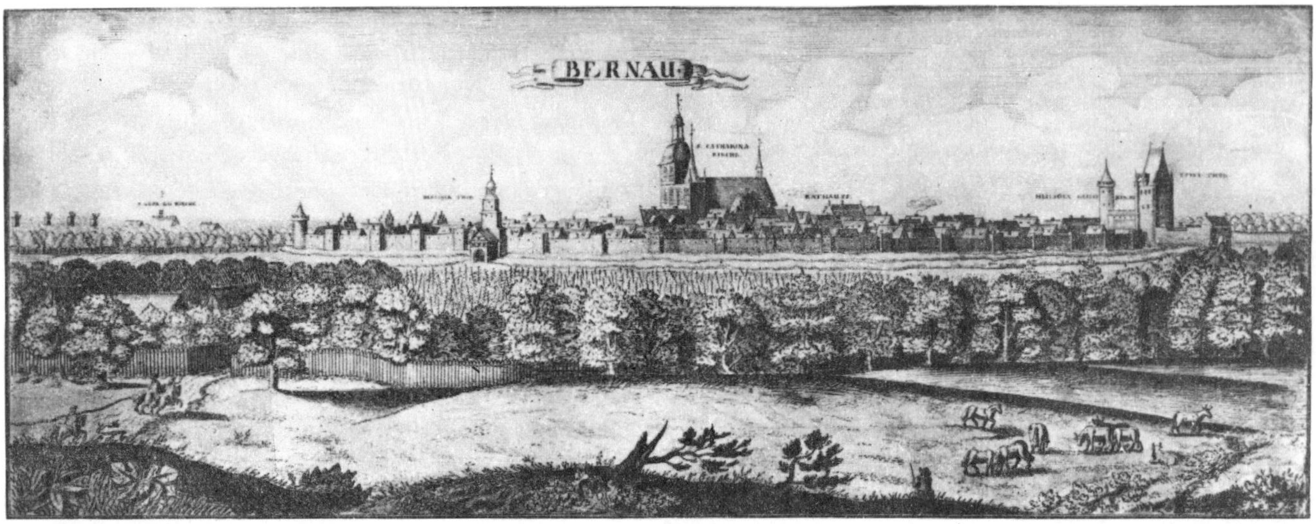

Ansicht von Bernau, um 1701. Zeichnung von Daniel Petzold

Viele Städte der Mark haben darüber hinaus voraskanische Handelsniederlassungen als Anfänge aufzuweisen. Bis heute markieren Pfarrkirchen mit dem Nikolauspatrozinium derartige Kaufmannssiedlungen, während die gründungsstädtischen Erweiterungen dann in der Regel eine Kirche mit Marienpatrozinium erhielten, die zur Hauptpfarrkirche der Gesamtstadt erhoben wurde.

Für die Ursiedlungen bei zahlreichen Städten der Mark hat Jobst Siedler (»Märkischer Städtebau im Mittelalter«) die Bezeichnungen »bürgerlicher Marktflecken« und »gemischter Marktflecken« eingeführt, wobei letztere Benennung ausdrücken soll, daß eine »sowohl Handel wie Landwirtschaft treibende Bevölkerung« in ihnen ansässig war. Solche Marktflecken oder »Städtlein« haben, wenn sich eine Weiterentwicklung der Siedlung nicht vollzogen hat, das Frühstadium ihrer Gestalt – der Grundriß ähnelt vielfach dem eines Anger- oder Straßendorfes – bewahrt und ein erweiterndes Raster aus Quer- und Parallelstraßen nicht erhalten. Aber auch in den planmäßigen Stadtanlagen mit regelmäßig rechtwinklig geführten Straßen sind oft Teile auszumachen, die sich durch unregelmäßige, meist zur Ring- und Strahlenform neigende Straßenführung als ältere Stammsiedlung zu erkennen geben. Wo eine Stammsiedlung fehlt, kann man eine »aus wilder Wurzel« gegründete Stadt vermuten. Die Stammsiedlung war gleichzeitig Ort der ersten und ältesten kirchlichen Einrichtung, die bisweilen auch die einzige bis heute geblieben ist.

Schlüsse auf die Befestigung der Stammsiedlungen lassen sich nicht ziehen und ebensowenig Plätze für den vorauszusetzenden Markt ermitteln, der wohl zunächst außerhalb der Siedlungen abgehalten wurde. Erst zur planmäßigen Anlage der Stadt gehörte dann der Befestigungsgürtel, in den nun der Markt als Platz, auch als Breite, Große, Hohe oder Lange Straße, einbezogen war.

Den Marktplätzen korrespondierten die Kirchplätze. Behielt man den Kirchplatz einer Stammsiedlung im neuen Stadtgefüge bei, dann ist das Kirchengebäude häufig bis heute ringförmig umbaut wie in Bernau und in Perleberg. In einer planmäßig angelegten Stadt oder einem Erweiterungsteil, meist der Neustadt, aber bildet der Kirchplatz ein Straßengeviert. Die Umbauung entspricht der Straßenführung und nicht der Stellung des Kirchengebäudes. Fälle, bei denen sich wie in Frankfurt an der Oder Straßenverlauf und Kirchengebäudestellung parallel zueinander verhalten, sind selten; häufiger steht die Kirche verschoben im Geviert. Die Lage des Kirchplatzes zum Marktplatz kann axial oder diagonal sein, wobei die axiale Beziehung auf den geplanten Stadtgrundriß deutet, in dem Marktplatz und Kirchplatz vermutlich sogar ursprünglich eine Einheit bildeten, die erst nachträglich durch eine trennende Bebauung aufgehoben wurde. Durchbrechungen der unterteilenden Gebäuderiegel mit schmalen »Kirchgassen« weisen auf den ehemals bestehenden Zusammenhang hin. Bei diagonaler Lage des Kirchplatzes zum Marktplatz hat es eine entsprechende Einheit nicht gegeben. Aber gerade dann wird es spürbar, wie man bemüht war, das Kirchengebäude gestalterisch für den Marktbereich wirksam zu machen. Türme und Giebel sind deutlich nach den sich ergebenden Blickbeziehungen angeordnet.

Beim Aufbau der Stadt war die Errichtung der Wohnhäuser Sache des Eigentümers, während am Bau der öffentlichen Gebäude des Handels und der Verwaltung, dem Kaufhaus und dem Rathaus, wie auch an der Befestigung, die gesamte Bürgerschaft beteiligt war. Das galt auch für die in der Regel als erster Gemeinschaftsbau errichtete Pfarrkirche der Stadt. Dem Landesherrn standen an allen öffentlichen Gebäuden, auch an der Kirche, Genehmigungs- und Abgaberechte zu. Obwohl die Städte im Verlauf ihrer Entwicklung hartnäckig und mit Erfolg dem Markgrafen die grund- und marktherrlichen Einnahmerechte abrangen, ist das Patronat über die Stadtkirchen wohl in den meisten Fällen beim Landesherrn verblieben. Die Gestalt der Stadtkirche konnte deshalb in der Frühzeit noch keine stadtbürgerliche Repräsentation zum Inhalt haben, und es fällt auf, daß sich bis ins späte Mittelalter bürgerlicher Bauwille nur im eigentlichen, die Gemeinde aufnehmenden Gehäuse, vertreten durch die weiträumigen Hallenkirchen, entfalten konnte, während die der Repräsentation dienenden Turmfronten vernachlässigt blieben. Turmfassaden sind nur in Ausnahmefällen an märkischen Stadtkirchen des Mittelalters gebaut worden – die wenigen Beispiele wurden schon besprochen –, und erst das 19. Jahrhundert hat zu korrigieren versucht. Es drängt sich die Vermutung auf, daß territorialherrliche Vorschriften die Gestalt der ersten Stadtkirchen festgelegt haben und möglicherweise die Bürger längere Zeit daran hinderten, eigene Gestaltungswünsche zu realisieren. Sicher sind aber auch ökonomische Gründe mit verantwortlich dafür, daß die frühen Kirchen märkischer Städte mehr als Zweck- denn als Repräsentationsbauten in Erscheinung treten.

DIE FELDSTEINBAUTEN

Die ältesten Stadtkirchen der Mark sind in der Regel aus Granitquadern errichtet worden, die man aus den Findlingen der Gletschergeschiebe gewann. Der Steinzuschnitt ist exakt und der Schichtenverband bestechend regelmäßig, im ganzen eine Bauweise für Dauerhaftigkeit und großformige Monumentalität; reicher gestaltetes Detail verbot das mehr als spröde Material. An der Westseite sind die meisten Stadtkirchen des 13. Jahrhunderts, gleich, ob Basilika oder Saal, in voller Breite und Höhe durch einen Querbau abgeschlossen, dessen wehrhaft geschlossene Wände heute zwar beeindrucken, aber über die unrepräsentative Zweckhaftigkeit des Bauwerks nicht hinwegtäuschen sollten. Der Zweck dieser Westbauten müßte tatsächlich in einer Wehr- und Schutzfunktion zu suchen sein. Im Frühstadium märkischer Städte, in dem diese noch im ganzen den Charakter von Großburgen hatten, könnte ihnen die Bedeutung eines Bergfrieds oder festen Wohnturms zugekommen sein, wie es ja auch für den Querriegelwestbau des Havelberger Doms aus dem 12. Jahrhundert wahrscheinlich ist, der im übrigen für die Gestalt der Westabschlüsse an Kirchen im Kolonisationsgebiet Vorbildwirkung gehabt haben wird.

Von den basilikalen oder saalartigen Kirchengebäuden ist die kreuzförmige Basilika als der ältere Typ städtischer Pfarrkirchen in der Mark anzusprechen, wenn man nicht die in der Zauche nachweisbaren einschiffigen kreuzförmigen Bauten (Belzig, Wiesenburg) als Säle auffassen will. Dann würde nur der Verzicht auf die Kreuzform das Kennzeichen jüngerer Entstehungen sein, was auch für basilikale Anlagen gilt. Als Querschiffbasilika aus Feldstein ist bis heute allein die Marienkirche in Treuenbrietzen erhalten geblieben, auffallenderweise ohne Westbau – der Turm stammt erst aus der Zeit um 1500. Zu erschließen sind Basiliken mit Querschiff in der Prignitz (Pritzwalk, Wusterhausen) und der Mittelmark (St. Nikolai in Berlin und – sehr unsicher – in Bernau). Den fortgeschritteneren basilikalen Typ ohne Querschiff treffen wir auf dem Barnim, in Altlandsberg und, von beeindruckender Monumentalität, in Strausberg. Der einschiffige Feldsteinsaal mit einem schmaleren längsrechteckigen Chor ist – von kleineren Ausführungen als Dorfkirchen abgesehen – nur noch im östlichen Teil der Mark, in Müncheberg im Lande Lebus und in Biesenthal auf dem Barnim, ferner in der Uckermark in Lychen und Angermünde zu finden. Die genannten Bauten sind spätgotisch oder barock verändert worden. Sie haben vor allem durch spätgotische Wölbung den ursprünglichen Flachdeckraum verloren. Nur in Lychen spüren wir noch heute die nüchterne Sachlichkeit des Bauens in der Gründungszeit. Von den Basiliken des

Ansicht von Treuenbrietzen, um 1710. Zeichnung von Daniel Petzold

13. Jahrhunderts verfügen nur die beiden Stadtkirchen in Treuenbrietzen über Gewölbe aus der Bauzeit. Dabei scheint die Marienkirche zunächst durchaus als flachgedeckter Feldsteinbau konzipiert gewesen zu sein, ist aber spätestens vom Querschiff an auf Gewölbe angelegt worden. Entscheidend dürfte dabei der Übergang zum Backstein als Baumaterial gewesen sein, der vom ersten Langhausjoch an den Weiterbau als kreuzrippengewölbte Basilika im gebundenen System, deutlich unter zisterziensischem Einfluß aus Lehnin, ermöglichte. Der Einfluß der Baukunst der reformierten Mönchsorden wird auch für das ursprüngliche Vorhandensein von Nebenchören an dieser Kirche verantwortlich gemacht.

Der Übergang vom Bauen mit Feldstein zum Bauen mit Backstein vollzog sich in Treuenbrietzen noch vor der Mitte des 13. Jahrhunderts und hatte am Ort selbst die Nikolaikirche als reinen Backsteinbau im Gefolge. Es handelt sich hier um die frühesten Beispiele für die Verwendung von Backstein und für die Wölbetechnik an Stadtpfarrkirchen. Mit beidem blieben die Treuenbrietzener Kirchen zunächst Ausnahmen, ähnlich wie die frühen Backsteinbauten in Eberswalde und Frankfurt. Die Marienkirche der Dammvorstadt in Jüterbog war als kreuzförmige und turmlose Basilika im frühen 13. Jahrhundert zwar auch in Backstein errichtet worden, blieb aber ungewölbt. Die in einer Halle des 15. Jahrhunderts aufgegangenen kreuzförmigen Ostteile eines romanischen Backsteinbaues in Rathenow sind der Lokalschule der Jerichower Klosterkirche zuzuordnen – so wie der Westbau der Stadtkirche in Kirchhain von der Bauschule des Klosters Dobrilugk in der Niederlausitz abhängt – und gehören in einen anderen historischen Zusammenhang. Für das Markgrafentum Brandenburg ist zu fragen: War die Produktion und Verwendung von Backstein als Baumaterial zunächst ein landesherrliches Privileg? Eine unter markgräflicher Protektion tätige »askanische Bauhütte« (A. Schmoll), die ausschließlich in Backstein baute (Dom in Brandenburg, Klosterkirchen in Lehnin und Chorin, Franziskanerkirche in Berlin) würde das wahrscheinlich machen. Im städtischen Pfarrkirchenbau setzte sich der Backstein jedenfalls erst im ausgehenden 13. Jahrhundert durch. Da aber war der ebenfalls von den Askaniern für ihre Bauunternehmen bevorzugte basilikale Bautyp in den Städten bereits durch den bürgerlichen Hallentyp verdrängt.

DIE FRÜHEN HALLENKIRCHEN

Die Hallenkirche, jener mehrschiffige Bautyp mit den gleichhohen Teilen seines Innenraumes unter dem einen mächtigen Dach, gilt als Inbegriff des stadtbürgerlichen Sakralbaues im Mittelalter. An die Stelle des durch unterschiedliche Höhe seiner Teile gestaffelten Baukörpers der Basilika tritt ein großes Haus unter die Häuser der Stadt, eine weiträumige Halle, nahe dem Markt jedermann offen, gleichsam demokratisch im Vergleich mit der mehr abweisend aristokratischen Basilika. Mag diese Betrachtungsweise zu modern anmuten und gegenüber den sich tatsächlich abspielenden Vorgängen zu undifferenziert sein, unübersehbar bleibt, daß sich der Übergang von der älteren zur neuen Bau- und Raumform betont vollzogen hat und daß er einen entscheidenden Wandel in der Auffassung vom sakralen Bauwerk darstellt.

Stadtgeschichtlich ging mit diesem Wandel der Versuch der Stadtkommunen parallel, dem Stadtherrn das Eigentumsrecht an städtischem Grund und Boden abzukaufen. Bislang waren städtische Baustellen, der Markt und seine Baulichkeiten sowie das Acker- und Weideland gegen Zahlung einer Geldrente den Bürgern zur Nutzung gegeben. Jetzt gelangte der landesherrliche Grundbesitz in städtische Hand. Die Stadt kam in den Genuß der grund- und marktherrlichen Abgaben. Der Stadtrat wurde zum Verwalter des kommunalen Eigentums. Allmählich rangen die Städte dem Landes- und Stadtherrn weitere Privilegien ab, sie erwarben schließlich auch die hohe Gerichtsbarkeit und befreiten sich damit aus der markgräflichen Vogteiverfassung. In den Anfängen der Stadtbildung bestand in der Mark Brandenburg kein rechtlicher Unterschied zwischen Dorf und Stadt. Erst mit dem Inkrafttreten des Stadtrechtes und dem allmählichen Erwerb der grundherrlichen Geldrente kam es zur rechtlichen Sonderstellung und damit zu einer ganz anderen sozialen Entwicklung in der Stadt. Die Tatsache, daß sich frühe Stadtkirchen, die einschiffigen Säle vor allem, nur in den Dimensionen, nicht aber in der Form von Dorfkirchen unterschieden, ist vielleicht in Zusammenhang mit dem anfänglich rechtlichen Gleichstand der Siedlungsgemeinschaften zu sehen. Die Emanzipation der märkischen Städte begann und vollzog sich in der zweiten Hälfte des 13. Jahrhunderts und kam noch unter askanischer Herrschaft zum Abschluß. Das erste Auftreten der Hallenkirche als charakteristische stadtbürgerliche Bauform fällt in die gleiche Zeit.

Die frühesten Hallenkirchen begegnen uns in Prenzlau und in Frankfurt an der Oder. In Prenzlau ist nicht die jetzige Marienkirche gemeint, sondern ein durch Grabungen erschlossener Vorgängerbau, zu dem das mächtige Turmwerk, soweit es aus Granitquadern gebaut ist, gehört hat. Es handelte sich um eine dreischiffige Hallenkirche mit Querschiff und Rechteckchor. Das Langhaus besaß nur zwei Joche, im Mittelschiff quadratisch wie die Vierung, in den Seitenschiffen sehr schmal längsrechteckig. Man stellt sie sich mit Gratgewölben nach westfälischem Muster, nach dem Vorbild von Kirchen im Sieger- und Sauerland vor (J. Fait). Westfalen als das klassische Land der Hallenkirche ist das Herkunftsgebiet dieser Bauform.

Das gleiche gilt für die Marienkirche in Frankfurt. Deren Erstbau steckt ja noch einschließlich der Turmfassade als dreischiffige Halle mit Querschiff in der Ruine des später fünfschiffig erweiterten Gebäudes: drei Joche im Langhaus, im Mittelschiff wieder wie in Prenzlau quadratisch, der Vierung entsprechend, in den Seitenschiffen längsrechteckig, das Querschiff möglicherweise mit Apsiden an den Armen, der Chor vielleicht rechteckig wie in Prenzlau. Dem Frankfurter Bau ist deutlicher als dem Prenzlauer abzulesen, daß er eigentlich über basilikalem Grundriß errichtet wurde. Die Sonderstellung der Frankfurter Marienkirche wurde bereits betont, der Kathedralcharakter, der auch in der Grundrißrezeption spätromanischer Dombauten zum Ausdruck kommt. Wesentliche Kennzeichen sind Doppelturmfassade und Querschiff, in Prenzlau ebenso wie in Frankfurt. Wir müssen in beiden Städten noch mit anderen bauherrlichen Initiatoren als mit bürgerlichen rechnen. Es handelt sich um »noch nicht« bürgerliche Hallen.

Aber schon vor dem Ende des 13. Jahrhunderts entstanden städtische Hallenkirchen, die kein Querschiff mehr besaßen. Der charakteristischste Bau dieser Art ist die Berliner Marienkirche, eine im Gegensatz zu den älteren »Kurzformen« langgestreckte dreischiffige Halle mit einschiffigem polygonal geschlossenem Chor. Die sechs Joche des Langhauses sind im Mittelschiff quer-, in den Seitenschiffen längsrechteckig. Es ist anzunehmen, daß dieser Bautyp unter dem Einfluß der Dominikanerkirchen in Neuruppin, Prenzlau und Berlin selbst entstanden ist. Die Pfeilerform der Berliner Marienkirche, achteckig mit Halbsäulenvorlagen, ist aber der Berliner Franziskanerkirche entlehnt, ein gotischer Bündelpfeiler, der zu einer in der Berliner Umgebung bis ans Ende des 15. Jahrhunderts beständig verwendeten Stützenart wurde.

Von der Grundrißform her stehen auch die vier westlichen Joche der Wittstocker Stadtkirche dieser ersten querschifflosen Hallenform nahe; ein einschiffiger, polygonal geschlossener Chor, wie er durch Grabungen festgestellt worden ist, würde die Ähnlichkeiten noch verstärken. Der mächtige Westbau allerdings stellt eher eine mit der Frankfurter Marienkirche vergleichbare Erscheinung dar, die hier wohl auf die Beteiligung des bischöflichen Stadtherrn zurückzuführen ist. – Als »chorloser« Rechteckbau, im Norden eine häufige Form früher städtischer Hallen, tritt uns in der Prignitz die kleine dreischiffige und dreijochige Stadtkirche in Freyenstein aus dem Ende des 13. Jahrhunderts entgegen, die nach Aussage der gegliederten Wandvorlagen – die Achteckpfeiler und die vorhandenen Gewölbe entstammen einer späteren Bauperiode – als ein Bau im Gefolge der Stadtkirche im benachbarten Wittstock aufgefaßt werden kann.

Kirchen aus der Blütezeit märkischer Städte

DIE MARK IM 14. JAHRHUNDERT

Als Markgraf Waldemar, der letzte aus askanischem Hause, am 14. August 1319 starb, war die landesherrliche Macht bereits im Schwinden begriffen, und die während des 14. Jahrhunderts andauernden Wirren um die Herrschaft in der Mark Brandenburg trugen zur weiteren Schwächung bei. Auf den Tod Waldemars folgte ein Interregnum, bis 1324 der Wittelsbacher Ludwig der Ältere, der Sohn des deutschen Königs Ludwig des Bayern, mit der Mark belehnt wurde. In der Mitte des 14. Jahrhunderts kam es zu den Auseinandersetzungen um den Falschen Waldemar, wobei schon das Interesse des böhmischen Königs Karl IV. an der Mark sichtbar wurde. 1373 gelang es diesem schließlich, den Wittelsbachern die Markgrafschaft abzugewinnen. Doch nur kurz währte die Konsolidierung der Landesorganisation. Unter den Nachfolgern Karls aus dem luxemburgischen Haus bildete sich eine ausbeuterische Mißwirtschaft heraus. Außer Karl IV. haben die auswärtigen Lehnsträger während des 14. Jahrhunderts kein großes territorialpolitisches Interesse an der Mark gezeigt. So konnten nach dem Verfall der askanischen Vogteiverfassung die Teile der Mark, Altmark, Vormark-Prignitz, Mittelmark, Uckermark, Neumark, als geschlossene Gebietseinheiten hervortreten, an deren Spitze Landeshauptleute mehr die Interessen des eingesessenen kleindynastischen Adels als die des Markgrafen vertraten.

So ungünstig es um die Festigkeit der Landesherrschaft im 14. Jahrhundert bestellt war, so günstig war dieser Umstand für die Städte. Sie konnten ihre Position gegenüber den jeweiligen Landesherren ständig verbessern. Schon während des Interregnums gewannen sie durch Huldigung an verschiedene Prätendenten neue Freiheiten und Privilegien. Unter der Regentschaft des Falschen Waldemars kehrte sich das Abhängigkeitsverhältnis nahezu um. Auch bei zeitweiliger Reichsacht, die in den Wirren des 14. Jahrhunderts über manche Stadt verhängt wurde, ist ein Verlust der Privilegien nicht festzustellen. Jeder neue Landesherr bestätigte die alten und verlieh neue Freiheiten. Der bisweilen recht militante märkische Adel tastete die Städte ebenfalls nicht an. Nur das Raubrittertum des verarmenden niederen Adels brachte den Städten Schaden. Sie forderten deshalb vom Landesherrn eine Friedensgarantie und waren bereit, eine Steuer dafür zu bezahlen, verlangten allerdings auch Privilegien für den Selbstschutz. Schließlich dienten die Städtebünde, die zunächst gegen Übergriffe des Markgrafen geschlossen worden waren, der Verteidigung gegen das Raubwesen. Wenn die Rechts- und Herrschaftsverhältnisse zur Zufriedenheit der Städte geregelt waren, zeigten sich die Gemeinwesen an einer Aufrechterhaltung der bestehenden Ordnung interessiert, vor allem an der Gewährleistung der Sicherheit und der territorialen Einheit zum Zweck ungestörter Produktion und unbehinderten Handels. So blieben die märkischen Städte zwar im Stande einer kräftig entwickelten und selbständig handelnden Kommune, konnten sich aber mit dem Status süddeutscher Handelsstädte nur in Ausnahmefällen messen; reichsunmittelbare Stellung erreichte keine von ihnen. Unter diesen Voraussetzungen muß die brandenburgische Pfarrkirchenarchitektur des 14. und 15. Jahrhunderts betrachtet werden.

DIE HALLENKIRCHEN AUS DER ERSTEN HÄLFTE DES 14. JAHRHUNDERTS

Will man nicht die schon im 13. Jahrhundert begonnenen, aber doch wohl vielfach erst im 14. Jahrhundert vollendeten Hallenkirchen mit dazu rechnen, so lassen sich kaum Neubauten aus dem frühen 14. Jahrhundert feststellen. Die ehemalige Nikolaikirche in Frankfurt an der Oder, heute als Friedenskirche bekannt, könnte einer davon gewesen sein. Diese Kirche war als Kaufmannskirche der voraskanischen marktstädtischen Siedlung am Oderübergang gegründet worden. Der Erstbau muß eine spätromanische Anlage gewesen sein, die zumindest Ziegeldetails besaß – Reste eines Rundbogenfrieses auf Platten haben sich erhalten –, wenn sie nicht im ganzen schon aus Backstein errichtet war. Nach der askanischen Stadtgründung von 1253 wurde die schon besprochene große Marienhalle im neustädtischen Erweiterungsteil zur Hauptpfarrkirche, und die Nikolaikirche sank zu einem zweitrangigen Bauwerk im unbedeutend gewordenen Stadtteil herab. Doch wird das alte Stadtviertel mit dem neuen konkurriert und versucht haben, es ihm auch baulich gleichzutun. So entstand das Hallenlanghaus der Nikolaikirche, dreischiffig mit vier Jochen. Die Pfeiler, kreuzförmig mit vor- und eingestellten Halbrunddiensten, sind der Marienkirche nachgebildet und tragen Kreuzrippengewölbe. Auf das an St. Marien im Sinne bürgerlicher Pfarrkirchenarchitektur ungewöhnliche Querschiff ist bezeichnenderweise verzichtet worden.

Ein großangelegtes Unternehmen in der ersten Hälfte des 14. Jahrhunderts war der Neubau der Marienkirche in Prenzlau. An die Stelle der kreuzförmigen

»Kurzhalle« westfälischer Prägung trat die sieben Joche lange Backsteinhalle, deren drei Schiffe im Osten mit drei polygonalen Apsiden enden. Typisch für diesen »Dreiapsidialschluß« ist die Anordnung der Polygone in einer Flucht, sie treten als Gliederung einer Fassade in Erscheinung, mehr in der Fläche als in die Tiefe wirkend. Nicht die Staffelung der Bauteile, sondern die einheitliche Begrenzung des rechteckigen Baukörpers ist angestrebt, in Prenzlau noch unterstützt durch den alle drei Apsiden übergreifenden Giebel vor dem mächtigen Satteldach der Halle. Im Grunde ist es noch ein Bauen im Sinne der »chorlosen« Hallen, wie sie im späten 13. Jahrhundert in Rostock und Greifswald, in Neubrandenburg und Friedland errichtet worden sind. Die gerade Ostwand der »chorlosen« Halle durch polygonale Brechung der Schiffsendungen aufzulockern, mag unter dem Einfluß kathedraler Bauformen erfolgt sein. Die Verbindung eines solchen Dreiapsidialschlusses mit einem Giebel, wie er sich zum Beispiel an der Greifswalder Marienkirche über der geraden Ostwand erhebt, ist in Prenzlau zum ersten Mal gewagt und zu einer einzigartigen Lösung geführt worden. Die Anwendung hochgotischer Maßwerkgitter, freistehend vor tieferliegenden Wandflächen, ist so im Backsteingebiet sonst nicht wieder erreicht worden. Am Giebel der Neubrandenburger Marienkirche, den man am ehesten mit dem der Prenzlauer vergleichen kann, sind die Formen der Blenden und Rosetten wie auch die Reihung der Wimperge weitaus gleichmäßiger und – wenn man so will – backsteingerechter. Die Absicht der »Kathedralisierung« einer Bürgerkirche wird nirgends in der Mark so offenkundig wie in Prenzlau.

Man kann es auch dem Innenraum abspüren. So deutlich die altertümliche Kreuzform der Pfeiler auch durchscheint, die Runddienste und Rundstabprofile rufen aufschießende Licht-Schatten-Bahnen hervor, wie sie charakteristisch für hochgotische Kathedralräume sind. Die Wände bestehen keineswegs aus einer raumschließenden Schicht, sondern sind aufgelöst in Sockel- und Fensternischen zwischen Strebepfeilern. So entsteht ein Gliedergerüst ähnlich wie bei einer gotischen Kathedrale: zwischen die Pfeiler spannen sich die durch einen Laufgang miteinander verbundenen Fenster und Nischen. Schließlich wird man in den Reihen von Ziergiebeln über den Langseiten der Prenzlauer Marienkirche eine Übernahme kathedraler Formen sehen können, mit denen vielleicht auch gleiche Abbildwirkungen beabsichtigt waren.

Es fällt schwer, die Stadtkirche in Gransee als Nachfahren der Prenzlauer Marienkirche anzuerkennen. An die Stelle eines frühgotischen Vorgängerbaues mit westlichem Querriegel aus Feldstein, der bis heute erhalten ist, trat nach 1370 in zwei Bauabschnitten die siebenjochige Halle mit Dreiapsidialschluß, über dem sich ein Blendengiebel vor dem einheitlichen Dach erhebt; im ganzen also das Konzept von Prenzlau. Doch obwohl die polygonale Brechung der Apsiden die gleiche ist wie in Prenzlau, treten sie in Gransee plastisch aus dem Baukörper hervor und bilden mit dem Giebel keine gemeinsame Wand. Der Giebel ist mit Reihen zum Teil ansteigender Spitzbogenblenden mit aufgelegtem Maßwerk gegliedert. Die Pfosten der Fialen tragen Vierpaßfriese aus Formsteinstücken, um wenigstens eine Durchbrechung anzudeuten. Aber von der netzartigen Durchsichtigkeit des Prenzlauer Giebels ist in Gransee nicht das geringste zu spüren. Im Inneren werden die Kreuzrippengewölbe von gedrungenen Achteckpfeilern mit Eckdiensten getragen. Die Wände sind einschichtig, kaum daß dünne Dienste die glatten Flächen gliedern. Es war das »Maß, in dem die Stadt Gransee ländlicher war als Prenzlau« (N. Zaske), was die Unterschiede ausmacht, eine provinziell märkische Baugesinnung, die sich von den Gotizismen Prenzlauer Art freihielt. Dort aber hatte gerade die Verschmelzung von Kathedralbauweise und stadtbürgerlicher Architektur zu jener Leistung geführt, die ihren Platz in der Geschichte der europäischen Baukunst behauptet.

Dem Dreiapsidialschluß als einer Reduktionsvariante kathedraler Choranlagen, die sich für eine Verwendung an Hallenbauten als durchaus geeignet erwiesen hatte, war eine Zukunft jedoch nicht beschieden. Die Tendenz zur Vereinheitlichung des Gesamtraumes, die in der Bauart der Hallenkirche enthalten ist, hatte in Süddeutschland um die Mitte des 14. Jahrhunderts eine weitaus zukunftsträchtigere Chorschlußform hervorgebracht, den Hallenumgangschor, der in der Mark Brandenburg sehr bald übernommen wurde und an dem man schließlich bis ins 16. Jahrhundert festhielt.

DIE HALLENKIRCHEN MIT UMGANGSCHÖREN

Zwei Daten aus der zweiten Hälfte des 14. Jahrhunderts sind für die weitere Entwicklung der mittelalterlichen Stadtkirchenarchitektur in der Mark Brandenburg wichtig, das Jahr 1367, in dem der Kreuzaltar der Frankfurter Marienkirche neu geweiht wurde, und das Jahr 1379, in dem der Bau eines neuen Chores der Berliner Nikolaikirche angezeigt wird. Beide Daten stehen mit Bauvorgängen in Zusammenhang, in deren Verlauf die genannten Kirchen Chorbauten vom Typ des Hallenumgangs erhielten. In Frankfurt an der Oder wurde die einfachere Variante ohne Kapellenkranz gebaut, die dann vor allem in der östlichen Mark und der Niederlausitz Verbreitung fand, in Berlin dagegen die kompliziertere Form mit Kapellenkranz, der nur wenige und stark abgewandelte Beispiele in den westlichen Gebieten der Mark folgten.

Die Tatsache, daß ein in Süddeutschland, in den großen Handelsmetropolen ausgebildeter Pfarrkirchentyp von einigen Städten in der Mark und der Lausitz schon früh aufgenommen wurde, bestätigt die Feststellung, daß die städtische Entwicklung unter der verworrenen Lage der Landesherrschaft nicht gelitten hat. Im Gegenteil ist an der Baufreudigkeit einiger Städte in der zweiten Hälfte des 14. Jahrhunderts deren wirtschaftliche Stärke ablesbar. Allen voran muß Frankfurt an der Oder gestanden haben; das Rathaus und die Marienkirche sind beredte Zeugen dafür. Der Aufschwung dieser Stadt als bedeutendster Fernhandelsplatz im nordostdeutschen Binnenland scheint Auswirkungen auf die Reichspolitik gehabt zu haben. Die Stadt hielt sich in den Wirren um den Falschen Waldemar zu den Wittelsbachern und hat offenbar trotzdem später die Gunst Karls IV. erfahren, der vorher ihr Gegner war. Die Feudalmächte versicherten sich der Zuneigung des kapitalkräftigen Bürgertums.

Chorbauten ohne Kapellenkranz

So verwundert es nicht, an der Marienkirche in Frankfurt um 1367 – so ist die mitgeteilte Weihe des Kreuzaltars gedeutet worden (G. Schade nach G. Kunath) – einen Chor vollendet zu sehen, der den der Sebalduskirche in Nürnberg zum Vorbild hat, wahrscheinlicher sogar nur dessen Plan, denn die Bauvorgänge müssen sich etwa gleichzeitig abgespielt haben und sind an den Kirchen in Nürnberg und Frankfurt sehr ähnlich vonstatten gegangen: Um 1360 ist nach dem Abriß älterer Chorteile an das Querschiff des spätromanischen Vorgängerbaues ein dreischiffiger Hallenbau angefügt worden, dessen Seitenschiffe nach drei Jochen um die Pfeilerstellung herumführen, mit der das Mittelschiff auf polygonalem Grundriß im Osten schließt. Ein Vergleich der Grundrisse fällt zugunsten der Frankfurter Marienkirche aus. Die Abfolge der drei Chorjoche ist in Mittelschiff und Seitenschiffen klar ausgeprägt, die polygonale Pfeilerstellung des Binnenchorschlusses steht mit drei Seiten in klarer Korrespondenz zu den sieben Seiten der Außenwände des Umganges. Die dreistrahligen Springgewölbe, die im Umgang die Jochteilung räumlich verschleifen, sind nur in der Scheitelachse durch ein Kreuzrippenfeld unterbrochen. Nimmt man die achteckigen Pfeiler innen und die fast ungegliederten Strebepfeiler außen hinzu, dann möchte man in der formvereinfachenden und die Baukomposition straffenden Sachlichkeit des Frankfurter Baues das eigentliche Wesen der Backsteinarchitektur erkennen, in die ja das Vorbild aus der Hausteinarchitektur der süddeutschen Stadt umgesetzt werden mußte. Und so ist in Frankfurt nicht etwa eine Kopie entstanden, sondern ein höchst eigenständiges Werk.

Wenn von der Sachlichkeit des Bauens mit Backstein die Rede ist, dann muß hinzugefügt werden, daß das Material gleichzeitig eine große Beständigkeit der Formen bedingt. Kompliziertere Nachschöpfungen von Vorbildern der Hausteinarchitektur sind meist ohne Nachfolge geblieben, eine Zukunft hatten in der Regel nur formstrenge Vereinfachungen. Eine solche Vereinfachung war in Frankfurt erfolgt, und die Nachfolgebauten ließen nicht lange auf sich warten.

In den siebziger Jahren des 14. Jahrhunderts wurde, ausgelöst durch eine Reliquienschenkung Karls IV., der Chor der Nikolaikirche in Luckau neu gebaut. 1387/88 scheint er seiner Vollendung nahe gewesen zu sein. Vier Joche lang ist die Halle, bevor das Mittelschiff dreiseitig schließt und von einem fünfseitigen Umgang eingeschlossen wird –, also bereits eine Reduktion, die nun ihrerseits verbindlich wird für Nachfolgebauten in der Niederlausitz. Die Achteck-

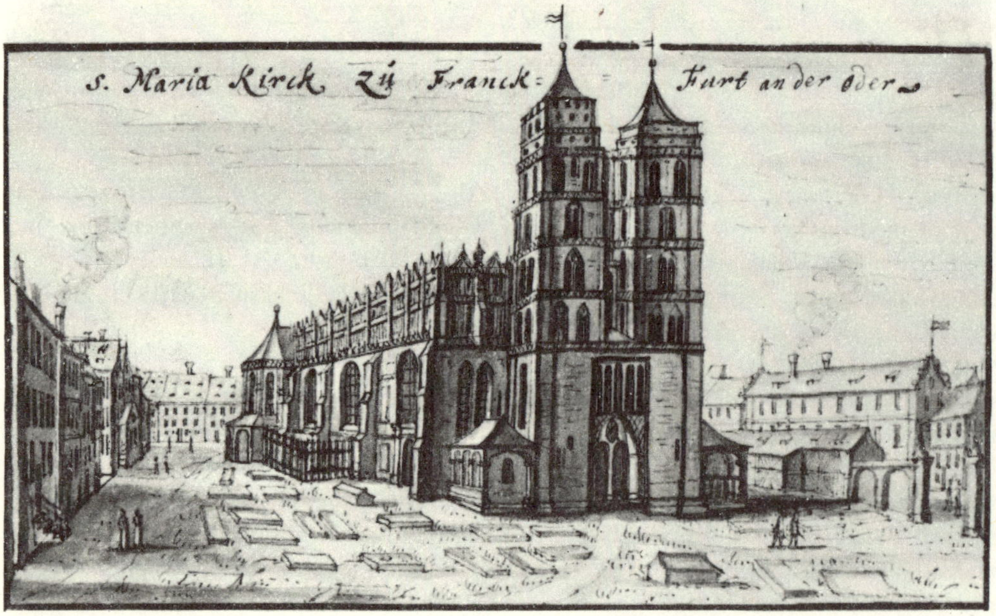

Frankfurt an der Oder. Marienkirche im Jahre 1691. Zeichnung von Johann Stridbeck.

pfeiler sind in Luckau schlanker und die Raumproportionen steiler als in Frankfurt an der Oder. Über die ursprüngliche Form der Gewölbefiguration in den vier Mittelschiffsjochen des Chores der Luckauer Nikolaikirche kann etwas Sicheres nicht ausgesagt werden, denn die heutigen Kreuzgewölbe stammen erst von der Erneuerung nach dem Brand im Jahre 1644. Das Mittelschiff des Langhauses der Luckauer Stadtkirche jedoch, das im frühen 15. Jahrhundert zwischen Chor und Westbau an die Stelle eines Vorgängerbaues trat, zeigt in den Gewölben ein Netzmuster, das mit der Verschränkung parallel geführter Rippen die Zäsur der Joche überspielt und den Raum zu einer ungeteilten Einheit werden läßt. Es ist dies die von Peter Parler für den vor 1385 fertiggestellten Prager Domchor entwickelte Wölbform, die im Backsteingebiet der Mark Brandenburg mehrfach übernommen worden ist. In den Seitenschiffen sind dagegen Sternfigurationen zur Anwendung gekommen, die die quadratische Jochteilung wahren, und zwar im Langhaus ebenso wie im Chor. Deshalb kann für das Chormittelschiff analog zum Mittelschiff des Langhauses auch ein Parallelrippennetz im ursprünglichen Gewölbe vermutet werden. Fraglich bleibt, ob es sich um einen einheitlichen Wölbvorgang für die gesamte Kirche erst im 15. Jahrhundert gehandelt hat oder ob die Wölbung nicht doch entsprechend der zwei Bauabschnitte erfolgt ist. In letzterem Fall könnte die Wölbung des Chores noch im 14. Jahrhundert vorgenommen worden sein und würde dann, ein Parallelrippenmuster im Mittelschiff vorausgesetzt, eine überraschend frühe Rezeption der für die Raumgestaltung der Spätgotik wegweisenden Wölbform darstellen.

Das Nebeneinander dieser unterschiedlichen Wölbarten wie auch die Schlankheit der Pfeiler, die steilen Raumproportionen und außen das über den Strebepfeilern umlaufende Putzband hat die Luckauer Kirche mit süddeutschen Backsteinbauten und den Werken des Baumeisters Hans von Burghausen (Martins- und Heiliggeistkirche in Landshut) gemeinsam. Diese Beobachtung von G. Schade stellt abermals eine Beziehung der märkischen Architektur der zweiten Hälfte des 14. Jahrhunderts zur süddeutschen Baukunst unter Beweis, die wohl in der luxemburgischen Reichsherrschaft eine Erklärung finden kann.

Nicht nur geographisch, sondern auch im Hinblick auf die Entwicklung des Bautyps steht zwischen Frankfurt und Luckau die Marienkirche in Beeskow. Tatsächlich ist anhand des Baubefundes eine Planänderung festgestellt worden, die diese Zwischenstellung sogar im baugeschichtlichen Ablauf dokumentiert. Mit der Frankfurter Marienkirche verbindet die Beeskower Kirche die Dreizahl der Chorjoche, der siebenseitige Umgang und die Art seiner Wölbung, die gegliederten Fenstergewände – in Luckau sind es glatte Schrägen – und das Vierpaßfriesband unter dem Dachgesims. Mit der Luckauer Nikolaikirche stimmen dagegen die schlanken Achteckpfeiler, die hier noch steileren Raumproportionen und die Art, Mittel- und Seitenschiffe unterschiedlich zu wölben, überein; es sind in Beeskow Sterngewölbe in den mittleren und Kreuzgewölbe in den seitlichen Jochen. Sichere Baudaten fehlen. Ein Baubeginn in den siebziger Jahren des 14. Jahrhunderts ist nicht ausgeschlossen. Die für 1417 angezeigte Weihe dürfte zumindest die Vollendung des Chores bedeuten.

In Fürstenwalde, das seit 1373 bischöfliche Residenz der Diözese Lebus war, stand nach den Hussitenkriegen ein Dombau an, der anstelle der alten Pfarrkirche errichtet werden und gleichzeitig die Aufgaben einer Kathedral- und einer Stadtkirche erfüllen sollte. Man wählte dafür den Bautyp der städtischen Pfarrkirchenarchitektur. Zwischen 1446 und etwa 1470 wuchs der Fürstenwalder Dom als Hallenkirche empor, mit einem Umgangschor, der noch deutlich Züge des Frankfurter Marienchores trägt, vor allem das Umgangspolygon mit sieben zu drei Seiten. Neu ist am Fürstenwalder Dom, daß die Chorpfeiler schlanker sind als die des Langhauses. Dadurch wird eine zu starke Verengung der Polygonarkaden gegenüber denen des Schiffes vermieden, die sich ohnehin durch einen weiten Schritt auszeichnen. Sonst aber gibt es zwischen Chor und Langhaus keine Zäsur wie bei den bisher besprochenen Bauten. Die liturgische Grenze hat ein Lettner markiert. Das Polygon und die fünf Joche des Schiffes sind zu einer Raumeinheit zusammengewachsen. Es zeigt sich, daß ein importierter Bautyp trotz offensichtlicher Beständigkeit der Formen im Sinne des spätgotischen Raumgefühls weiterentwickelt und deshalb über einen sehr langen Zeitraum gebaut werden konnte. Noch in der zweiten Hälfte des 15. Jahrhunderts wurden Umgangschöre nach dem Muster der Frankfurter und der Luckauer Stadtkirche in Mittenwalde und Jüterbog begonnen sowie in Eisenhüttenstadt – Fürstenberg in der interessanten Variante mit sechs Umgangsseiten zu vier Binnenschlußseiten.

Eine gewisse Sonderstellung nehmen die Stadtkirchen in der Niederlausitz aus dem 15. Jahrhundert ein. An ihnen hat sich eine eigenartige Reduktion des Umgangschores vollzogen. Die Binnenpolygone sind so nahe an die Umgangswände herangerückt, daß sie schließlich aus dem Raumbild gänzlich verschwinden und die Langhausarkaden bis an die Scheitelwand des Umgangspolygons durchlaufen. Man kann den Verlauf der Entwicklung an den Stadtkirchen von Calau, Forst, Senftenberg, Lübben und Spremberg ablesen, wobei die typologische Reihe nicht notwendig einer chronologischen gleichgesetzt werden muß. In Calau ist der Umgang mit fünf zu drei Polygonseiten noch vorhanden, allerdings mit einer sehr engen Scheitelarkade. Aus dieser wird in Forst eine mit der äußeren Polygonwand verbundene Nische. In Senftenberg und Lübben laufen die Langhausarkaden leicht konvergierend an die Scheitelwand des noch fünfseitigen Ostschlusses der Kirchen. In Spremberg schließlich fluchten die östlichen Arkaden mit den übrigen des Langhauses und stoßen an die gerade Ostwand des Mittelschiffes; die Seitenschiffsendungen dagegen sind abgeschrägt, so daß im ganzen ein dreiseitiger Ostschluß entsteht. Wie es scheint, ist diese Raumform, die ja eine Reduktion des Umgangs darstellt, doch dessen liturgischen Funktionen gerecht geworden. Darauf weisen die in den genannten Kirchen wie auch in denen mit voll ausgebildetem Umgang anzutreffenden Wandsockelnischen hin. Ein voll ausgebildeter Umgangschor aber ist außer an der als Leitbau anzusprechenden Nikolaikirche in Luckau in der Niederlausitz nur noch an der Oberkirche in Cottbus gebaut worden, wenn man von den Sonderformen der Stadtkirchen in Eisenhüttenstadt – Fürstenberg an der Oder und Gubin einmal absieht. Es könnte sich also bei den Chorbildungen an den Pfarrkirchen der kleineren Städte um Vereinfachungen handeln, die auch vom Rang der Gemeinwesen her bedingt waren.

Ganz sicher ist dies der Fall bei der Nikolaikirche in Frankfurt an der Oder. An die Halle, die im 14. Jahrhundert in Anlehnung an das Vorbild der Marienkirche erbaut worden war, wurde um 1400 ein zweijochiger Chor mit dreiseitigem Umgang angefügt, bei dem der Binnenschluß nahezu rechteckig ausfiel. Wieder hatte man es in vereinfachender Form der großen Hauptkirche gleichtun wollen und dabei sogar den kurz zuvor mit Figuren reich bemalten Ostgiebel der alten Halle überbaut. – In Angermünde ist der Rechteckchor der frühgotischen Marienkirche im späten 15. Jahrhundert zu einem asymmetrisch zweischiffigen Hallenchor umgebaut worden, der einen beide Schiffe zusammenfassenden fünfseitigen Ostschluß erhielt. Auch hier ist die Raumfunktion des Umgangs beabsichtigt und erreicht worden trotz der Rücksichtnahme auf Bauteile des Vorgängerbaues, die zu der eigentümlichen Chorgestalt geführt hat.

Umgangschöre mit Kapellen

Daß es den märkischen Städten nicht leichtfiel, ihre kostspieligen Bauvorhaben zu verwirklichen, macht die Baugeschichte der Nikolaikirche in Berlin eindrucksvoll deutlich. 1379 war mit dem Bau eines neuen Chores begonnen worden. Am 11. August 1380 verheerte ein Feuer die Stadt. Ihr Wiederaufbau hat offenbar so viel Kraft gekostet, daß eine Weiterführung zunächst nicht möglich war. Jedenfalls begnügte man sich noch längere Zeit mit dem alten Kirchenbau. Erst nach 1400 hatte sich das Gemeinwesen soweit erholt, daß der angefangene Chor weitergebaut und wohl auch vollendet werden konnte. Doch den Bau eines neuen, dem Chorbau angeglichenen Langhauses nahm man nicht vor der zweiten Hälfte des 15. Jahrhunderts in Angriff.

Was den Umgangschor der Berliner Nikolaikirche auszeichnet und ihn von dem der Frankfurter Marienkirche unterscheidet, das sind die gewölbten Kapellen, die zwischen den Strebepfeilern des siebenseitigen Ostschlusses angeordnet sind. Die Kapellen setzen sich an den Seitenschiffen fort, so daß der gesamte, drei Joche lange Chor von einem Kranz von Kapellen eingefaßt ist. Auch für diese Form des Hallenumgangschores mit Kapellenkranz gibt es ein süddeutsches Vorbild, den 1351 begonnenen Chor der Heiligkreuzkirche in Schwäbisch-Gmünd. In Österreich, in Zwettl, hatten die Zisterzienser, die aus ganz anderen Gründen Kapellenreihen am Ostteil ihrer Kirchen brauchten, einen solchen Kapellenkranz zwischen Strebepfeilern um einen Hallenchor gelegt. Im Grundriß gibt er sich als Reduktion eines Kathedralchores zu erkennen. Ähnliches gilt für böhmische Pfarrkirchen, die ihrerseits als Vereinfachungen des Prager Domchores anzusprechen sind; die Stadtkirche von Kolin ist ein Beispiel dafür. Der Kapellenkranz wirkt als einheitlicher Sockel der über ihnen aufsteigenden Chorwände. Tragen und Lasten treten in dieser Architekturkomposition ganz ungotisch in Erscheinung. Das sich darin anbahnende neue Baugefühl war an der Berliner Nikolaikirche bereits ausgereift. Die Vorbildwirkung der süddeutschen und böhmischen Kirchen auf das binnenländische Backsteingebiet ist unübersehbar. Schon Georg Dehio merkte dazu an: »Die Vermutung einer Einwanderung aus Böhmen in der Zeit, als Karl IV. Herr der Mark war, liegt nicht fern.« Unübersehbar sind allerdings auch Einwirkungen, die von der Baukunst des pommerschen Küstengebietes ausgegangen sein müssen, und so bleibt die Berliner Architekturschöpfung von St. Nikolai – wahrscheinlich als Folge des zögernden Baufortgangs – eine aus verschiedenen Komponenten erwachsene Leistung, deren baukünstlerische Qualität und deren kunstgeschichtliche Stellung an der Wende von der hohen zur späten Gotik nicht hoch genug bewertet werden kann.

Ein Nachfahre des Chores der Berliner Nikolaikirche ist der Chor der Gotthardkirche in Brandenburg, der 1456 begonnen wurde. Aber dort sind die Kapellen nur über fünf Seiten des Umgangspolygons verteilt, und anstelle der Berliner Pfeilerform, achteckig mit vorgelegten Halbsäulen, sind in Brandenburg Rundpfeiler mit vier dünnen Diensten verwendet, wie sie für die Kirchen der Altmark im 15. Jahrhundert typisch sind. Mit der Marienkirche in Stendal hat St. Gotthard in Brandenburg die relativ hohen Schildwände über den Arkaden des Mittelschiffs und die baldachinartige Wölbung des Binnenpolygons gemeinsam. Eine solche Wölbung finden wir auch an mehreren Kirchen der von der Altmark her beeinflußten Prignitz. So ist St. Gotthard in Brandenburg mehr ein altmärkischer als ein mittelmärkischer Bau.

Mit dem Neubau der Katharinenkirche in Brandenburg war um 1400 durch Heinrich Brunsberg aus Stettin schon ein weit progressiverer Bautyp geschaffen worden. Brunsberg hatte die seit dem 13. Jahrhundert an uckermärkischen Hallen (Neubrandenburg, Prenzlau) auftretende Bauart, über Wandsockelnischen einen Laufgang anzulegen, mit der Anlage von Randkapellen am Chorumgang verschmolzen. An der Katharinenkirche sind die Wandsockelnischen zwischen die Strebepfeiler gerückt. Der über ihnen angeordnete Laufgang durchbricht die Strebepfeiler, die nach innen gezogen erscheinen, weil die Außenwände über den Sockelnischen nicht wie über den Kapellen des Chores der Berliner Nikolaikirche zurückspringen, sondern in den Außenfluchten der Strebepfeiler aufsteigen. Nach außen bleiben nur flache, schmuckreich verkleidete Lisenen stehen, innen aber bilden raumhohe Nischen die Rahmung der breiten Fenster, gleichsam bis in die Gewölbehöhe der Halle emporgezogene Randkapellen oder – beinahe – ein viertes und fünftes Schiff. Diese Wandstruktur – sie umzieht den gesamten Bau – läßt den Eindruck einer festen Raumgrenze nicht entstehen. Vielmehr schafft das einfallende Licht eine immaterielle Randzone, einen Lichtmantel, der den Raum einheitlich umschließt. Im Dienste des deutlichen Strebens nach einer Einheit des Raumes steht auch das durchlaufende Parallelrippenmuster des Mittelschiffsgewölbes, das nicht aus der Formenwelt des pommerschen Baumeisters stammt, sondern wie in der Luckauer Nikolaikirche auf das Vorbild der Prager Domchorgewölbe zurückgeht.

Vergleicht man die beiden Brandenburger Kirchen miteinander, so wirkt St. Gotthard gegenüber St. Katharinen weitaus schwerer. Die Architekturglieder sind plastischer, die Raumgliederung wird von der akzentuierenden Teilung in kreuzrippengewölbte Joche bestimmt, und die Wand wirkt als kompakte Substanz. Diese Baugesinnung wie auch die Einzelformen von St. Gotthard finden sich in einer interessanten Verbindung mit den wandhohen Nischen von St. Katharinen an zwei schulmäßig zusammenhängenden märkischen Bauten, an der Stephanskirche in Tangermünde, die in »Stadtkirchen in Sachsen/Anhalt« von Walter May gewürdigt wurde, und an der Marienkirche in Bernau. Beide Kirchen haben nach 1470 und 1485 ihre Chöre erhalten, zweijochig mit Umgang, außen fünfseitig, innen dreiseitig geschlossen, die Kreuzrippengewölbe von Rundpfeilern mit Stabdiensten getragen. An beiden Bauten sind die Strebepfeiler nach innen gezogen, und zwischen ihnen bilden wandhohe Spitzbogennischen die Umfassung der Fenster. Außen sind es flache Lisenen, die nicht wie an der Katharinenkirche in Brandenburg übersponnen sind vom flackernden Spiel der Muster glasierter Formsteine, sondern als kräftige Bänder die Wand in klar begrenzte Felder gliedern. Aber die Formen der wandabschließenden Horizontalfriese wie auch die Portalrahmungen an der Stephanskirche in Tangermünde lassen die Nachwirkungen der Brunsbergischen Dekorationen spüren. In Tangermünde flankieren Kapellenanbauten die Chorseitenschiffe, sie erscheinen am Außenbau wie die Arme eines Querschiffes. In Bernau sind diese Kapellen nicht symmetrisch angebaut, sondern so, daß sie mit ihren Ziergiebeln in der Blickachse einer auf sie zuführenden Straße stehen, ein schönes Beispiel bewußter städtebaulicher Einbindung. Symmetrische Seitenkapellen an einem Hallenumgangschor wurden an der Nikolaikirche in Spandau zum ersten Mal gebaut. Es folgten die Stadtkirchen in Pritzwalk und Wusterhausen. An der Stadtkirche in Rathenow hatte man zu originellen zentralbauartigen Polygonalkapellen gefunden, die mit geputzten Steinhelmen den Chorbau einfaßten. Die Marienkirche in Pritzwalk besitzt den einzigen Umgangschor der Prignitz. Bei aller Verwandtschaft mit alt- und mittelmärkischen Bauten (symmetrische Seitenkapellen, wandhohe Fensternischen, Rundpfeiler) trägt er doch ein Gepräge, wie es für die nordwestliche Region der Mark charakteristisch ist. Dabei bleibt die kunstlandschaftliche Bindung der Prignitz an die Altmark aber immer deutlich. Das Festhalten an konventionellen Formen und Typen ist sogar noch ausgeprägter als dort. Es tritt an der eine Ausnahme bildenden ehemaligen Wallfahrtskirche und heutigen Stadtkirche von Wilsnack, einer Halle mit Querschiff und gestreckt einschiffigem Chor aus der Zeit um 1400, ebenso in

Ansicht von Perleberg, um 1710. Zeichnung von Daniel Petzold

Erscheinung wie an den Stadtkirchen, die vom 14. bis zum frühen 16. Jahrhundert als dreischiffige Hallen mit einschiffigem Chor gebaut wurden, in Perleberg, Kyritz, Havelberg und Lenzen. Nur in Wittstock ist nach 1451 ein dreischiffiger Hallenchor mit gerader Ostwand und großem Blendengiebel darüber errichtet worden. Meist findet man die hochgebusten Kreuzrippengewölbe, getragen von relativ schlanken Rundpfeilern, die auf Dienste verzichten und mit einem Kapitellband abgeschlossen sind. Nur in Kyritz haben Achteckpfeiler mit Eckdiensten, in Wittstock sogar kreuzförmige Pfeiler mit Halbsäulenvorlagen Verwendung gefunden. So zeigt sich die Prignitz im 15. Jahrhundert als eine recht eigenständige Kunstlandschaft, für die das Bewahren oder die Wiederaufnahme von älteren Bauformen kennzeichnend ist.

DIE MARK IM AUSGEHENDEN MITTELALTER

So mächtig und frei die märkischen Städte durch ihren Reichtum im 14. Jahrhundert auch geworden waren, so gering waren ihre Möglichkeiten, diese Stärke zur Verteidigung ihrer Freiheiten einzusetzen, als sie sich im Verlauf des 15. Jahrhunderts einer Landesherrschaft mit neuen Zielen gegenübersahen. 1373 war die Mark an die in Böhmen regierenden Luxemburger gefallen, und in Karl IV. hatten die Städte, vermutlich aus Gründen seiner Reichspolitik, einen Förderer und Verbündeten. Das entsprechende Interesse Karls an der Mark Brandenburg verlor sich unter seinen Nachfolgern schnell. Das Land sank zum Objekt finanzieller Operationen der luxemburgischen Brüder herab. Die Situation war günstig für das Raubwesen, das der niedere Adel zur Abwehr der ihm drohenden Verarmung entwickelte und das die beinahe legendären Quitzows auf dem Wege zur Eroberung der Landesherrschaft zeigt.

Der letzte luxemburgische Markgraf Jobst von Mähren starb 1411; das Lehen fiel ans Reich zurück. Deutscher König war seit 1410 Sigismund, der Sohn Karls IV. Seine Wahl hatte der Burggraf Friedrich von Nürnberg aus dem schwäbischen Hause Zollern nachhaltig unterstützt. Sigismund setzte ihn nun zum Regenten in Brandenburg ein. 1415 erhielt er die Mark mit dem Vorrecht auf erblichen Besitz, und 1417 schließlich wurde er in Konstanz in aller Form mit ihr belehnt. Friedrich I. versuchte zunächst, die in den Wirren des 14. Jahrhunderts der Mark verlorengegangenen Gebiete zurückzugewinnen. Er hatte damit nur teilweise Erfolg; einige Gebiete und Städte der wieder an Pommern gefallenen Uckermark kamen erst in der zweiten Hälfte des 15. Jahrhunderts an Brandenburg zurück. Der Nachfolger Friedrich II. machte Anstalten, die Niederlausitz der Mark anzugliedern, mußte sie aber bis auf die Herrschaften Cottbus und Peitz Böhmen belassen.

Um des inneren Aufbaus willen mußten die Hohenzollern für den Frieden in der Mark selbst sorgen. Friedrich I. tat dies, indem er die Quitzows vernichtete und damit das Raubwesen liquidierte. Er hatte dabei die Unterstützung der Städte. Doch bald gerieten diese in Konfrontation mit den territorialpolitischen Absichten des Markgrafen. 1431 gründeten die mittelmärkischen Städte einen Verteidigungsbund gegen die als Übergriffe empfundenen Maßnahmen des neuen Landesherrn. Berlin galt als das Haupt des Bundes und war schließlich das erste Opfer. Es verlor schon 1442 die Gerichtsbarkeit und das Stapelrecht, mußte die Ratsmitglieder bestätigen lassen und durfte keinen Bündnissen angehören. Der als »Berliner Unwille« bekannte Aufstand 1448 blieb ohne Erfolg, die Bürger mußten die Beschränkung ihrer Freiheiten hinnehmen.

Das Schicksal Berlins zeigte die Ziele der neuen Landesherren an. Die städtische Autonomie stand der Entwicklung eines zentralistisch organisierten Staatswesens entgegen. Eine solche Staatsorganisation war auf Steuerabgaben aus den Städten angewiesen. Mit der Einführung der Biersteuer und der gleichzeitigen

Ansicht von Frankfurt an der Oder, um 1710. Zeichnung von Daniel Petzold

Aufhebung der Vorschrift, daß Getreide nur auf städtischen Märkten verkauft werden darf, brach Kurfürst Johann Cicero 1488 das Handelsmonopol der Städte, die damit die wirtschaftliche Grundlage ihrer einstigen Machtstellung und Unabhängigkeit verloren. Die Blütezeit der märkischen Städte ging zu Ende.

In der städtischen Pfarrkirchenarchitektur spiegelt sich dieser Vorgang insofern wider, als zwar auch im späten 15. Jahrhundert noch recht aufwendige, dem Wunsch nach Selbstdarstellung bürgerlicher Gemeinwesen entsprechende Kirchen errichtet wurden, daß aber die schöpferische Kraft erlahmt war, die im 14. Jahrhundert die beispielhaften Bauten in Prenzlau, Frankfurt an der Oder, Luckau, Berlin und Brandenburg hervorgebracht hatte. Neue Bauformen wurden nicht mehr gefunden. Verspätete Wiederholungen und Vereinfachungen der Vorbilder waren vor allem in den Randlandschaften Prignitz und Niederlausitz die Folge. Vielfach sind nur Teile neu gebaut, Chöre erweitert oder Altbauten gewölbt worden. Die kirchlichen Bauleistungen der märkischen Städte des ausgehenden Mittelalters können sich mit denen Obersachsens oder Süddeutschlands, auch denen des Küstengebietes nicht mehr vergleichen. Nur in Frankfurt an der Oder ist zwischen 1516 und 1524 durch den Baumeister Andreas Lange, der ein Franziskanermönch gewesen sein soll, die Klosterkirche neu gebaut worden: als dreischiffige Halle mit hohen, schlanken Achteckpfeilern, die weitgespannte Netzgewölbe tragen. Die Figuration der Gewölberippen ist zwar eine in der Mark heimische, aber die Art der Rippenansätze an Pfeilern und Wänden erinnern an obersächsische Beispiele wie auch der in der Mark gänzlich unübliche Verzicht auf Scheidgurte. Schließlich weist der mächtige Rippenziergiebel, der gleichsam das Ende märkischer Giebelbaukunst bezeichnet, auf Vorbilder im sächsischen Hausteingebiet hin. Die ehemalige Klosterkirche der Franziskaner in Frankfurt an der Oder, obwohl ganz nach den Vorschriften der Bettelordensbaukunst errichtet, kann als die letzte große Leistung des mittelalterlichen städtischen Kirchenbaues in der Mark Brandenburg angesehen werden.

Stadtkirchen nach der Reformation

DIE REFORMATION IM KURFÜRSTENTUM BRANDENBURG

Die Reformation hat sich in der Mark Brandenburg relativ spät durchgesetzt. Erst 1540 ist mit den Visitationen begonnen worden, an deren Ende die neue Ordnung des Kirchen- und Schulwesens stehen sollte. Vorausgegangen waren die strikte Ablehnung durch Kurfürst Joachim I. und – nach dessen Tod 1535 – das zögernde Nachgeben Joachims II. gegenüber Forderungen, die vor allem von der städtischen Bevölkerung nach Einführung der neuen Lehre erhoben worden sind. Lutherisches Gedankengut war schon früh in die Mark eingedrungen. Bekannt sind die Vorgänge in Jüterbog, wo sich Johannes Tetzel bei seinen Ablaßpredigten 1517 dem Widerspruch Wittenberger Studenten ausgesetzt sah. Angeblich wandte sich Tetzel daraufhin nach Frankfurt an der Oder, wo er an der Universität tatsächlich 1518 zum Doktor der Theologie promovierte.

Die Frankfurter Universität war 1506 durch kurfürstlichen Erlaß mit kaiserlicher und päpstlicher Genehmigung gegründet worden. Das akademische Lehrprogramm war antireformatorisch. Rektor Konrad Wimpina legte 1518 »Fünfzig Frankfurter Antwortthesen« vor, die sich gegen Luthers Wittenberger Thesenanschlag von 1517 richteten. Doch wirkte sich diese Haltung nachteilig auf die Zahl der Immatrikulationen aus. Im Jahre der Gründung verzeichnet die Matrikel 928 Namen, darunter den Ulrichs von Hutten; 1536 waren nur vierzig Studenten eingetragen.

In den Städten sind Prediger mit Wittenberger Schulung bevorzugt angestellt worden, in Berlin schon 1521, in Cottbus 1523. Als Joachim II. 1535 die Regierung in der Kurmark übernahm – die Neumark verwaltete sein Bruder Johann, der sofort die Partei der Reformation ergriff –, stand die überwiegende Mehrzahl der Städte – trotz gelegentlicher Unterdrückungsversuche, 1523 in Fürstenwalde, 1530 in Stendal – im lutherischen Lager. Doch es dauerte noch vier Jahre, bis sich der Kurfürst zu einem Bekenntniswechsel entschloß. Am 1. November 1539 fand im Berliner Dom, in den die ehemalige Dominikanerkirche 1536 verwandelt worden war, ein Gottesdienst statt, bei dem das Abendmahl in beiderlei Gestalt gereicht wurde. Dieses Datum gilt als das der offiziellen Einführung der Reformation in der Mark Brandenburg. Die territorialpolitischen Folgen der Reformation waren für die Landesherrschaft von Vorteil. Die Klöster wurden aufgelöst, ihre Liegenschaften fielen an die kurfürstliche Domänenkammer. Die Domkapitel in Havelberg, Brandenburg und Lebus sträubten sich zunächst gegen die Säkularisation. Die Bischofsämter wurden deshalb mit Angehörigen des Herrscherhauses besetzt, so daß der bischöfliche Grundbesitz schließlich doch in die landesherrliche Verwaltung genommen werden konnte. Dem regierenden Kurfürsten wuchs die Funktion des obersten Kirchenherrn zu. Als sein Bevollmächtigter wurde ein Generalsuperintendent ernannt und zur Verwaltung der Landeskirche ein Konsistorium geschaffen.

Unter dem landesherrlichen Kirchenregiment folgte die Mark Brandenburg streng der lutherischen Lehre. Wohl nicht zuletzt aus Gründen der inneren Reichspolitik schloß sie sich bei der Annahme der Konkordienformel mit Kursachsen zusammen. Abweichungen, die unter dem Einfluß des Kalvinismus standen, wurden entschieden bekämpft. Als Kurfürst Johann Sigismund 1613 aufgrund politischer Bindungen an die Niederlande im Jülich-Kleveschen Erbfolgekrieg selbst zum Kalvinismus übertrat, vollzog sich der zu erwartende Konfessionswechsel, der dem im Augsburger Religionsfrieden von 1555 festgelegten und seitdem allgemein gültigen Rechtssatz »cuius regio, eius religio« entsprochen hätte, im Lande nicht. Im Gegenteil sah sich der Landesherr wegen des Widerstandes der orthodoxen Lutheraner gezwungen, den Bestand beider Glaubensbekenntnisse nebeneinander anzuerkennen. Nach anfänglichen Konfessionsstreitigkeiten entwickelte sich schließlich eine tolerantere Religionspolitik, die die Voraussetzungen schuf für die Zuwanderung reformierter Protestanten, denen bei der kulturellen Entwicklung der Mark in der Folgezeit eine bedeutende Rolle zufiel. Auch der Kirchenbau erhielt durch die Verbindung mit den reformierten Niederlanden im 17. Jahrhundert entscheidende Impulse.

Bis dahin sucht man nach der Einführung der Reformation kirchliche Bauunternehmungen in den märkischen Städten vergebens. Von Reparaturen ist gelegentlich die Rede, und die Ausstattung hat Veränderungen erfahren, aber die Entwicklung eines der neuen Gottesdienstordnung gemäßen Bautyps hatte sich noch nicht angebahnt. In einigen Mediatstädten – Städte, die kleineren Adelsfamilien gehörten – ist allerdings in der zweiten Hälfte des 16. Jahrhunderts das Bemühen der Stadtherren zu beobachten, durch Um- oder Neubauten von Stadtkirchen Gedenkstätten ihres Geschlechtes zu errichten, Mausoleen gleichsam, in denen stattliche Denkmäler den Ruhm der Erbauer für die Nachwelt bewahren sollten. So ließ die Familie von Bredow die mittelalterliche Kirche in Rheinsberg 1568 erweitern und wölben, wobei die antikisierenden Formen der Renaissance Anwendung fanden. Der rechteckige Chor wurde zu einer dreischiffigen Halle verändert, in der die Epitaphien mit den lebensgroßen Figuren der Patronatsherren aufgestellt werden konnten. In Finsterwalde in der Niederlausitz ist in den achtziger Jahren des 16. Jahrhunderts die Stadtkirche neu gebaut worden, eine Emporenhalle, deren Raumcharakter mit den Schloßkapellen protestantischer Fürstenhöfe vergleichbar ist. Der als Baumeister genannte Martin Piger aus Dresden hat vielleicht entsprechende Anregungen verarbeitet. Bauherr war Otto von Dieskau, und mehrere Generationen dieser Familie sind als plastische Figuren auf ihren Grabsteinen in der Kirche versammelt. Inschriften rühmen das Geschlecht und dessen Verdienste um den Kirchenbau. Das größte Unternehmen dieser Art war der Erweiterungsbau der Stadtkirche in Lieberose. An eine spätgotische Hallenkirche fügte um 1590 der italienische Baumeister Thaddäus Paglion, den der Bauherr vermutlich aus Böhmen geholt hat und der später durch den Umbau des Frankfurter Rathauses bekannt geworden ist, einen Umgangschor nach dem mittelalterlichen Schema an, den wirklich letzten, der in der Mark gebaut wurde, der aber seinem Wesen nach ein Renaissancebau war. Er wurde zur Gruftkapelle für die grundherrliche Familie, ja eigentlich das Gehäuse für das Denkmal des Bauherrn selbst, für das erst 1597 fertiggestellte raumhohe Epitaph des schon 1594 verstorbenen Joachim von der Schulenburg.

DIE NEUE EINRICHTUNG MITTELALTERLICHER STADTKIRCHEN

Von diesen für die Zeit der Renaissance an sich typischen Adelsbauten abgesehen, liegt die tatsächliche Leistung der protestantischen Kirchenbaukunst in der Mark Brandenburg während des 16. und 17. Jahrhunderts nicht in der Suche nach neuen Bauformen, sondern in der neuen Einrichtung der aus dem Mittelalter überkommenen Gebäude. Als erstes sind offenbar die Altäre ausgewechselt worden. An die Stelle mittelalterlicher Schnitzaltäre mit beweglichen Flügeln traten die Renaissanceretabel mit einem feststehenden protestantischen Bildprogramm. Doch scheint man es ganz so ernst mit der Beseitigung der »papistischen« Bilderwelt nicht genommen zu haben. In dem leider zerstörten Altar der Marienkirche in Beeskow hatten jedenfalls Gemälde und Schrein des spätmittelalterlichen Schnitzaltars ihren Platz im Hauptfeld des Renaissanceaufbaues gefunden, und dort, wo wirklich große mittelalterliche Altarwerke vorhanden waren, wie in der Katharinenkirche in Brandenburg, in der Marienkirche in Frankfurt oder in den Stadtkirchen von Wittstock, Bernau und Mittenwalde, ist der Respekt vor der künstlerischen Qualität wohl größer gewesen als der Wunsch, die neue Lehre mit neuen Bildern über dem Altar zu demonstrieren.

Lehrhaft waren die neuen Bilder gemeint. Oft wurde das Programm durch Texte noch verdeutlicht. An dem schönen Retabel von 1606 in der Stadtkirche in Eberswalde kann man eine Beziehung der Darstellungen zu den Artikeln des Glaubensbekenntnisses feststellen. Ebenfalls im Dienste der Nutzbarmachung mittelalterlicher Kirchen für die neue Form und den neuen Inhalt des protestantischen Gottesdienstes standen die neuangefertigten Predigtstühle. Ein schlichtes frühes Werk der Reformationskunst in diesem Sinne ist die Kanzel der Marienkirche auf dem Damm in Jüterbog, 1575 in Stein gehauen von Georg Schröter aus Torgau. Ein überaus reiches Werk dagegen stellt die Stiftung der Tuchmachergilde für die Gotthardkirche in der Altstadt Brandenburg dar, die 1623 gleichfalls aus Sandstein gearbeitete, mit zahlreichen Reliefs und Figuren geschmückte Kanzel von Georg Zimmermann; der zugehörige Schalldeckel in Form eines turmartigen Baldachins ist qualitätvoll in Holz geschnitzt. Die Mehrzahl der im 16. und 17. Jahrhundert geschaffenen Kanzeln sind jedoch die Arbeiten von Tischlern und Bildschnitzern.

Die Einrichtung der mittelalterlichen Hallenkirchen zu Predigtsälen hatte ferner den Einbau von Emporen zur Folge. Aus der Zeit vor dem Dreißigjährigen Krieg sind nur wenige erhalten geblieben; die »Chöre« der Tuchmacher und Schuster in Bernau und Wusterhausen mit reicher ornamentaler Bemalung und Gemälden an der Brüstung dürften die bedeutendsten Beispiele sein.

Die Nebenaltäre, die in mancher mittelalterlichen Kirche in großer Zahl vorhanden waren, sind nach der Reformation beseitigt worden. Für sie gab es im protestantischen Gotteshaus keine Verwendung. Gleichsam als Ersatz für sie traten die Epitaphien, Gedenktafeln für reiche Bürger und deren Familien, im Raumbild in Erscheinung. Maler und Bildhauer schufen sie als neue künstlerische Aufgabe im 16. und 17. Jahrhundert. Von der Bildthematik her sind es oft programmatische protestantische Werke. Frühe Beispiele finden wir vor allem in der Gotthardkirche in Brandenburg, die als Arbeiten des Hans Schenk-Scheutzlich aus Schneeberg in Sachsen gelten, und in Frankfurt an der Oder (ehemals in der Marien-, jetzt in der dortigen Gertraudkirche).

Wenn auch kein größerer kirchlicher Neubau nach der Reformation bis ins spätere 17. Jahrhundert erfolgt ist, so ist doch festzustellen, daß die märkischen Städte an der Einrichtung ihrer Gotteshäuser für die neue Art des Gottesdienstes nicht gespart haben. Noch immer hat sich das Gemeinschaftsbewußtsein der Bürger in der Kirchenausstattung ausdrücken wollen. Das großartigste Beispiel dafür ist die Wiederherstellung der Nikolaikirche in Luckau nach dem großen Brand von 1644. Zwei Generationen haben für die prachtvolle Einrichtung gestiftet, für die Kanzel, die Orgel und den Altar, haben ihre Epitaphien an die Pfeiler gehängt und sich Stuben in die Emporen eingebaut. In grandioser Weise ist hier der spätgotischen Halle eine barocke Raumgestaltung eingefügt, gleichsam das spätgotische Streben zur ganzheitlichen Wirkung des Raumes vollendet worden. Das Überspielen vertikaler Elemente durch die Horizontalen der Emporen hat entscheidend zu der Bildung des zentralisierten Raumes beigetragen. Eine Steigerung in diesem Sinne ist nur noch bei der Inneneinrichtung des Langhauses der Katharinenkirche in Brandenburg um 1730 erreicht worden. Dort lag aber bereits das Raumkonzept der barocken Quersäle zugrunde, wie es seit dem ausgehenden 17. Jahrhundert unter dem Einfluß neuer, vom reformierten Bekenntnis geprägter Theorien des protestantischen Kirchenbaues auch in der Mark Brandenburg für Neubauten angewendet wurde.

GRUNDFORDERUNGEN FÜR DEN PROTESTANTISCHEN KIRCHENBAU (LEONHARD CHRISTOPH STURM)

Der deutsche Protestantismus fand erst nach dem Dreißigjährigen Krieg zu eigenen baukünstlerischen Lösungen, obwohl der Wunsch nach einer ganz anders gearteten Raumform als der mittelalterlichen schon seit der Reformation bestand. Erfüllt wurde er allerdings zunächst nur durch eine Reihe von Schloßkirchen an protestantischen Fürstenhöfen. Am Anfang stand die 1544 durch Martin Luther geweihte Kapelle des Schlosses Hartenfels in Torgau. Die Forderungen für den protestantischen Kirchenbau ergaben sich aus der Zurückdrängung des Altardienstes und aus der dominierenden Rolle der Predigt im Gottesdienst. Die Versammlung der Gemeinde um den predigenden Geistlichen verlangte die Gemeinsamkeit im Räumlichen und die Konzentration auf den Ort der Verkündigung. Das führte zwangsläufig zur Zentralisierung der Raumform und hatte die Anlage von Emporen sowie festes Gemeindegestühl um die Kanzel zur Folge. In der Torgauer Schloßkapelle steht die Kanzel – wohl zum ersten Mal in der Geschichte der kirchlichen Baukunst – an der Mitte einer Langseite eines von zweigeschossigen Emporen umgebenen Saales. Als Altar wünschte sich Luther dort, wo es möglich wäre, den freistehenden Tisch ohne Retabel, damit der Geistliche dahinter der Gemeinde zugewandt stehen konnte und auch für die Gläubigen beim Empfang des Abendmahls die Möglichkeit bestand, um den Altartisch herumzugehen.

Die Neueinrichtung mittelalterlicher Pfarrkirchen mit Emporen und möglichst zentraler Stellung der Kanzel entsprach also durchaus den Forderungen, die die neue Gottesdienstform an den Kirchenraum stellte. Die ohnehin zur räumlichen Einheit neigenden Hallen des 14. und 15. Jahrhunderts kamen den neuen Raumbedürfnissen entgegen, und so bestand keine Notwendigkeit, neue Gebäude zu errichten. Spätgotische Großbauten wurden auch später nur in Ausnahmefällen ersetzt.

In kleineren Städten der Mark, in denen meist die Bauten aus der Gründungszeit mit notdürftigen Erneuerungen überdauert hatten, kam es im späten 17. und 18. Jahrhundert zu Kirchenneubauten. Die dabei am häufigsten verwendete Bauform war jene des Quersaales, die schon in Torgau als für den protestantischen Gottesdienst geeignet empfunden wurde, die jetzt aber als theoretisch fundierter allgemeingültiger Bautyp erscheint. Seine Verbreitung läßt deutlich das Kirchenregiment des absolutistischen Landesherrn erkennen.

Die theoretischen Grundlagen für den Kirchenbau lieferte jetzt Leonhard Christoph Sturm. Er ist einer der ersten, die sich derart über die Möglichkeiten des Bauens für den protestantischen Gottesdienst geäußert haben. 1712 erschien der Traktat »Architektonische Bedenken von protestantischer kleiner Kirchenfigur und -einrichtung«, und 1718 veröffentlichte er die Summe seiner Ansichten in der »Vollständigen Anweisung aller Arten von Kirchen wohl anzugeben«. Sturm handelt die Funktionen der Bau- und Raumteile sowie der Einrichtung ab. Der Chor dient der Lesung des Evangeliums und der Epistel, er dient zu Trauungen und zum Abendmahl. Dort steht der Altar, in der Regel von der Wand abgerückt, damit bei der Austeilung von Brot und Wein ein Herumgehen möglich ist. Vom Altartisch verficht Sturm die Auffassung, daß er freistehen und der Geistliche das Gebet mit dem Gesicht zur Gemeinde verrichten soll. Die Kanzel muß so angeordnet sein, daß alle Zuhörer dem Prediger gleich nahe sind; dafür müssen Emporen geschaffen werden. Der Schülerchor soll der Orgel beigeordnet sein, am besten über Altar und Kanzel. Den »Herrenstuhl« darf die Patronatsfamilie beanspruchen, aber auch für andere vornehme Familien sollen möglichst heizbare Logen oder Stuben mit getrenntem Zugang eingerichtet werden. Sturm hat seine Festlegungen offenbar nicht aus der Luft gegriffen, sondern aufgrund einer schon vorliegenden Praxis getroffen. Was er für Neubauten fordert, war ja schon bei der reformatorischen Einrichtung mittelalterlicher Kirchen verwirklicht worden, wenn man an Luckau denkt, und bei dem Bau der Deutschen Kirche in Vetschau ist schon 1690/94 ganz den Vorschriften entsprochen worden, die Sturm rund 25 Jahre später schriftlich formulierte.

Der letzte Abschnitt seiner Arbeit ist der wichtigste. Er handelt von der »Figur der Kirchen«, von den Grundrißformen. Sturm bietet Zentralbautypen an, quadratische und runde, kreuzförmige und oktogonale, schließlich winkelförmige und dreieckige, von denen letztere in der vorgeschlagenen Konsequenz wohl erst im 20. Jahrhundert gebaut worden sind. Am folgereichsten war seine »Zweite Invention«, die Komposition eines Rechteckbaues mit dem Turm über dem Eingang an der Mitte einer Langseite und einem Risalit an der Gegenseite, innen ein Quersaal mit der Anordnung der Vertikalachse von Altar, Kanzel und Orgel dem Eingang gegenüber, mit auf die Raummitte ausgerichtetem Gestühl und mit zweigeschossigen, steil ansteigenden Emporen. Für den Außenbau hatte Sturm klassische Gliederungen im Stil des holländischen Palladianismus empfohlen, für das Innere jedoch hat er Angaben über den anzuwendenden Stil nicht gemacht. So geradezu industriell nüchtern, wie sich die Sturmschen Zeichnungen geben, hat dann erst wieder Karl Friedrich Schinkel seine Vorstadtkirchen entworfen; gebaut wurde so bezeichnenderweise nie. Im Falle der Realisation wählte man immer gefällige, wenn auch schlichte Formen im Stil der Entstehungszeit.

Leonhard Christoph Sturm (1669–1719) hatte anstelle einer für ihn vorgesehenen theologischen Ausbildung Mathematik und Baukunde studiert. Als Lehrer war er zuerst in Wolfenbüttel, dann von 1702 bis 1711 an der Universität in Frankfurt an der Oder tätig. Der Architekturprofessor hatte eine maßgebliche Stimme im brandenburgischen Bauwesen. Vielleicht hat mancher Bauinspektor, der in den folgenden Jahrzehnten in einem Landstädtchen der Mark eine neue Kirche bauen mußte, persönlich bei Sturm gelernt.

NEUBAUTEN IM 18. JAHRHUNDERT

Als die kirchliche Bautätigkeit nach dem Dreißigjährigen Krieg wieder einsetzte, stand das Kurfürstentum Brandenburg kulturell unter holländischem Einfluß. Was sich mit dem Bekenntniswechsel des Herrscherhauses zu Beginn des 17. Jahrhunderts angebahnt hatte, verstärkte sich nun auf der Grundlage verwandtschaftlicher Beziehungen zwischen den Häusern Hohenzollern und Oranien. Seit der Mitte des 17. Jahrhunderts sind niederländische oder in den Niederlanden ausgebildete Architekten in Berlin und der Mark tätig gewesen, Johann Gregor Memhardt, der den Friedrichswerder städtebaulich gestaltete und die Schloßbauten in Potsdam und Oranienburg begann, Cornelis Ryckwaert, der nach 1683 die Trinitatiskirche in Zerbst und in Frankfurt das »Junkerhaus« erbaute, Rutger von Langerfeld, der seit 1681 Baumeister von Schloß Köpenick war und dem man den ersten Bau der Dorotheenstädtischen Kirche in Berlin zuschreibt, Michael Matthias Smids, der Memhardts Bauten nach dessen Tod fortsetzte und 1666 den Vorgänger des jetzigen Turmaufsatzes an der Berliner Marienkirche aufbrachte, schließlich der bedeutendste unter ihnen vor Andreas Schlüter, der 1659 in Wesel geborene und 1695 in Berlin verstorbene Johann Arnold Nering, von dem zwei kirchliche Bauwerke in Berlin erhalten geblieben sind, die 1682 bis 1685 errichtete Schloßkapelle in Köpenick und die 1695 nach seinen Plänen begonnene Parochialkirche. Dem Entwurf zur letzteren, der durch Martin Grünberg und Philipp Gerlach dann etwas abgeändert ausgeführt wurde, liegt sowohl die Reduktion eines niederländischen Bautyps, wie er durch die Neue Kirche im Haag vertreten wird, als auch das Vorbild italienischer Zentralbauten der Renaissance vom Typ der Vierkonchenanlage zugrunde. Zum Vergleich ist mit vollem Recht auf Bramantes Kirchenbau Maria della Consolazione in Todi hingewiesen worden. Auch am Detail der Köpenicker Schloßkirche ist deutlich ein italienischer Einfluß zu spüren, der sich durch Nering schon vor Schlüter zu den niederländischen in Berlin gesellte.

Von diesen Italianismen, die in der Residenz wohl für die Zwecke höfischer Repräsentation geeigneter empfunden wurden als die bescheideneren, zum Klassizismus neigenden niederländischen Formen, war im Lande allerdings nichts zu spüren. Ein Beispiel für die dort geübte Schlichtheit ist die Stadtkirche in Neustadt an der Dosse, an der wegen der Unterbrechung durch den Stadtbrand 1686 recht lange, von 1673 bis 1696, gebaut worden ist. Als Baumeister vermutet man Anton Reinhardt, der 1662/64 einen Bau gleichen Typs in Kissenbrück bei Wolfenbüttel errichtet hat. Der Grundriß beider Kirchen hat die Form eines griechischen Kreuzes mit abgeschrägten Ecken. Er wird gern mit dem der Norderkerk in Amsterdam verglichen, die 1620/23 nach einem Entwurf Hendrik de Keysers gebaut worden sein soll. Anton Reinhardt hat abweichend vom möglichen Vorbild im östlichen Kreuzarm die Altarwand mit seitlichen Durchgängen und darüber die Kanzel angeordnet, in die drei anderen Kreuzarme aber zwei Emporengeschosse eingebaut. Dadurch wird das den eigentlichen Zentralraum bildende, von einer hölzernen Kuppel gedeckte innere Achteck besonders herausgehoben. Obwohl es sich um eine hervorragende Raumschöpfung im protestantischen Kirchenbau handelt, ist diese Form des Zentralbaus ohne wesentliche Nachfolge geblieben. In der Mark wäre die 1724 errichtete Dorfkirche in Roskow bei Brandenburg dazuzurechnen.

Für die märkischen Städte hätte auch Cornelis Ryckwaerts Zerbster Trinitatiskirche ein Vorbild sein können, zumal der niederländische Baumeister als Festungsingenieur in Küstrin seinen Wohnsitz hatte. Aber nur an der kleinen Dorfkirche in Lindenberg bei Beeskow hat er 1667/69 den aus seiner Heimat stammenden Baugedanken des Kreuzbaues verwirklicht. In Fachwerk finden wir den Zentralbau in Kreuzform an der Georgenkirche in Freienwalde mit einem Polygon am Ostteil; 1696 wird dort als Baudatum angegeben.

Im allgemeinen scheint man in der Mark dem reinen Kreuzbau nicht besonders aufgeschlossen gegenübergestanden zu haben. Als Leonhard Christoph Sturm 1712 in seinen »Architektonischen Bedenken« die kreuzförmige Bauform verwarf, hat er damit wohl nur der im Lande verbreiteten Meinung Ausdruck verliehen. Einen Kompromiß mit der Kreuzform stellen die Säle auf T-förmigem Grundriß dar, bei denen dem einen Querarm auf der Gegenseite ein Turm korrespondiert, so daß der Gesamtgrundriß kreuzförmig erscheint. Vermutlich ist es so bei der 1724 geweihten Nikolaikirche in Potsdam von Philipp Gerlach gewesen. Sehr ausgeprägt war es in Joachimsthal der Fall. Unter mehreren Entwürfen, die zum Neubau der Stadtkirche zwischen 1724 und 1735 vorgelegt wurden, wählte man einen T-förmigen Emporensaal mit einem Turm an der Südseite. Einen Kreuzbauentwurf lehnte man ebenso ab wie den von Christoph Gottlieb Hedemann vorgeschlagenen Quersaal.

Doch sollte der Quersaal schließlich die während des 18. Jahrhunderts am meisten gebaute Form einer Stadtkirche in der Mark Brandenburg werden. Die ersten Beispiele wurden in Berlin noch vor 1700 gebaut oder geplant, darunter ein erster Entwurf für die Parochialkirche, die dann aber als Zentralbau ausgeführt worden ist. Wegweisend waren die Berliner Kirchen, die im ersten Drittel des 18. Jahrhunderts gebaut wurden, allen voran die Französische Kirche auf dem Gendarmenmarkt, mit der 1701/05 die französischen Baumeister Cayart und Quesnays das Vorbild der Hugenottenkirche in Charenton nachahmen wollten. An den Saalbau der Sophienkirche von 1712 baute Johann Friedrich Grael 1732/34 einen stattlichen Turm, den er aus städtebaulichen Gründen an die westliche Schmalseite stellte, womit sich das von Sturm propagierte Muster als durchaus anpassungsfähig für die Umgebung erwies. Um die verwandten Beispiele im Lande gleich zu erwähnen: sowohl die Stadtkirche in Trebbin aus den vierziger Jahren des 18. Jahrhunderts als auch die 1751/55 durch Georg Christoph Berger erbaute Kirche in Lindow, beides Quersäle nach dem bekannten Schema, erhielten ihren Turm an der Schmalseite, in Trebbin an der westlichen, in Lindow an der östlichen. Jedesmal ist der Turm in die Blickachse der Hauptstraße des Ortes gerückt und bildet Orientierungspunkt und Dominante zugleich.

Bauinspektor Hedemann, der in Joachimsthal nicht zum Zuge gekommen war, konnte 1739 in Zossen einen ähnlichen Entwurf ausführen. Abgesehen von den Veränderungen im Detail, denen die Zossener Stadtkirche durch Erneuerungen 1873/75 ausgesetzt war, ist das Bau- und Raumkonzept des Quersaales hier am besten erhalten geblieben: der Turm in der Mitte der südlichen Langseite, an der entgegengesetzten Seite der Anbau für die Sakristei, innen davor die Kanzel, der »Predigtstuhl«, und gegenüber die Loge der Herrschaft, der »Herrenstuhl«, alles wie nach den »Anweisungen« Sturms.

Daß Quersäle als Gottesdiensträume bis ins frühe 19. Jahrhundert gebräuchlich waren, beweisen der etwas anspruchslose Umbau des Langhauses der Stadtkirche in Zehdenick 1805/12 und der grandiose Neubau der Stadtkirche in Neuruppin 1801/04. In Neuruppin ist ein Zentralbauentwurf, der vom ortsansässigen Bauinspektor Bernhard Matthias Brasch für den Neubau anstelle der 1787 abgebrannten mittelalterlichen Kirche vorgeschlagen worden war, durch das Oberbaudepartement in Berlin zugunsten eines Quersaals zu Fall gebracht worden. Brasch hatte im Wiederaufbauplan für die durch den Brand am 26. August 1787 fast gänzlich eingeäscherte Stadt drei große Plätze, jeweils durch ein Häusergeviert voneinander getrennt, als rhythmische Raumgliederung des inneren Stadtteiles vorgesehen. Auf den beiden äußeren Plätzen sollten die Stadtkirche und die Reformierte Kirche in Form von Rundbauten errichtet werden, ein zu symmetrischen Entsprechungen neigendes Konzept, das an friderizianische Anlagen in Berlin erinnert. Vielleicht hat sich die Berliner Baubehörde gerade deshalb so ablehnend verhalten, weil einer Provinzstadt nicht dasselbe geziemen sollte wie der Residenz. Entscheidend war aber die unterschiedliche Stilhaltung – Klassizismus contra Barock –, die Braschs Pläne für die Gestaltung der Platzräume nicht zur Ausführung kommen ließ. Es war Philipp Bernhard Berson, der die Korrekturen forderte und der für Rathaus und Stadtkirche – vom Bau der Reformierten Kirche ist gänzlich abgesehen worden – nun die Entwürfe lieferte, nach denen auch gebaut wurde.

Mit seinem Quersaalentwurf stand Berson noch ganz in der Tradition des 18. Jahrhunderts. Das Vorbild für ihn ist wohl der von Georg Wenzeslaus von Knobelsdorff und Johann Boumann d. Ä. am Lustgarten in Berlin 1747/50 errichtete Dom gewesen, auch ein Quersaal mit elf zu drei Fensterachsen und einem turmartigen Kuppelaufbau über dem Eingangsrisalit an der Langseite. Innen hat Berson noch einmal alles verwirklicht, was rund hundert Jahre zuvor Leonhard Christoph Sturm gefordert hatte. Die Emporen sind in zwei umlaufenden Geschossen angeordnet und in der Mitte der Langseiten unterbrochen, über dem Eingang durch die Ratsloge, dem Eingang gegenüber durch Altar, Kanzel und Orgel. Die Sachlichkeit wie auch der Ernst der Bersonschen Gestaltung, die durch die klassizistische Formensprache unterstrichen werden, machen den aufklärerischen Ursprung des Quersaals deutlicher als die barocken Ausführungen. Ähnlich wie der Berliner Dom rein äußerlich auch ein profanes

Festsaalgebäude hätte sein können, so gibt sich der Neuruppiner Bau kaum als christliche Kirche zu erkennen. Allerdings scheint Berson mit der strengen klassizistischen Gliederung des Außenbaus eine Monumentalität angestrebt zu haben, die ihm als sakral im weitesten Sinne gegolten haben mag. Gegen den Einspruch der Neuruppiner Geistlichkeit wegen des »unkirchlichen Stils« hatte er die Rückendeckung des Konsistoriums in Berlin.

Als das Gebäude 1823 beträchtliche Schäden aufwies und repariert werden sollte, lag die Begutachtung durch die Oberbaudeputation in den Händen von Karl Friedrich Schinkel. Er fand wenig gute Worte für das Werk Bersons in seiner Vaterstadt. Schinkel nannte es »in vieler Beziehung mißlungen«. Seine Liebe galt mehr der »schönen alten Klosterkirche«, die, weil sich die Gemeinde gegen deren Wiederherstellung erklärt hatte, »unbenutzt dem Untergang preisgegeben« war, während »für ein Gebäude ohne Wert eine viel zu bedeutende Summe verwendet werden mußte«. Was Schinkel an Bersons Bau so empfindlich störte, wird nicht ersichtlich. Er selbst hat in seinen Kirchenbauten antikische Formen verwendet, die er als überzeitlich sakral verstand und gegen den Vorwurf des Unkirchlichen verteidigte. Auch hat er selbst die Ablehnung seiner klassizistischen Entwürfe zugunsten des als christlich empfundenen gotischen Stils hinnehmen müssen. Bersons Kirche in Neuruppin war zwar ein verspäteter Nachkömmling des 18. Jahrhunderts, aber er war doch auch ein Vorläufer jener Auffassung vom Sakralbau des 19. Jahrhunderts, die klassische Formen allgemein religiös empfand und die mit Schinkels Nikolaikirche in Potsdam ihren vollkommensten Ausdruck gefunden hat.

Stadtkirchen im 19. Jahrhundert

KARL FRIEDRICH SCHINKEL

Die Vorgänge in Neuruppin lassen die zentralistische Organisation des Bauwesens im nunmehrigen Königreich Preußen deutlich werden. Durch Kabinettsorder vom 6. Mai 1770 war das Oberbaudepartement ins Leben gerufen worden, dem die Prüfung sämtlicher Bauanschläge im preußischen Staate oblag. In den Provinzen leiteten Baudirektoren die Angelegenheiten mit Hilfe der Landbaumeister und Bauinspektoren, von denen die letzteren vor allem für die Bausachen in den Städten zuständig waren. Sie unterlagen den Weisungen des Oberbaudepartements, in dessen Zuständigkeitsbereich auch die Kirchen- und Pfarrbausachen fielen. Im ersten Jahrzehnt des 19. Jahrhunderts entstand unter Einbeziehung der 1799 gegründeten Bauakademie die Oberbaudeputation mit einem erweiterten und präzisierten Aufgabenbereich, zu dem nun auch die »Erhaltung öffentlicher Denkmäler und Überreste alter Kunst« zählte. Seit 1810 gehörte Karl Friedrich Schinkel als Assessor der Oberbaudeputation an. 1815 wurde er zu einem der fünf Geheimen Oberbauräte ernannt und war mit dem »ästhetischen Teil der Baukunst« befaßt. Er sah sich bald überlastet. In einer Aufzählung seiner Verantwortlichkeiten nahmen die »Begutachtungen aller Kirchenbauten im ganzen Königreiche und die dabei notwendig werdenden Umarbeitungen und Vervollständigungen der Entwürfe und Anschläge« nur den geringeren Teil ein, verdeutlichen aber, daß das kirchliche Bauwesen eine staatliche Obliegenheit war. Und so finden wir alle Kirchenbaumaßnahmen bis in die vierziger Jahre des 19. Jahrhunderts mit Schinkels Namen verbunden, Neuschöpfungen wie Restaurierungen, ohne daß er in jedem Falle daran direkten Anteil gehabt haben dürfte.

Mit Ausnahme der Friedrichswerderschen Kirche in Berlin und der Nikolaikirche in Potsdam waren Schinkel größere Kirchenbauaufgaben nicht zugefallen. Alles übrige beschränkte sich auf Entwürfe oder kleinere Aufgaben, die aber für die Entwicklung und die Breitenwirkung des evangelischen Kirchenbaues in einer Zeit sich wandelnder Gesellschaftsstrukturen auf dem Lande und in den Städten von nicht gering zu schätzender Bedeutung waren. Der Entwurf für eine »Normalkirche« aus den Jahren um 1825, die man für kleinere Landgemeinden zu bauen gedachte, hat einigen Neubauten zugrunde gelegen und ist auch noch für die Kirchen im sogenannten Rundbogenstil des zweiten Drittels des 19. Jahrhunderts vorbildlich gewesen. Es handelt sich um einen Saalbau auf rechteckigem Grundriß mit von Säulen getragenen Emporen im Westen, Norden und Süden. An der Ostwand sollte die Kanzel stehen, davor der Altartisch. Varianten sahen die seitliche Stellung der Kanzel vor, ohne jedoch zu dem Quersaalmotiv des 18. Jahrhunderts zurückzukehren. Die Langseiten zeigen eine Reihe hoher rundbogig geschlossener Fenster, die Schmalseiten je ein für die Zeit charakteristisches Halbkreisfenster, an der Westseite darunter den Eingang. Im Falle eines Turmbaus sollte dieser im Westen stehen, bevorzugt in der Anordnung, »den Turm von der Kirche zu sondern, um das gleichzeitige Setzen des Mauerwerks der schwerer belasteten Turmmasse gegen die der Kirchenmauern und das dadurch erzeugte Reißen der letzteren zu vermeiden«. Turm und Kirchenschiff sollten deshalb durch eine offene Bogenhalle miteinander verbunden werden.

Schinkel hatte diese Art der Turmstellung zum Kirchenschiff auch angewendet, als nach 1826 in Müncheberg ein neuer Turm für die mittelalterliche Stadtkirche gebaut werden mußte, und sie als einen Gewinn für die Erscheinung des »sonst nicht unbedeutenden Gebäudes« bezeichnet. Das fertiggestellte Werk beurteilte er am 11. August 1832 voller Zufriedenheit und nannte es eine »große Verschönerung« nicht nur der Stadt, sondern auch der Umgebung. Damit war gleichzeitig ein Beweggrund für die Freudigkeit des 19. Jahrhunderts, Kirchtürme zu bauen, angesprochen, nämlich die Verschönerung der Landschaft. Schinkel ist der erste in der Reihe jener Architekten, die bis in den Anfang unseres Jahrhunderts hinein märkische Stadt- und Dorfkirchen mit oft für die Gebäude selbst viel zu stattlichen, dafür aber weit in die Umgebung wirkenden Turmbauten versahen. Gegen einen gewissen Widerstand »remonstrierender« Baumeister hat Schinkel schließlich die Ausführung des Müncheberger Turmes ganz in »Backstein ohne Verputz« durchgesetzt – er wurde einschließlich der Spitze »ganz massiv aus Backstein konstruiert« – und damit die bewußte Wiederaufnahme einer (vermeintlichen) mittelalterlich-märkischen Tradition eingeleitet. Er hatte sich allerdings noch des Arguments bedienen müssen, »wie dauerhaft und feuersicher eine solche Anordnung ausgeführt werden« könne. Auch verschwanden Putzbauten erst mit dem Ausgang des Klassizismus. Soweit städtische Neubauten dem klassizistisch gehaltenen Entwurf für eine Normalkirche verwandt sind – das gilt (mit Einschränkung) für Seelow 1830/32 und für Liebenwalde 1833/35 –, so wurden diese durch eine gliedernde Putzquaderung

Karl Friedrich Schinkel. Entwurfsskizzen zum Turm der Sadtkirche in Rathenow, um 1820

monumentalisiert, und selbst die gotisierenden Überformungen der älteren Stadtkirchen in Teltow (1810/1812) und Joachimsthal (1815/17) – beide unter Schinkels Einfluß in seiner frühen Schaffensperiode – erfolgten in verputztem Mauerwerk. Für den 1821 mit großem Engagement konzipierten neuen Turm der Stadtkirche in Rathenow, der in klassischen Formen ein Denkmal – ja eigentlich eine »Siegessäule« – für die Befreiungskriege werden sollte, hatte Schinkel »die Konstruktion aus dem schönen Rathenower Backstein« vorgesehen. »Der Schmuck des Ganzen wäre zuvörderst das vortrefflichste Material und die sorgsamste Arbeit bei der Mauerung und dann die verschiedene Gliederung der Architektur mittels eigens dazu gebrannter und geformter Steine, denen man einen glasierten Überzug zu geben suchte.« Geplant war ein fünfgeschossiger quadratischer Turm, vom westlichen Kirchengiebel abgerückt und durch eine doppelgeschossige Bogenstellung mit diesem verbunden, an den Ecken eingefaßt von kannelierten Dreiviertelsäulen und bekrönt mit einem Säulenstumpf, der eine kupfergetriebene Statue des mit dem Drachen kämpfenden Erzengels Michael tragen sollte. Beim Magistrat stieß seinerzeit nicht nur die klassisch-monumentale Form – der Entwurfszeichnung haftet in der Tat etwas von der Überzogenheit der vor 1820 entworfenen Heldendenkmäler an – auf Widerstand, sondern auch die so warm empfohlene Verwendung von Ziegeln einheimischer Produktion. Man wünschte sich einen verputzten gotischen Turm und verweigerte Schinkels Plan die Zustimmung. Schinkel hatte 1825 den gotischen Turmbauentwurf von Bauinspektor Christian Heinrich Ziller zu begutachten, den die Stadt auszuführen gedachte, und konnte dabei nicht umhin zu bemerken, »daß ... wirkliche Bildwerke der Kunst, in denen mannigfaltige Gedanken und Empfindungen in rein menschlicher Form auf eine edle und schöne Weise angesprochen sind, dem Gebäude einen unvergänglichen Reiz für jedes gebildete Zeitalter verleihen können«. Der »strengen Nachahmung gewisser Bauanordnungen« vergangener Jahrhunderte dagegen unterstellte er »falschen Schein von Originalität und Erhabenheit«, die »bei den oberflächlich Gebildeten leicht Wirkungen erzeugt, die aber für die allgemeine Bildung keine reelle Wirkung haben«, ein parteiisches (und wirkungsloses) Urteil über den gerade erst im Entstehen begriffenen Historismus. Der Potsdamer Baurat Carl Wilhelm Redtel ließ 1826/27 den Zillerschen Entwurf ausführen.

Schinkel hat noch einmal – und dieses Mal mit Erfolg – um einen Sakralbau gekämpft, dessen Bedeutung weit über den gemeindlichen Rahmen, in dem er entstand, hinausging, um den Neubau der Nikolaikirche in Potsdam. Die alte Stadtkirche war 1795 abgebrannt, und schon 1796 hatte Friedrich Gilly einen Entwurf vorgelegt, der den Ton angab für die spätere Ausführung, einen an den Ecken von Pylonen eingefaßten Zentralbaublock mit tempelartiger Halle an der Eingangsseite. Es scheint, als habe Schinkel – seit 1818 war er mit eigenen Plänen befaßt – dieses Konzept gegen die Vorstellungen seiner Auftraggeber und Mäzene durchgesetzt. Vor allem König Friedrich Wilhelm III. und der Kronprinz waren mit eigenen Vorschlägen zur Hand, wobei sie einer Basilika mit zwei Türmen den Vorzug gaben. Mit Geschick wußte Schinkel wenigstens den Kronprinzen für den blockhaften Zentralbau zu gewinnen, indem er ihn durch einen hohen säulenumstandenen Tambour mit einer Kuppel aufwertete. Die Errichtung, zu der erst eine Kabinettsordre vom 10. April 1830 die Genehmigung gab, folgte diesem Entwurf. Die am 17. September 1837 eingeweihte Kirche aber entbehrte noch der Kuppel. Ein Gemälde von Wilhelm Barth aus dem Jahre 1838 vermittelt einen Eindruck vom Äußeren, das keinesfalls etwas Unvollendetes hat, vielmehr noch von allen Kompromissen frei ist, zu denen der nachträgliche Kuppelaufbau zwang. Vollkommen war die Ausgeglichenheit der Proportionen zwischen Portikus und Baublock des Kirchenschiffes, vollkommen auch die Gliederung der Wandflächen, die Anordnung der Fenster, der Gesimse und Giebel. Es ist interessant, daß der Baukörper frei inmitten des Platzes steht, diesen Raum beherrschend, daß seine Wirkung im Gesamtstadtbild aber eingeschränkt war, von einer Sichtbarkeit in der Landschaft ganz zu schweigen. Vielleicht ist es doch ungerecht, Schinkel vorzuwerfen, er habe die Kirche nicht für die städtische Gemeinde gebaut, sondern staatlicher Repräsentation den Vorrang gelassen. Er hat nur seine Auffassung vom Sakralen in der Architektur durchgesetzt, getragen von den klassischen Idealen der Sittlichkeit und des Erhabenen im Einfachen und Großen. Er hat den wahrhaften Tempel der Aufklärung und der Klassik gebaut.

Die Veränderungen, die die Nikolaikirche nach Schinkels Tod durch Ludwig Persius und Friedrich August Stüler erfuhr, brachten, sosehr sie auch auf Schinkels Entwürfen fußen mögen, einen völlig neuen Klang in das Bauwerk. Das eigentliche Gemeindehaus wurde zum Sockelbau des Rundtempels der Kuppelarchitektur. Die vier Ecktürme – eine statische Notwendigkeit – lösten den ursprünglichen Kubus auf, und der Verzicht auf den Hauptgiebel machte den Portikus der Eingangshalle zur dekorativen Zutat. Jetzt war die Kuppel das Wesentliche der Architektur. Sie beherrschte das Stadtbild und das Landschaftsbild gleichermaßen, sie war Bestandteil eines italo-römischen Gestaltungskonzepts für die Potsdamer Umgebung, das der »Romantiker auf dem Thron«, der preußische König Friedrich Wilhelm IV., verwirklichen wollte, wohl nicht nur aus Gründen persönlicher Schwärmerei (wie Ludwig II. von Bayern mit seinen nicht unähnlichen Projekten), sondern mehr mit dem politischen Anspruch, die führende protestantische Macht in Europa zu sein. Von dieser Nikolaikirche, die 1850 vollendet war und im Inneren eine neue Ausmalung mit einem ikonographischen Programm universalchristlicher Religionsgeschichte erhalten hatte, nicht von der eigentlich Schinkelschen von 1830/37, führte der preußisch-nationalkirchliche Weg des protestantischen Kirchenbaus über die Konkurrenzentwürfe der Jahre 1867/69 zum Berliner Dombau am Ende des Jahrhunderts.

DENKMALPFLEGE

Im Werk Karl Friedrich Schinkels gab es noch einen anderen Aspekt kirchlicher Bautätigkeit, den der Denkmalpflege. Das Interesse an historischen Bauwerken, vor allem denen des Mittelalters, war schon im ausgehenden 18. Jahrhundert erwacht. Es hatte Carl Gotthard Langhans veranlaßt, sich 1790 bei seinem Entwurf für den Turmaufsatz der Berliner Marienkirche bewußt an die gotischen Formen der mittelalterlichen Hallenkirche anzulehnen. In zeitgenössischen Schriften wurde ausdrücklich darauf hingewiesen, daß vom Turm »der neue obere Theil nicht füglich anders als im gotischen Stil gebauet werden« konnte. Schinkel kommt nun das Verdienst zu, die Pflege und Erhaltung mittelalterlicher Gebäude in die Verantwortung staatlicher Verwaltungs- und Baubehörden erhoben zu haben. Im Jahre 1817 hatte er die Oberbaudeputation auf den gefährdeten Zustand der Gebäude des ehemaligen Zisterzienserklosters in Chorin aufmerksam gemacht und zu einer Stellungnahme bewegt, die das zuständige Ministerium dazu brachte, für die Erhaltung von Kirche und Kloster »als Denkmahl alt nationaler Geschichte« zu sorgen. Soweit Schinkel auf Instandsetzungen oder Wiederherstellungen in mittelalterlichen Kirchengebäuden Einfluß nehmen konnte, hat er es mit Gutachten und Hinweisen getan, verstärkt, nachdem er 1830 die Leitung der Oberbaudeputation übernommen hatte. Wir verdanken ihm so nicht nur oft die ersten Ausführungen über die historische und baukünstlerische Bedeutung der Denkmale, sondern auch die ältesten denkmalpflegerischen Grundsätze. Über die Marienkirche in Prenzlau schrieb er 1835: Sie ist »ein ausgezeichnetes Gebäude in seiner Gattung und hat äußerlich besonders im Giebel des Chors mehr Schmuck aus seinem primitiven Zustande erhalten, als man an anderen Gebäuden dieser Art findet. Es bedürfte zwar in den Details des Äußeren auch Herstellungen, um alles gut zu ergänzen, diese müßten aber unter Leitung eines recht geschickten Baukünstlers und nicht allein von Maurermeistern und deren schlecht instruierten und nicht gehörig kontrollierten Gesellen ausgeführt werden, wie dies vor wenigen Jahren geschehen ist, wodurch dem Gebäude mehr Schade als Vorteil erwächst. Die Stadtbehörden sollten angewiesen werden, bei Herstellung ihrer großen Baudenkmale sich immer der Hilfe und Leitung eines ordentlichen Baumeisters zu bedienen, und diese wiederum verpflichtet sein, die obere Behörde von ihren Projekten und Ausführungsweisen in Kenntnis zu setzen und von dieser

Rat anzunehmen. Zunächst ist hier in Prenzlau die Absicht, das Innere der Kirche auszubauen, wozu ich der Kirchenbehörde einige Gedanken mitgeteilt habe, wobei das Altertümliche möglichst erhalten werden soll.« Leider sind die Schinkelschen Vorschläge bei der dann 1847 stattgehabten Renovierung ebensowenig berücksichtigt worden wie die des 1843 eingesetzten Konservators der Kunstdenkmale des preußischen Staates, Ferdinand von Quast.

Im Bereich der märkischen Stadtkirchenarchitektur ragen zwei denkmalpflegerische Leistungen Schinkels hervor, die Wiederherstellung der Marienkirche in Frankfurt an der Oder und der Klosterkirche in Neuruppin. In Frankfurt war am 15. Mai 1826 der südliche der beiden Westtürme eingestürzt. Schinkel wurde mit einem Sicherungsgutachten beauftragt. Es fiel sehr umfangreich aus und hatte die Verstärkung der Fundamente für beide Türme, die Verankerung der Nordturmwände und den Wiederaufbau des Südturmes zum Ziel. Man folgte jedoch den Vorschlägen nur zum geringsten Teil. Selbst die Verankerung am Nordturm nahm man anders vor und verursachte zu deren Anbringung entstellende Vermauerungen, die Schinkel ausdrücklich zu vermeiden wünschte. Was den inzwischen abgetragenen Südturm anbetraf, so mußte der Geheime Oberbaurat unter dem 10. August 1832 feststellen: »Seine noch jetzt übrig gebliebenen ruinenartigen Teile geben dem Ganzen ein etwas wüstes Aussehen.« Für die Renovierung des Inneren, die bis 1830 abgeschlossen war, hatte Schinkel wohl auch die maßgeblichen Entwürfe geliefert. Die Pfeiler von Langhaus und Chor erhielten dicken Putz und Kapitelle mit pflanzlichem Dekor aus Stuck. Eine stuckierte Blendgliederung im gotischen Stil erhielten die Wände zu den Anbauten, an der Nordseite zur Eingangshalle am Querhaus und zum Martyrchor an der Südseite. Orgelempore und -prospekt, Kanzel und Gestühl sollen gleichfalls nach Schinkelschen Vorlagen ausgeführt worden sein. Nach der Fertigstellung des Ganzen urteilte Schinkel darüber: »Die Ausführung ist in allen Teilen bis auf die Wahl der blauen Farbe gut gelungen. Diese Farbe ist zu dunkel und ins Grünliche spielend gewählt, und man hat die feineren Ornamente von Sternen und hellen Linien daran fortgelassen, wodurch die Harmonie mit den hellen Wänden und Pfeilern der Kirche hergestellt worden wäre; man hätte dadurch auch manche Unregelmäßigkeiten in den alten Gewölbekappen mehr zu verdecken Gelegenheit gehabt.« Eine harmonische Regelmäßigkeit des Ganzen zu gewinnen lag offensichtlich in der restauratorischen Absicht Schinkels, und zur Verdeckung baugeschichtlich bedingter Uneinheitlichkeit hatte er einen Dekor eingesetzt, der die einzelnen Teile »stilrein« zusammenschließen und den Bau gleichzeitig aufwerten sollte.

Ähnliches hatte Schinkel um 1830 an der Neuruppiner Klosterkirche angestrebt, deren Wiederherstellung dann 1836/41 durch Carl Wilhelm Redtel jedoch nach vereinfachtem Plan erfolgt ist. Ein damals aufgebrachter dreistöckiger Turm über dem Westgiebel überdauerte nur bis 1882. Die mit ihm möglicherweise beabsichtigte Fernwirkung – der Stadtsilhouette fehlte immerhin seit dem Brand von 1787 die Dominante des Stadtkirchenturms – erreichte erst Ludwig Dihm 1906/07 mit seinen beiden den Chorhals flankierenden Türmen.

Nach Schinkels Tod kam es aber doch zur Einrichtung einer Institution, die sich ausschließlich denkmalpflegerischen Aufgaben widmen sollte. Das Amt eines Konservators der Baudenkmale im preußischen Staat wurde 1843 geschaffen und mit einem Schüler Schinkels, dem Architekten Ferdinand von Quast, besetzt. Quast führte es allein, ihm stand kein Helfer zur Seite, auch nicht als Zeichner oder für den Schriftwechsel, und sein Budget bestand lediglich aus einem Reisekostenfonds. In unermüdlicher Sammeltätigkeit verschaffte er sich einen Überblick über den Bestand an Bau- und Kunstdenkmalen und hielt ihren Zustand in unzähligen Zeichnungen fest. Die meisten Stadtkirchen der Mark hat er skizziert, und diese Ansichten sind eine wichtige Quelle für die heutige Kenntnis vom ursprünglichen Aussehen vieler Bauten. Gestaltend konnte Quast selten restauratorische Baumaßnahmen beeinflussen. Die Ausführungen verblieben unter der Leitung der Regierungsbaubehörden, und die Gutachten wie auch die Korrekturwünsche des Konservators fanden selten die erforderliche Berücksichtigung, soweit man ihn nicht völlig überging, worüber er sich des öfteren beklagte. Nicht immer sind die Restaurierungsmaßnahmen, die ohne oder gegen die Mitwirkung des Konservators zustande gebracht wurden, zum Nutzen für die Gebäude gewesen.

HISTORISMUS IM PROTESTANTISCHEN STADTKIRCHENBAU DER MARK

Der bedeutendste Nachfolger Schinkels als Architekt im brandenburgisch-preußischen Baugeschehen war Friedrich August Stüler. Auf dem Gebiete des Kirchenbaues wurde er zum führenden Baumeister in den Jahrzehnten von 1840 bis 1870. 1843 befand sich unter den von Stüler auf der zweiten Versammlung deutscher Architekten und Ingenieure in Bamberg ausgestellten architektonischen Entwürfen »ein äußerst lehrreicher Cyklus von Plänen zu protestantischen Kirchen, theils für ländliche, theils für kleinere und mittlere städtische Gemeinden«. Als besonderes Anliegen wurde dabei herausgestellt, »eine zweckentsprechende und zugleich würdige Ausbildung protestantisch-kirchlicher Gebäude« zu finden, bezeichnend für die Architektengeneration unter Friedrich Wilhelm IV., die außer

Schinkels Leistungen, an die sie anknüpfen wollte, nichts anerkannte, was auf diesem Gebiet in den dreihundert Jahren des Bestehens des protestantischen Kultus geschehen war. Interessanterweise galt ihnen England als führend in der protestantischen Kirchenbaukunst. Stüler reiste zusammen mit seinem Berliner Kollegen Johann Heinrich Strack 1842 in königlichem Auftrag nach England, und die Bamberger Entwürfe »scheinen sowohl in Hinsicht der Plananordnung als in Betreff des Grades und der Mittel der Ausschmückung, wesentlich durch die auf jener Reise gesammelten Erfahrungen bedingt zu sein« (Allgemeine Bauzeitung 1843). Man hat sie in offensichtlicher Anlehnung an Schinkel als »Normal-Entwürfe« angesehen. Sie sind in eine Sammlung von Vorschlägen für Kirchenneubauten eingegangen, die 1844 und 1852 von der Oberbaudeputation herausgegeben wurde.

Es handelt sich vorwiegend um gestreckte Rechteckbauten, die kleineren einschiffig mit einer Apside, die größeren basilikal dreischiffig mit drei Apsiden als östliche Endung. Eine räumliche Dreigliederung der Ostpartie zeichnet sich bei allen Entwürfen ab, auch bei den wenigen zentralen Typen: Der mittlere erhöhte Altarplatz, vor dem seitlich die Kanzel angeordnet ist, wird flankiert von den Raumteilen für Sakristei und Taufkapelle. Diese Dreigliederung der Ostteile führte Stüler später zu entsprechender baulicher Ausformung, anfangs mit halbkreisförmig apsidial geschlossenen, dann mit polygonalen Seitenkapellen neben dem mittleren Chorschluß, so an den Pfarrkirchen der kleinen Städte Fehrbellin und Niemegk. Auch ein anderes von Stüler weiter entwickeltes und gern angewendetes Motiv, der von Vorhallen symmetrisch flankierte Mittelturm an der Westseite, wie an der Berliner Bartholomäuskirche und der Oranienburger Stadtkirche, findet sich schon in den Bamberger Entwürfen. Als Baumaterial ist immer unverputzter Backstein vorgesehen. Fensteröffnungen sind rundbogig geschlossen. Einmal wird ein märkischer Treppengiebel mit vertikaler Blendengliederung vorgeschlagen, wie er ähnlich 1855 an der Stadtkirche in Oderberg ausgeführt worden ist.

Emporen verstehen sich in einer protestantischen Kirche von selbst. Bei basilikalen Anlagen füllen sie die Seitenschiffe ganz aus und verursachen die charakteristische Doppelgeschossigkeit der Fensteranordnung in den Seitenschiffen, die im protestantischen Kirchenbau bis ins ausgehende 19. Jahrhundert typisch bleibt. Sie tritt nicht nur an Stülers Kirchen auf, sondern auch an der Stadtkirche von Wittenberge, an der Gertraudkirche in Frankfurt (Oder) und an der von Emil Karl Alexander Flaminius erbauten sogenannten Klosterkirche in Wilhelm-Pieck-Stadt Guben. Sogar bei der restauratorischen Wiederherstellung der Stadtkirche in Eberswalde, bei der der mittelalterliche Zustand der frühgotischen Backsteinbasilika wiedergewonnen werden sollte, hat Hermann Blankenstein wegen der Emporenanlage im Inneren die Seitenschiffsfenster in zwei Reihen übereinander anbringen müssen. Blankenstein, der sich bei seinen Restaurierungen gern – so auch an der Berliner Nikolaikirche – auf Stülersche Vorschläge stützte, ist in Eberswalde nicht nur bei der Gestaltung des Westturmabschlusses, sondern wohl auch bei der des ganzen Gebäudes dessen Vorstellungen gefolgt.

Charakteristisch für die Stülerschen Typenentwürfe sind die Holzdecken, die im Querschnitt meist die Brechung der Dachlinie wiedergeben und deshalb mit ihren Unterzügen, die oft von einer hölzernen Arkadenstellung getragen werden, den Eindruck offener Dachstühle erwecken. Auf diese Anklänge an Raumeindrücke aus frühchristlichen Basiliken war man stolz. Überhaupt ist hinsichtlich der Formwahl in den vierziger Jahren die Vorbildlichkeit frühchristlich-italienischer Architektur zu spüren, erst nach der Jahrhundertmitte haben gotische Formen allmählich die Oberhand gewonnen, ohne daß es im Brandenburgischen je zu einer wirklichen Neugotik gekommen ist. Bis in die sechziger und frühen siebziger Jahre herrschte der Rundbogenstil, der im Klassizismus bereits vorbereitet war, aber durch das Interesse für die frühchristliche und mittelalterliche Architektur Italiens unter Friedrich Wilhelm IV. regelrecht inthronisiert worden ist.

Das romanophile Interesse hatte schon in den zwanziger Jahren ein kunstgeschichtlich-archäologisches Werk hervorgebracht. Die Architekten Johann Gottfried Gutensohn und Johann Michael Knapp legten 1827 ihre Aufnahme der altchristlichen Kirchen Roms mit in Kupfer gestochenen Abbildungen vor. Der Theologe Karl Josias Bunsen versah 1842 eine zweite Auflage mit Auslassungen darüber, unter welchen Gesichtspunkten – er nennt deren drei: Konstruktion, Liturgie und Geschichte – altchristliche Basiliken den Anfang für neu zu entwickelnde Methoden des evangelischen Kirchenbaues bilden könnten. Unter dem Einfluß solcher Gedankengänge ist für den Bau der Friedenskirche in Potsdam S. Clemente in Rom zum verbindlichen Vorbild geworden. Vom König bestimmt, lag es bereits den ersten Entwürfen von Ludwig Persius zugrunde.

Nach Persius' Tod 1845 hatte Stüler den Bau zu vollenden, der eine Reihe von charakteristischen Merkmalen zeigt, die in Stülersche Pfarrkirchenentwürfe eingegangen sind – der dreiräumige Ostteil, die dachstuhlartige Holzdecke –, und der, auch mit seinen Nebengebäuden, zur Vorherrschaft des Rundbogenstils nicht wenig beigetragen hat. Möglicherweise ist der preußische Charakter des Rundbogenstils durch die Wiederherstellung eines römischen Bauwerks aus der Zeit Konstantins des Großen auf deutschem (seit 1815 auf preußischem) Boden, der sogenannten Basilika in

Trier, befestigt worden. Stüler hatte die Arbeiten von 1849 an geleitet und den ursprünglichen Thronsaal des kaiserlichen Palastes unter Abänderung der Vorschläge von Konservator Quast als evangelische Kirche eingerichtet. Vielleicht erfolgte eine Beeinflussung auch in umgekehrter Richtung: Dem mit der Berliner Baukunst aus der Mitte des vorigen Jahrhunderts Vertrauten erscheint die Trierer Basilika eher preußisch als römisch.

Schließlich soll hier nicht unerwähnt bleiben, daß um die Jahrhundertmitte auch die byzantinische Baukunst ins Blickfeld der sich nach historischen Vorbildern umsehenden Bauherren und Architekten geriet. 1847 erhielt Wilhelm Salzenberg den Auftrag, die Hagia Sophia aufzunehmen und zu publizieren. Das Werk »Altchristliche Baudenkmale Constantinopels« erschien 1854. Es fand in der von Salzenberg selbst entworfenen katholischen Pfarrkirche St. Peter und Paul in Potsdam seinen Niederschlag.

Wie schon bei Schinkel war auch bei Stüler das Bestreben vorhanden, seine Kirchenbauten nicht nur im Ort selbst, sondern vor allem in der Landschaft wirken zu lassen. Oft ist deshalb bei Neubauten ein neuer Standort gewählt worden, und vielfach stehen die Gebäude ob ihrer Regelmäßigkeit etwas fremd in einer recht malerischen unmittelbaren Umgebung. Erst in größerer Distanz ergibt sich das Zusammenspiel mit Natur und Landschaft, mit Wäldern und Gewässern, ein offensichtliches Anliegen der Kirchenbaukunst des 19. Jahrhunderts, das zeitgenössische Ansichten weit besser vermitteln als der gegenwärtige Zustand. Aus Stülers Werk ist hier wohl die Stadtkirche von Werder an der Havel an erster Stelle zu nennen, deren scheinbare Vieltürmigkeit, vor allem vom Wasser her gesehen, sich in ein überaus reizvolles Landschaftsbild einfügt.

Dieses gestalterische Element der Landschaftsbezogenheit von kirchlicher Architektur ist schon bei der Besprechung Schinkelscher Turmentwürfe erwähnt worden. Im ausgehenden 19. Jahrhundert häufen sich mit der Restaurierung mittelalterlicher Kirchen die Turmbauten. Waren im Mittelalter, vor allem in der Gründungszeit märkischer Städte, repräsentative Türme selten und vermutlich ein besonderes Privileg, so fühlte sich der Bürgergeist der nach 1870 prosperierenden Städte bemüßigt, hier eine Korrektur vorzunehmen. Gab es im Lande kaum kirchliche Neubauten – sie beschränkten sich neben Berlin auf die Vorstadtkirchen in Potsdam, Brandenburg und in zu Industrieorten heranwachsenden Kleinstädten –, so erhielten mehrere alte Stadtkirchen jetzt aufwendige Türme, die an die Stelle der als unschön empfundenen und auch vom Bauzustand als nicht mehr erhaltungsfähig betrachteten Westbauten aus Feldstein traten. In Bernau geriet der neue Stadtkirchenturm – er stammt aus den vierziger Jahren – noch sehr schlicht, erfüllt aber seine städtebauliche Aufgabe als Blickpunkt in mehreren Straßenachsen vollkommen. In den siebziger Jahren sind in Eberswalde und in Freienwalde auf die Türme der mittelalterlichen Kirchen Helme aufgesetzt worden, die in der Formung noch auf Stülersche Kompositionen zurückgehen. Dabei konnte Hermann Blankenstein in Eberswalde den achtseitigen Helm ganz im Stülerschen Sinne nach »mittelalterlich-märkischer« Tradition in Backstein ausführen.

Überraschend aufwendig und viel zu groß dimensioniert für die vorhandenen Kirchenbauten sind die Türme der Stadtkirchen in Mittenwalde, 1878 von Eduard Jacobsthal, und Schwedt, 1887 von Ludwig Dihm. Ludwig Dihm hat nach der Jahrhundertwende weitaus disziplinierter restauriert oder ergänzt. Die Türme der Neuruppiner Klosterkirche von 1906 fanden schon Erwähnung. In Fürstenwalde rekonstruierte er nach 1907 den Dom als spätgotisch gewölbte Hallenkirche, beließ aber den barocken Habitus des Äußeren und beschränkte sich auf eine Bereicherung des Details. In der Brandenburger Gotthardkirche schließlich ist ihm 1906 eine Restaurierung gelungen, die einen historisch gewachsenen Zustand zu bewahren scheint. Daß auch dieser nicht ganz echt und in Einzelheiten sogar falsch war, hat sich erst bei jüngst notwendig gewordenen Wiederherstellungsarbeiten herausgestellt. Man wird aber nicht umhin können, Ludwig Dihm in der Geschichte der märkischen Denkmalpflege einen bedeutenden Platz zuzuweisen.

Der Erforscher und Inventarisator der märkischen Backsteinbaukunst, der Verfasser des Werkes »Mittelalterliche Backstein-Bauwerke des preußischen Staates«, Friedrich Adler, war nach dem Tode des Konservators Ferdinand von Quast 1877 Vortragender Rat für Kirchenbau am Ministerium für öffentliche Arbeiten und Leiter der kirchlichen Wiederherstellungsarbeiten geworden. War Adler vorher mit Kirchenbauten im Rundbogenstil und mit faszinierenden Entwürfen für den Dombau in Berlin hervorgetreten, so finden wir ihn seit den siebziger Jahren als strengen Historisten und ergänzungsfreudigen Restaurator. Der neugotische Turmaufsatz der Stadtkirche in Pritzwalk überrascht in seiner Fremdheit gegenüber dem mittelalterlichen Bau und erscheint geradezu unverständlich bei einem Architekten, der es als eine Lebensaufgabe ansah, dem Wesen mittelalterlicher Backsteinbaukunst nachzuspüren, ihre Denkmäler zu erforschen und sie zu publizieren. In Frankfurt an der Oder ist die Restaurierung der Nikolaikirche Anfang der neunziger Jahre sein Verdienst gewesen. Abgesehen von Ergänzungen des Mauerwerks an den Umfassungswänden von Langhaus und Chor und einer Bereinigung des Inneren zugunsten eines stileinheitlichen Raumes hat Friedrich Adler einen zweitürmigen Westbau errichtet, wie er in der Mark nie gebaut worden ist, der sich aber an Bauwerke anlehnt, die vor allem im nordwestdeutschen Küstengebiet unter dem Einfluß des rheinischen Übergangsstils im 13. Jahrhundert entstanden sind. Jedenfalls scheint ein Anknüpfen an Frankfurter Bautraditionen nicht gesucht, es sei denn, Adler hätte ganz allgemein die Aufnahme des doppeltürmigen Fassadenmotivs, wie es an der Marienkirche ursprünglich vorhanden war – in den Details aber doch ganz anders –, als ein solches verstanden. Trotz dieser Fremdheit des Details und des seine industrielle Herstellung so deutlich zur Schau stellenden Backsteinmaterials ist die Zweiturmfront der ehemaligen Nikolaikirche (heute Friedenskirche) als Bestandteil einer Bautengruppe, die vom Zusammenspiel unterschiedlichster Umrißformen geprägt wird, im Frankfurter Stadtbild zu einem charakteristischen Gestaltelement geworden.

Will man nicht die in unserem Jahrhundert vor allem nach den Zerstörungen und Beschädigungen im zweiten Weltkrieg notwendig gewordenen Wiederherstellungen und Rekonstruktionen als eine Fortsetzung ansehen, so müßte man die Geschichte des städtischen Pfarrkirchenbaus in der Mark Brandenburg mit dem Ausgang des 19. Jahrhunderts als beendet betrachten. Schon dieses gefiel sich ja dem Ende zu immer mehr in einer Rekapitulation der Vergangenheit. Doch sind gerade dadurch die künstlerischen und geschichtlichen Werte dieser Seite der Architekturgeschichte für die folgenden Generationen bewahrt und damit auch ins Blickfeld unserer Gegenwart gerückt worden. Kirchenbau, wann immer und in welcher Form er sich vollzieht, kann an den Erfahrungen der Tradition nicht vorbeigehen. Auch wenn er vor neuen Aufgaben steht, wird er befriedigende Lösungen nicht finden, ohne historische Kriterien zu berücksichtigen. Das gilt für die innere wie die äußere Gestalt. Curt Steinberg hat mit seinem Zentralbau der neuen Georgenkirche in Frankfurt an der Oder 1926 bis 1928 eine solche Lösung gefunden, einen gemeindeumschließenden Kuppelraum, der nach außen als unverputzter Klinkerbau – bei Wahrung der zeitgenössischen Sachlichkeit architektonischer Gestaltgebung – mit kubischen Formen sakrale Monumentalität spüren läßt und sich mit seinem Glockenturm als Gotteshaus in der Stadt zu erkennen gibt.

TAFELTEIL

Angermünde, St. Marien
– 13. und 15. bis 16. Jh. –
Westbau und Kirchendach über den Häusern der Stadt

Südwand des Langhauses

Hallenlanghaus gegen Westen mit spätgotischen Gewölben

Baruth, St. Sebastian
Stifterbildnisse an den Wangen des Altares – 1679

Ansicht von Südosten – spätgotisch, Westtürme 1909

Seite 49
Langhaus gegen Westen, mit der Einrichtung aus dem späten 17. Jh.

Bernau, St. Marien – 15. bis 16. Jh.
Südseite des Langhauses mit Zierrippengiebel
über Brauthalle und Mönchschor

Bernau, St. Marien
Christus am Ölberg, Steinrelief – frühes 15. Jh.

Gemeindegestühl und Emporen im nördlichen
Seitenschiff – 17. Jh.

Beelitz, St. Marien – 13. und 15. bis 16. Jh.
Langhaus gegen Westen, Kanzel 1656

Beeskow, St. Marien
Abendmahlskanne 1662

Brandenburg,
St. Katharinen,
Ziergiebel
an der Südkapelle,
1395 bis Mitte 15. Jh.

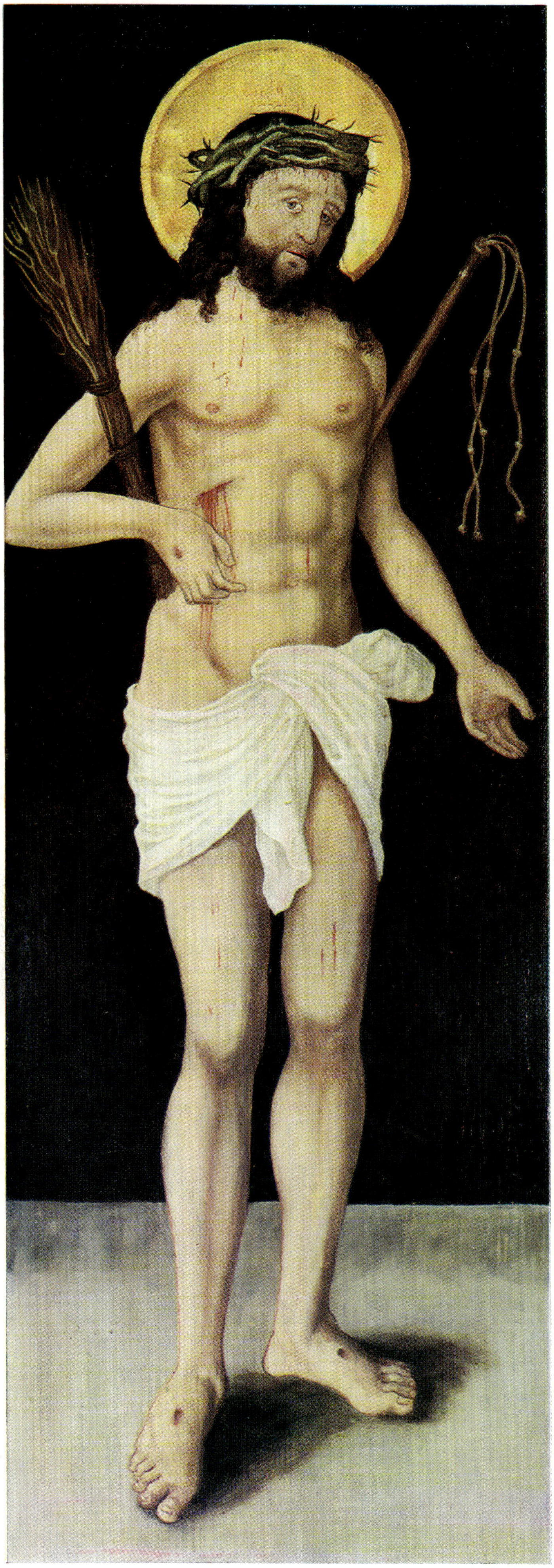

Baruth, St. Sebastian
Christus als Schmerzensmann und Maria als Schmerzensmutter – Altargemälde, um 1520/30

Brandenburg,
St. Katharinen,
Südseite
des Langhauses –
nach 1395 bis 1430/40

Brandenburg, St. Katharinen
Mittelschrein des Hochaltares – 1474 von
Gerard Weger

Bronzetaufbecken – 1440 von Dietrich Molner

Seite 57
Langhaus gegen Westen

Brandenburg, St. Gotthard,
spätromanisches Bronzetaufbecken

Stiftertafel der Tuchmacher für die Kanzel – 1623

Ansicht von Westen

Cottbus, St. Nikolai – 15. Jh.
Kapellenanbau und polygonale
Eingangshalle an der Südseite

Cottbus, St. Nikolai,
Auferstehung Christi –
mittleres Relief im Altar von Andreas Schultze, 1664

Dahme, St. Marien – 13. und 17. Jh.
Kirchturm und Friedhofstor (1913)

Altarraum gegen Osten mit der Einrichtung des 17. Jh.

Folgende Seiten 64, 65
Eberswalde, St. Maria-Magdalena – 13. und 19. Jh.
Mittelschiff gegen Westen

Chor gegen Osten

Doberlug-Kirchhain, Stadtkirche,
spätromanischer Westturm, Helme 18. Jh.

Mittelschiff gegen Westen mit barocker
Einrichtung und Deckenmalerei

Eberswalde, St. Maria Magdalena
Bronzetaufbecken – spätes 13. Jh.

Biblische Szenen am Kapitellfries
des Westeinganges

Kluge Jungfrauen aus dem Kapitell-
zyklus des Nordportales

Fabelwesen an den Kapitellen des
Südportales

Finsterwalde, Dreifaltigkeitskirche – Ende 16. Jh.
Langhaus gegen Westen

Forst, St. Nikolai – um 1400 und 18. Jh.

Ansicht von Südosten
Mittelschiff gegen Osten

Frankfurt an der Oder, St. Gertraud
Mittelschrein des Hauptaltares der ehemaligen
Marienkirche – 1489 (Aufnahme um 1910)

Frankfurt an der Oder, St. Gertraud,
Bronzeleuchter (aus der ehemaligen Marienkirche),
um 1375

Frankfurt an der Oder, Friedenskirche, ehemals St. Nikolai – 14. bis 15. und 19. Jh.
Ansicht von Südosten

Frankfurt an der Oder, St. Gertraud – 1878 geweiht
Ansicht von Südosten

Frankfurt an der Oder, St. Georg – 1926 bis 1928
Ansicht von Süden

Frankfurt an der Oder, St. Gertraud
Der ungläubige Thomas, Holzrelief – um 1500

Bad Freienwalde, St. Nikolai – 15. bis 16. Jh.
Chor gegen Osten mit der Ausstattung des 17. Jh.

Freyenstein, Stadtkirche – spätes 13. Jh.
Ansicht von Norden

Langhaus gegen Westen

Golßen, Stadtkirche – frühes 19. Jh.
Innenansicht gegen Osten

Wilhelm-Pieck-Stadt Guben, Klosterkirche – 1860 bis 1862
Innenansicht gegen Westen

Gransee, St. Marien – 13. bis 15. Jh.
Innenansicht nach Westen

Frankfurt an der Oder,
St. Gertraud
Dornenkrönung Christi,
Tafelbild – um 1500

Gransee, St. Marien
Franziskaneraltar – um 1520

Bernau, St. Marien
Leben und Passion Christi, Tafelbilder auf den
Flügeln des Hauptaltares – um 1520

Gransee, St. Marien,
spätgotische Triumphkreuzgruppe

Eberswalde, St. Maria-Magdalena,
Altar – 1606

Havelberg, St. Laurentius
Langhaus gegen Westen

Jüterbog, St. Nikolai,
Schnitzfigur einer spätgotischen Madonna

Südkapelle mit Wand- und Gewölbemalereien – 15. Jh.

Jüterbog, St. Nikolai
Langhaus gegen Westen

Jüterbog, Unser Lieben Frauen auf dem Damm
– Anfang 13. Jh.
Mittelschiff gegen Westen

Kyritz, St. Marien
Mittelschiff gegen Osten – 15. Jh.

Taustabdienste an den Langhauspfeilern

Kyritz, St. Marien
Abendmahlskelch – um 1430

Jüterbog, St. Nikolai
Szenen aus der Passion Christi und aus der Legende des heiligen Mauritius, Tafelmalereien auf den Flügeln des ehemaligen Hauptaltares – um 1430

Jüterbog, St. Nikolai
Gewölbemalereien in der Südkapelle – 15. Jh.

Seite 93
Lenzen, St. Katharina – 15. Jh.
Mittelschiff gegen Westen

Lindow, Stadtkirche – 1751 bis 1755
Innenansicht gegen Westen

Liebenwalde, Stadtkirche, Taufe, um 1835

Seite 94
Lieberose, Stadtkirche
Kreuzigung Christi, Hauptfeld vom Epitaph
des Joachim von der Schulenburg –
1597 von Michael und Jonas Grünberger

Luckau, St. Nikolai – 14. bis 15. Jh.
Blick von Süden über die
Dächer der Stadt

Netzgewölbe im Mittelschiff des
Langhauses

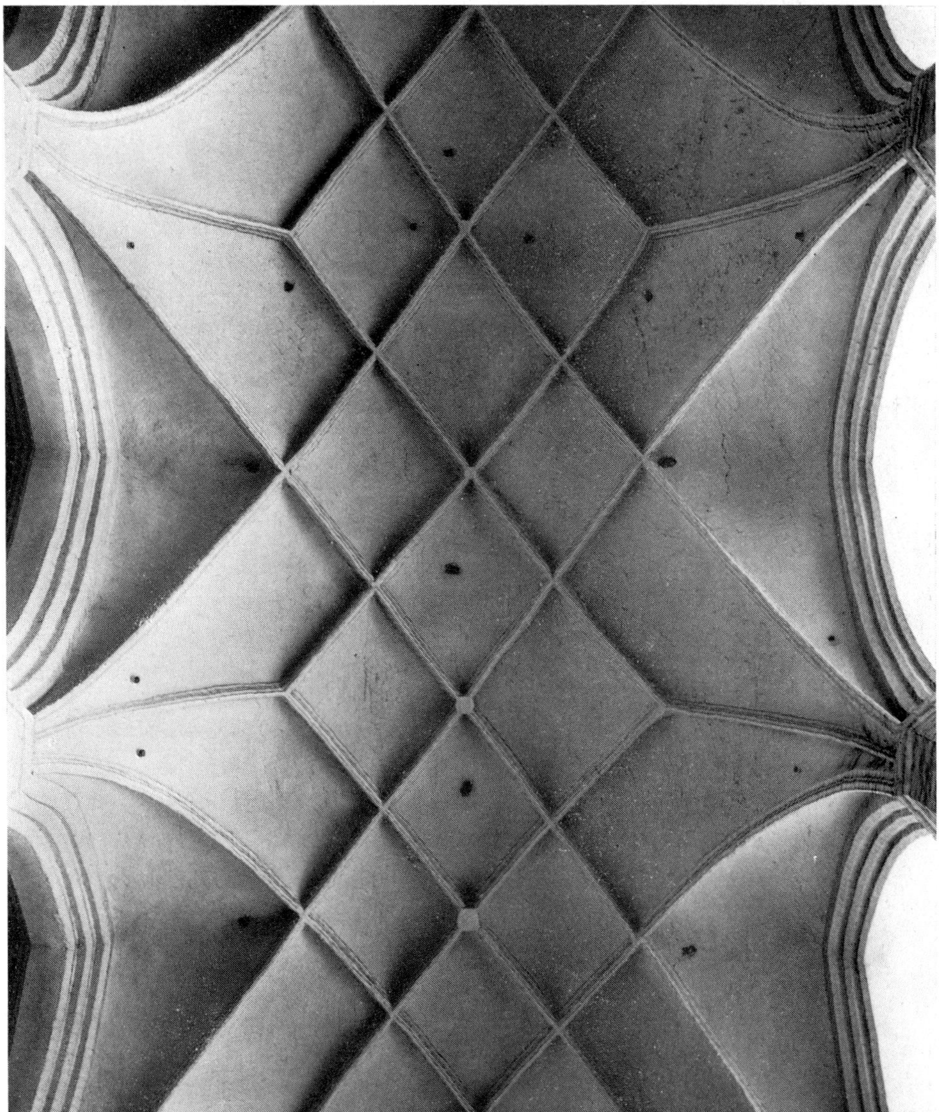

Seite 97
Langhaus gegen Westen mit der
Ratsempore und der Orgel von 1674

Lobe den HERRN meine Seele und vergis
Zeugnißen die sind meine
Laß meinen Gang gewiß seyn in deinem Wort und laß kein Unrecht über mich herrschen

Luckau, St. Nikolai
Kanzel – 1666 von Andreas Schultze

Mose und Aaron vom Kanzelfuß

Blick in das südliche Seitenschiff des Chorumganges

Luckenwalde, St. Johannis – 15. Jh.
Ansicht von Süden mit Glockenturm

Langhaus gegen Westen

Seite 101
Finsterwalde, Dreifaltigkeitskirche
– Ende 16. Jh.
Chor mit Altar
von 1594

PSALM: CXI:
MEMORIAM FECIT
MIRABILIVM SVORVM
MISERICORS ET MI
SERATOR DOMINVS:
1 5 9 4
ACCIPITE COMEDITE HOC EST
CORPUS MEUM QUOD PRO
VOBIS TRADITUR
BIBITE EX HOC OES HIC CALIX
EST NOVM TESTAM IN SANGVI
NE MEO QVI PRO VOB EFFUN
HOC FACITE IN MEI COMMEMORATIONEM

Lübbenau, St. Nikolai
Auferstehung Christi, Altarblatt von
Ch. W. E. Dietrich – nach Mitte 18. Jh.

Lübben, St. Nikolai – 15. bis 16. Jh.
Mittelschiff gegen Osten mit Blick in den Chor

Lübben, St. Nikolai
Altar – 1609/10 von Samuel Hanauer

Bildnis Paul Gerhardt – 17. Jh. –
von Gottlieb Werndorff

ULUS GERHARDUS THEOLOGUS
in Cribro Satanae tentatus

Lübbenau, St. Nikolai
Innenansicht gegen
Westen

Wandgrab für Moritz Carl zu Lynar – 1765 von
Gottfried Knöffler

Lychen, St. Johannis – 13. Jh.
Blick in den Chor

Lychen, St. Johannis
Ansicht von Südosten

Mittenwalde, St. Moritz
Chorgestühl – 16. Jh.

Mittenwalde, St. Moritz
– 13. und 15. Jh. –
Innenansicht gegen
Osten

Gedächtnistafel für
Paul Gerhardts Tochter
Maria Elisabeth

Mittenwalde, St. Moritz,
Beweinung Christi und Heilige,
Mittelschrein des Altares – 1514

Müllrose, Stadtkirche – 1746
Innenansicht gegen Osten mit Kanzelaltar

Nauen, St. Jakobi
Taufe – 1721

Seite 113
Altar – 1708

Seite 115
Neuruppin, Klosterkirche
Langhaus gegen Osten mit Blick in den Chor

Neuruppin, Klosterkirche – 13. Jh.
Ansicht von Südwesten, Türme 1904/07

Altarrelief – um 1400

Neuruppin, St. Marien – 1801 bis 1804
Innenraum mit Kanzelaltar und Emporen

Ansicht von Norden

Seite 119
Neustadt/Dosse, Stadtkirche,
Kanzelaltar und Orgel

Neustadt/Dosse, Stadtkirche – 1673 bis 1696
Ansicht von Nordwesten

Innenansicht

Prenzlau, St. Marien – 14. Jh.
Maßwerkgiebel über dem Chor

Perleberg, St. Jakobi – 13. bis 15. Jh.
Ansicht von Südosten

Perleberg, St. Jakobi
Langhaus gegen Westen

Detail vom Fuß des Standleuchters –
1475 von Harmen Bonstede

Perleberg, St. Jakobi
Portal an der Südseite des Langhauses

Potsdam, St. Nikolai – 1830 bis 1850
Ansicht gegen Nordosten

Innenansicht (Aufnahme um 1910)

Blick in die Kuppel

Prenzlau, St. Nikolai
Madonnenfigur aus dem Hauptaltar der Marienkirche – 1512

Anbetung der Könige, Relief aus dem Hauptaltar der Marienkirche – 1512

Pritzwalk, St. Nikolai und St. Marien
– 13. und 15. Jh. – Langhaus gegen Westen

Rathenow, St. Marien und Andreas
Nordportal des ehemaligen Querhauses – um 1200

Rathenow, St. Marien und Andreas
Altarschrein – um 1380

Nördliches Seitenschiff des Langhauses
gegen Osten – 16. Jh.

Seite 129
Abendmahlskelch – um 1260

Rheinsberg, St. Laurentius – 13. und 16. Jh.
Altar – 1576

Rheinsberg,
St. Laurentius
Langhaus gegen Westen

Baudaten am Chorgewölbe

Kapitell einer Säule im Chor mit Stifterwappen – 1568

Senftenberg, St. Peter und Paul – 15. bis 16. Jh.
Ansicht von Südosten

Zellengewölbe im südlichen Seitenschiff

Spremberg, Stadtkirche
– 15. bis 16. Jh. –
Innenansicht gegen
Osten

Strausberg, St. Marien
– 13. und 15. Jh. –
Ansicht des Chores
von Osten

Strausberg, St. Marien
Nördliches Seitenschiff gegen Westen

Strausberg, St. Marien
Madonna im Strahlenkranz, Wandmalerei im nördlichen Seitenschiff – Mitte 15. Jh.

Sterngewölbe im Chor mit Malereien – Mitte 15. Jh.

Wiesenburg, Pfarrkirche, Altar – 1561

Templin, St. Maria Magdalena – 13. und 18. Jh.
Portalnische an der Südseite – 1737 bis 1749

Teupitz, Pfarrkirche
– 14. bis 15. Jh. –
Ansicht von Süden,
Turmaufsatz 1855/59

Trebbin, St. Marien
Eingangsfassade des Westturmes – 1755

Templin, St. Maria Magdalena
Opferkasten – 1748

Treuenbrietzen, St. Marien – 13. Jh.
Chor gegen Osten

Ansicht der Chorapsis

Treuenbrietzen, St. Marien – 13. Jh.
Ansicht von Südosten, Westturm um 1500

Mittelschiff des Langhauses gegen Westen

Vetschau, Deutsche Kirche – 1690 bis 1694
Altarraum mit Kanzel und Logen

Treuenbrietzen, St. Nikolai – 13. Jh.
Ansicht von Osten

Treuenbrietzen, St. Nikolai
Mittelschiff nach Osten

Wiesenburg, Pfarrkirche – 13. Jh. –
Ansicht von Osten

Innenansicht gegen Osten mit Querhaus,
Chorquadrat und Apsis

Bad Wilsnack, St. Nikolai – nach 1384 und 15. bis 16. Jh.
Westseite mit Renaissancegiebel

Bad Wilsnack, St. Nikolai
Innenansicht gegen Osten, im Vordergrund links
Figur des Bischofs Wöpelitz (gest. 1401)

Fassade des südlichen Querhauses

Bad Wilsnack, St. Nikolai
Wunderblutschrein – 15. Jh.

Bad Wilsnack, St. Nikolai
Madonna und Apostel im Schrein des Altares – um 1400

Wittstock, St. Marien – 13. und 15. Jh.
Ansicht von Südosten, Turmhaube 1704

Altaraufbau – Anfang 16. Jh. und um 1535

Wittstock, St. Marien
Apostel im Flügel des Hauptaltares – um 1535 aus der Güstrower Werkstatt des Claus Berg

Ostgiebel – 15. Jh.

Wittstock, St. Marien
Sakramentshaus – 1516

Madonnenfigur – um 1400

Innenansicht gegen Osten

Wriezen, St. Nikolai und St. Marien
Portal an der Südseite

Wusterhausen, St. Peter und Paul
spätgotisches Chorgestühl

Wusterhausen, St. Peter und Paul
– 13. und 15. Jh. –
Langhaus gegen Westen

Zossen, Stadtkirche – 1739 von Ch. G. Hedemann
Innenansicht

Wusterhausen, St. Peter und Paul
spätgotischer Chor und barocker Altar,
Gemälde von Bernhard Rode – 1776

Zehdenick, Stadtkirche
Abendmahlskelch – um 1300

Einzeldarstellungen

dach verborgene Obergadenfenster stehen neben vom Sakristeidach verdeckten rundbogigen Chorfenstern, von denen das mittlere mit einer spätromanischen Putzritzranke umgeben ist. Der Bau des 13. Jh. hatte eine flache Decke, erst im 15. Jh. erhielt er im Mittelschiff Stern-, in den Seitenschiffen und im Chor Kreuzrippengewölbe. Es entstand eine Art Stufenhalle mit einheitlichem Dach, mit dem sich die Kirche bis heute präsentiert. Gleichzeitig wurde der Westbau durch einen mittleren Turmaufsatz erhöht; seine Haube stammt aus dem 18. Jh. Im 19. und 20. Jh. hat der Bau mehrere Überformungen erfahren. Alte Ausstattungsstücke sind der spätgotische Taufstein und die Renaissancekanzel.

Altlandsberg (Niederbarnim, Kreis Strausberg)

Die Stadt gehört zu jenen Orten, die im Zuge der Binnenerschließung des Barnims entstanden sind, nachdem die Inbesitznahme durch den Vorstoß der Askanier an dessen westlicher und nördlicher Peripherie bis zur Oder abgeschlossen war. Jetzt galt es, Handelswege über die Hochfläche zu sichern, und das taten die Markgrafen Johann I. und Otto III. nach 1230 durch die Anlage fester Plätze in kettenartiger Reihung zwischen unterer Spree und Oder. Einige dieser Orte sind sehr bald zur Stadt erhoben worden. Altlandsberg bestand zunächst aus Burg und Suburbium, aber noch vor 1257 ist mit dem planmäßigen Ausbau zur Stadt auf rechteckig abgesteckten Grundriß mit zwei durchgehenden Längsstraßen und einem mittleren Marktgeviert begonnen worden. Die Befestigung mit Wall und Graben ist erst im 14. Jh. durch die – noch vollständig erhaltene – Stadtmauer aus Feldsteinen verstärkt worden. Die Stadt hat wohl nur kurze Zeit die ihr zugedachte Bedeutung behalten und ist bis heute kaum über ihren mittelalterlichen Umfang hinausgewachsen. Trotz mehrfachen Wiederaufbaus nach Kriegszerstörungen und Bränden blieb der Eindruck eines wesentlich durch das Mittelalter geprägten Stadtbildes bewahrt. Im 17. Jh. wurde die mittelalterliche Burg beseitigt und an ihrer Stelle ein stattliches Schloß errichtet. Es ist bis auf den Rest eines Seitenflügels, der als Schloßkirche bezeichnet wird, verschwunden.

Die Lage der *Stadtkirche St. Marien* in unmittelbarer Nähe zur ursprünglichen Burg macht wahrscheinlich, daß sie im Suburbium, dem ältesten Siedlungskern (sog. Bernauer Viertel), gegründet worden ist. Ihr Typ aber, eine

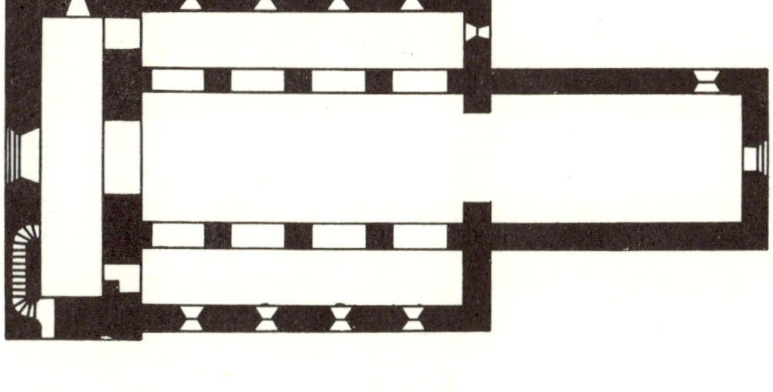

dreischiffige Feldsteinbasilika von vier Jochen mit leicht über die Seitenschiffe vortretendem Westquerbau und langgestrecktem einschiffigem Rechteckchor, deutet auf die Bestimmung für eine städtische Siedlung. Sie dürfte im Zusammenhang mit dem Ausbau der Stadt um die Mitte des 13. Jh. errichtet worden sein. Frühgotische Formen, spitzbogige Portale, Arkaden und unter dem Langhaus-

Angermünde (Uckermark, Kreis Angermünde)

Angermünde wird als »Novin-Tangermunde« unter den Städten genannt, die von den Markgrafen Johann I. und Otto III. gegründet worden sind. Ausgangspunkt könnte ein Suburbium der nach 1230, nach der Erwerbung des südlichen Teils der Uckermark angelegten Burg oder eine slawische Siedlung gewesen sein. Man vermutet einen solchen Kern im Bereich von Burg-, Fischer- und Jägerstraße. Durch die Neugründung mit sehr regelmäßigem Straßennetz und zentralem, aber nicht an den Hauptverkehrsachsen gelegenem Markt sind jedoch alle älteren Grundrißformen verwischt worden, so daß sich die Stadt als eine planmäßige Anlage, wie sie typisch für die Zeit nach der Mitte des 13. Jh. ist, darbietet. Die erste urkundliche Erwähnung als civitas ist aus dem Jahre 1284 erhalten, und 1286 besaß Angermünde nachweislich Stadtrecht. Die Gabelung der Straßen nach Prenzlau und nach Schwedt unmittelbar im Südwesten der Stadt hinter dem ehemaligen Berliner Tor wird ursprünglich außerhalb gelegen haben, ist aber dann in das noch vor dem Ende des 13. Jh. befestigte Stadtgelände einbezogen worden. Zwischen der Stadtmauer und der zu ihr parallel verlaufenden Straße nach Schwedt wurde das Franziskanerkloster errichtet.

Die *Stadtkirche St. Marien* dagegen steht auf der höchsten Stelle des städtischen Siedlungsgeländes nordwestlich des Marktes. Trotz späterer Veränderungen gehört sie zu den Kirchen, die den Charakter des ersten Baues, der gleichzeitig mit der Gründung der Stadt aufgeführt wurde, am besten bewahrt haben. Spätestens um die Mitte des 13. Jh. ist sie als Feldsteinsaal mit eingezogenem, gerade geschlossenem Chor begonnen worden. Die Ausmaße entsprachen damals bereits den heutigen; die späteren Umbauten haben die Kirche nicht erhöht und nur um das Chorpolygon geringfügig verlängert. Der Westquerbau, einer der schönsten der Mark, beherrscht das Straßenbild und die Stadtsilhouette. Er fasziniert mit dem Mauerwerk aus sorgfältig geschichteten Granitquadern; das spitzbogige Westportal mit dreifach abgetrepptem Gewände und die schartenartigen Schlitze sind die einzigen Durchbrechungen. Erst im oberen Viertel, dem aus Backsteinen aufgesetzten Glockengeschoß, finden sich spitzbogige Schallöffnungen und Blendfelder (die nördliche Hälfte ist erneuert). Ein Satteldach, an den Schmalseiten eingefaßt von reich gegliederten Treppengiebeln, schließt den Turmbau ab.

Das Langhaus besitzt seine Umfassungen aus dem 13. Jh. noch in voller Höhe. Die schlanken frühgotischen Fenster sind vermauert oder den breiteren aus einer späteren Bauphase gewichen, aber an vielen Stellen noch erkennbar. Der Saal besaß im 13. Jh. noch keine Gewölbe, sondern eine flache Holzdecke, war aber wohl der Breite des Raumes wegen schon durch Stützen unterteilt. Die Einwölbung – sternförmig im Mittelschiff und kreuzförmig in den Seitenschiffen – erfolgte erst im ausgehenden Mittelalter, vielleicht erst, nachdem der einschiffige frühgotische Chor in eine gewölbte Halle mit südlichem Seitenschiff und fünfseitigem Schluß verwandelt worden war. Eine Inschrift am Triumphbogen nennt den Baumeister Klaus Höppner als den Vollender des Werks. Die Jahreszahl ist aber nicht lesbar, sie soll 1526 gelautet haben. Für die im Chor aufgedeckten Gewölbemalereien erscheint dieses Datum zu spät, es könnte sich auf den Langhausumbau beziehen. Den Chorneubau wird man dagegen noch in das 15. Jh. datieren müssen. Das Südportal am Chor wird von einem Zierfries aus Vierpaßformsteinen gerahmt, ganz ähnlich wie am Portal der Kapelle, die an der Nordseite des Langhauses angebaut ist und die 1470 als »neue Kapelle« bezeichnet wird.

Das Innere der Kirche hat nach den spätmittelalterlichen Umbauten noch mehrfach Veränderungen seiner Einrichtung und seiner Ausmalung erfahren. Eine neue Kanzel wurde im Jahre 1600 gestiftet, ein neuer Altar 1601; Reste szenischer Reliefs (Abendmahl, Kreuzigung, Himmelfahrt) haben sich erhalten. 1744 baute Joachim Wagner aus Berlin die Orgel. Bis 1867 waren Emporen vorhanden. 1865 wurde die Nordkapelle durch eine Wand von der Kirche getrennt, bis dahin war sie durch einen großen Spitzbogen mit dem Schiff verbunden. Man benutzte sie als Gottesdienstraum während der Restaurierungen 1867 und 1909. Von 1867 rührt die vorhandene neugotische Einrichtung her, Altar, Kanzel und Gestühl. Von 1909 stammen die Ornamentfenster im Chor. Die letzte Ausmalung erfolgte 1977. Ihr waren Farbuntersuchungen vorausgegangen, deren Ergebnisse die vollständige Rekonstruktion der spätmittelalterlichen Gewölbefarbigkeit ermöglichte. Gleichzeitig sind figürliche Malereien entdeckt und freigelegt worden, im Chor der Erzengel Michael und die Symbole der Evangelisten, wohl als Hinweis auf das Jüngste Gericht, und eine Kreuzigungsgruppe, in den Seitenschiffen und in der Nordkapelle Masken und drollige Gestalten um die Entwässerungsröhren in den Gewölbezwickeln.

Von den mittelalterlichen Ausstattungsstücken ist nur die Fünte, das bronzene Taufbecken, erhalten geblieben. An der Wandung sind unter einer aufgelegten Bogenstellung Heiligenfiguren dargestellt. Die Inschrift am oberen Rand nennt einen Meister Johannes als Gießer. Der Kessel wird von drei bärtigen Figuren getragen, deren Tracht eine Entstehung im späten 14. Jh. wahrscheinlich macht. Im Besitz der Kirche befindet sich eine Einbaumtruhe, überaus reich mit Bändern beschlagen. Nach der Legende soll sich in ihr das Lösegeld befunden haben, mit dem Markgraf Otto IV. aus der Gefangenschaft des Erzbischofs von Magdeburg freigekauft wurde.

Abb. S. 46–47, 53

Bad Freienwalde siehe Freienwalde

Bad Wilsnack siehe Wilsnack

Baruth (Jüterbog-Luckenwalde, Kreis Zossen)

Die kleine Stadt liegt am nördlichen Rand des Niederen Flämings, wo die Hänge des Langen und des Spitzberges zur Niederung des Hammerfließes abfallen, jener im vorigen Jahrhundert noch sumpfigen Senke, die auf einen Teil des Luckenwalder-Baruther Urstromtales zurückgeht. Die Straßenverbindung Dresden – Luckau – Mittenwalde – Berlin, zu der sich in Baruth der von Westen, von Jüterbog her kommende Weg gesellt, fand hier seit alter Zeit ihren Übergang. Im 12. Jh. hat sich das Erzbistum Magdeburg des Ortes als Mittelpunkt eines kleinen Herrschaftsgebietes bemächtigt, das es sich als Exklave zwischen den Diözesen Brandenburg und Meißen zu bewahren wußte. Im 13. und 14. Jh. ist die Burg nachweisbar Sitz eines nach ihr benannten Rittergeschlechts gewesen. Daß bereits eine slawische Feste den Übergang über die Niederung schützte, ist wahrscheinlich (J. Siedler). Die Marktsiedlung bildete sich nahe der Burg »längs der als Knüppeldamm angelegten Nord-Süd-Straße« mit in der Mitte gelegenem Markt-Kirch-Platz. Ende des 16. Jh. erwarben die Grafen Solms neben anderen Orten im Grenzgebiet zwischen Brandenburg und Niederlausitz auch Baruth und begründeten eine mit Sonderrechten ausgestattete Standesherrschaft, die sich bis ins 19. Jh. erhielt.

Die Grafen Solms waren auch die Patronatsherren der *Pfarrkirche St. Sebastian.* Als diese, eine dreischiffige spätgotische Halle – über das Aussehen des 1346 geweihten Vorgängerbaues ist nichts bekannt –, 1671 durch einen Brand stark beschädigt wurde, ließ sich das Grafenpaar mehrfach als Stifter und Geldgeber für den Wiederaufbau an der neuen Ausstattung darstellen. Die Porträts finden sich knorpelwerkgerahmt in den Wangen des Altaraufbaues aus dem Jahre 1679. Die Kanzel trägt die Inschrift »Graf und Herr Johann George, Reichsgraf zu Solms, Erbherr zu Baruth«, und auch die 1675 gebaute und 1683 bemalte Westempore zieren Wappen und Bildnisse des patronatsherrlichen Ehepaares.

Die neue Ausstattung um 1680, gefertigt von den Meistern Abraham Jäger und Michael Scheibe, besticht durch die Einheitlichkeit ihres Stils, geprägt durch die Vorherrschaft des hier doch etwas verspätet auftretenden Knorpelwerkes und Ohrmuschelornaments sowie durch Spätrenaissancegliederungen aus manieristisch geformten Pilastern, Säulen und Hermen. Die Farbigkeit wird bestimmt durch eine Schwarz-Grau-Marmorierung, die alle rahmenden Teile einschließlich der Gestühlswangen überzieht und die gleichsam den Grund bildet, von dem sich die Gemälde mit leuchtenden Farben abheben, die Altarbilder – Abendmahl, Kreuzigung und Auferstehung –, die zwölf Apostel an der Kanzelbrüstung und die auf die Buße hinweisenden Szenen am Beichtstuhl. Das Ganze steht seit der letzten Restaurierung 1977 delikat in einem weiß getünchten Raum, dessen dunkle Balkendecke von weiten spitzbogigen Arkaden auf massigen achtkantigen Pfeilern getragen wird. Vermutlich waren Gewölbe für den Hallenraum vorgesehen – die von vortretenden Schildbögen gerahmten Arkaden und die Strebepfeiler sprechen dafür –, sie scheinen aber nicht ausgeführt worden zu sein. An der Nordseite ist eine mit der Halle gleichhohe und in zwei Jochen sterngewölbte Kapelle angebaut. Ursprünglich zum Schiff hin offen, hat man sie im vorigen Jahrhundert mit einer neugotischen Verkleidung als Patronatsloge abgetrennt. Im Untergeschoß befindet sich die Solmssche Gruft.

Nach außen wirkt der schlichte Baukörper vor allem durch das große, über dem dreiseitigen Ostschluß polygonal gewalmte Satteldach. 1909 erhielt die Kirche einen zweitürmigen Westbau, wohl als Anlehnung an Turmbauten aus dem Mittelalter wie etwa in Kirchhain oder in Lugau gemeint, um damit, nach der damaligen Auffassung, ein landschaftstypisches Architekturbild zu schaffen.

Abb. S. 48–49, 54

Beelitz (Zauch-Belzig, Kreis Potsdam)

Der Ort ist 1216 als askanischer Burgward bezeugt und besaß Bedeutung durch seine Lage am Übergang eines Handelsweges von Wittenberg über den Nieplitzbruch in das Havel-Spree-Gebiet. Seinen strategischen Wert für den askanischen Landesausbau verlor er aber bald an die Grenzfeste Briezen (Treuenbrietzen). Die städtische Siedlung (1247 urkundlich oppidum) entstand vermutlich noch vor 1200 aus der Vereinigung zweier Kirchdörfer, deren Anlagen durch ein regelmäßiges Straßenschema im Stadtgrundriß später verwischt worden sind. Die *Stadtkirche St. Marien* wurde im 13. Jh. aus Feldsteinquadern errichtet. Erhalten sind davon der charakteristische Westquerbau und Teile der Längsmauern eines zugehörigen, annähernd gleichbreiten Schiffes. Der Umbau zur dreischiffig gewölbten Halle mit einschiffigem, dreiseitig geschlossenem Chor erfolgte im 15. und 16. Jh. An die Nordseite des Chores lehnt sich eine achteckige Kapelle, die um 1370 für die in Beelitz schon seit dem 13. Jh. nachweisbare Wunderblut-Wallfahrt errichtet wurde und ein reiches Sterngewölbe aus dem Anfang des 16. Jh. besitzt. (Die Kapelle ist heute als Winterkirche vom Kirchenraum getrennt.) Nach einem Brand im Jahre 1700 fanden Erneuerungen statt, von denen der verputzte quadratische Turmaufsatz herrührt. Eine größere Restaurierung brachte 1889 eine neugotische Überformung mit sich. Das Innere mit Emporen in den Seitenschiffen, an der Westseite und im Chor bietet mit der äußerst qualitätvoll geschnitzten Kanzel von 1656 ein malerisches Bild. Abb. S. 52

Beeskow (Beeskow-Storkow, Kreis Beeskow)

Straßenkreuzung und Spreeübergang – dieser wie bei verschiedenen Brücken- oder Furtstädten unter Ausnutzung einer Insel mit Burg und Fischerkietz – sind die Ausgangspunkte für die Anfang des 13. Jh. entstandene Marktsiedlung auf dem westlichen Flußufer, aus der in der 2. Jahrhunderthälfte die Stadt auf quadratischem Grundriß mit regelmäßigem Straßennetz und zentralem Markt hervorging, die 1272 nur eine Befestigung aus Gräben und Planken, 1321 aber eine Mauer mit Weichhäusern, Türmen und drei Toren besaß. Das Magdeburger Recht – 1285 nachweisbar – ist von Luckau übernommen worden, die ersten Burg- und Grundherren waren Ritter von Strehla. Aus beidem wird die ursprüngliche Zugehörigkeit zur Lausitz ersichtlich, ebenso wie aus dem Patronat des Klosters Neuzelle über die Stadtpfarrkirche und aus der Tatsache, daß Beeskow Sitz des Propstes eines Kirchensprengels im Bistum Meißen gewesen ist. Erst seit dem 16. Jh. gehörte es zu Brandenburg, nachdem es von 1518 bis 1556 die Lebuser Bischöfe besessen hatten, von denen die Burg zum Residenzschloß ausgebaut worden war; im Hauptbau sind Säle mit originalen Balkendecken erhalten.

Die *Stadtkirche St. Marien* fand ihren Platz auf einer Anhöhe unmittelbar über dem Fluß; die sie umgebende Bebauung dürfte den ältesten Stadtkern markieren. Bereits 1263 oder 1272 wird die Kirche vorhanden gewesen sein. Die erste Erwähnung als Marienkirche stammt aus dem Jahre 1344. Daten zur Baugeschichte und zum Bauablauf sind nicht überliefert, eine Aussage darüber ist nur aufgrund der Untersuchungen von Günther Schade möglich. Danach sind Altarstiftungen aus den Jahren zwischen 1388 und 1417 auf den großangelegten Neubau der Kirche als dreischiffige Hallenkirche mit siebenseitigem Umgang nach dem Vorbild des um 1370 fertiggestellten Hallenumgangschores der Marienkirche in Frankfurt an der Oder zu beziehen. Es zeichnen sich zwei Bauabschnitte ab: Als erster der des Chores, der bei der Weihe des Marienaltares 1417 als vollendet zu betrachten ist, und als zweiter der des Langhauses einschließlich des Westbaus, der sich nach einer Unterbrechung bis um 1500 hingezogen haben soll. Auffallend sind in Beeskow die sehr steilen Proportionen. Günther Schade hat festgestellt, daß sie die Folge eines Planwechsels während der Errichtung der Umfassungsmauern des Chores sind. Es scheint zunächst eine niedrigere Raumform, wie in Frankfurt, vorgesehen gewesen zu sein, die dann aber – möglicherweise unter dem Einfluß der gleichzeitig im Bau befindlichen Luckauer Nikolai-

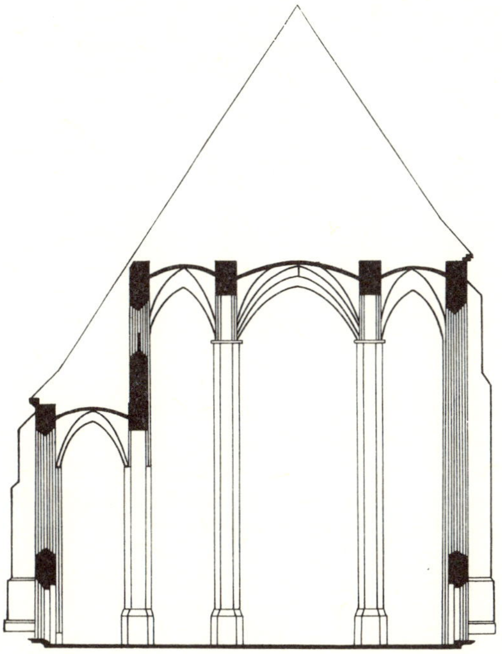

kirche gleichen Typs – aufgegeben wurde. Der »böhmische« Charakter des Innenraumes mag darin seine Ursache gehabt haben. Der Westbau ragte vor der Zerstörung – seit 1945 ist die Kirche Ruine – nur mit dem achteckigen Aufsatz, Zinnenkranz und gemauertem Pyramidenhelm, dessen Ausbesserung für 1523 angezeigt ist, über das mächtige, auf die niedrigeren Anbauten tief herabgezogene Satteldach hinaus. Nach dem Stadtbrand von 1512 mußte das Dach 1515 erneuert werden. Eine durchgreifende »Turm- und Kirchenreparatur« erfolgte 1835/36 unter Beteiligung Karl Friedrich Schinkels. Heute stehen nur noch die Umfassungsmauern der Halle und des Chores sowie der Turmbau. Die Sterngewölbe und die hohen schlanken Achteckpfeiler des Chores sind verloren, wie auch die gesamte Ausstattung der Kirche. In den seitlichen Anbauten konnten Räume für den Gottesdienst und die Gemeindearbeit eingerichtet werden. Abb. S. 52

Belzig (Zauch-Belzig, Kreis Belzig)

Ein Burgwall auf dem Bricciusberg gelangte schon 997 in Magdeburger Besitz, ging aber wieder an die Slawen verloren. 1161 und 1216 ist die Burg in askanischer Hand nachweisbar. Seit 1298 gehörte sie zu Sachsen – im 15. Jh. wurde die »Burg Eisenhardt« als Festung ausgebaut – und kam erst 1815 wieder zu Brandenburg.

Suburbium war die Siedlung Sandberg am Fuße des Burgberges. Die Stadt (1269 oppidum, volles Stadtrecht erst 1702) entwickelte sich am gegenüberliegenden Ufer des Belziger Baches auf rechteckigem Grundriß mit regelmäßigem Straßensystem. Neben einem mittleren Markt gibt es noch weitere platzartige Erweiterungen, die für die *Stadtkirche St. Marien* liegt am nördlichen Stadtrand.

Der im Kern noch weitgehend erhaltene Erstbau ist als spätromanische Anlage aus Feldsteinen im frühen 13. Jh. auf kreuzförmigem Grundriß errichtet worden. Am nördlichen Querarm hat man kürzlich im aufgeschütteten Gelände die Sockelmauern einer halbkreisförmigen Apsis freilegen können. Eine Apsis ist auch am Chorarm vorauszusetzen. Der Westquerbau deutet auf eine Entstehung unter askanischer Herrschaft hin, und möglicherweise ist der einschiffig-kreuzförmige Bau ein sehr früher Typ askanischer Stadtkirchen (vgl. Wiesenburg), der aber bald zugunsten gebräuchlicherer Typen mit basilikalem oder Saal- bzw. Hallencharakter aufgegeben wurde. Die Belziger Kirche erhielt, vermutlich im 15. Jh., ein südliches Seitenschiff mit Querdächern und Giebelreihe. Veränderungen gab es im 17. Jh. (1636 und 1665–97), der Turm bekam dabei den nördlichen Aufsatz mit der geschweiften Doppellaternenhaube. Umbauten erfolgten auch nach dem Brand von 1850. Bei der Restaurierung nach 1974 wurde besonders im Inneren der spätromanische Charakter des Erstbaues wieder mit zur Wirkung gebracht.

Bernau (Niederbarnim, Kreis Bernau)

Der überaus regelmäßige Stadtgrundriß läßt um die Kirche einen Siedlungskern erkennen, den das Radialstraßensystem als Stammsiedlung ausweist, dessen Alter jedoch unbestimmt ist. Der Ort bekam Bedeutung durch die Wegeführung zur unteren Oder und in die Uckermark über den Barnim. Die Stadt wird im Zusammenhang mit der Binnenerschließung des Barnims gegründet worden sein; das nicht ganz sicher überlieferte Datum 1232 für die Stadtrechtsverleihung könnte zutreffen, obwohl die erste Nennung als civitas erst von 1296 stammt. Der südlich der Stammsiedlung vorbeiführende Heer- und Handelsweg wurde in die um 1300 mit einer Feldsteinmauer und mehreren Gräben befestigte Stadt einbezogen und zwischen ihm und der Kirche der wohl erst durch spätere Bebauung eingeengte Markt angelegt.

Die *Stadtkirche St. Marien* auf der höchsten Erhebung des Stadtgeländes in der Achse des Marktes beherrscht

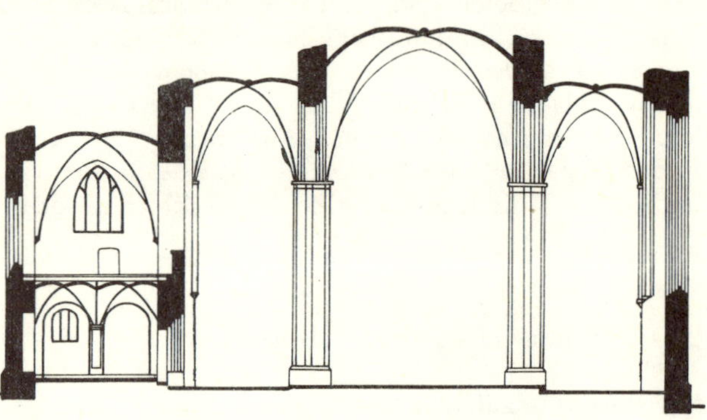

mit ihrem mächtigen Dach und dem Ziergiebel an der Südseite das Stadtbild. Ihr heutiges Aussehen hat sie aber erst durch Bauvorgänge im 15., frühen 16. und 19. Jh. erhalten, als aus einem vermutlich spätromanischen, dann gotisch veränderten Feldsteinbau mit Westquerturm eine weiträumige Backsteinhalle mit vierschiffigem Langhaus und dreischiffigem Umgangschor mit fünfseitigem Abschluß sowie einem quadratischen Westturm wurde. Der Umbau zur Hallenkirche begann mit der Erweiterung des Mittelschiffes vom Vorgängerbau durch die beiden nördlichen Seitenschiffe, vermutlich in der Zeit um 1400. Für die Sockelzone der Nordwand verwendete man Feldsteinquader der älteren Kirche und bezog eine rundbogige Pforte mit ein, deren ursprünglicher Standort nicht sicher bestimmbar ist. Die Pfeilerform der Stützenreihe zwischen den beiden Schiffen ist eine sehr altertümliche: ein achteckiger Kern mit vorgestellten Halbsäulen; sie tritt an Berliner Kirchen schon im späten 13. Jh. auf.

Die Pfeiler des nach 1485 errichteten Umgangschores dagegen, tonnenartig mit dünnen, zum Teil tauartig gedrehten Diensten, sind in der Berliner Umgebung neu. Sie weisen auf altmärkische Bauten, auf die Marienkirche in Stendal und vor allem auf den Chor der Stephanskirche in Tangermünde, aber auch auf die Gotthardkirche in Brandenburg als mögliche Vorbilder hin. Tangermünde und Bernau verbindet dann noch die Aufrißgliederung der Chorwände – charakteristisch sind die nach innen gezogenen Strebepfeiler mit wandhohen Nischen, außen bleiben nur flache Lisenen – und eine Ähnlichkeit in den Details. Man nimmt an, daß eine Beschädigung der Kirche bei dem großen Stadtbrand 1485 den Anlaß für den Chorneubau gegeben hat. In derselben Zeit muß die annähernd gleichgestaltete Südwand des Langhauses und die zweigeschossige Kapelle (»Brauthalle« und »Mönchschor«) mit dem wohl erst später hinzugefügten Zierrippengiebel errichtet worden sein, auch die Sakristei an der Nordseite des Chores mit einer Empore (»Schülerchor«) und einem ähnlichen Giebel. An der Südseite hat das Langhaus nur ein auffallend schmales Seitenschiff erhalten; als Form der Mittelschiffstützen wählte man wieder die der Nordseitenschiffe, allerdings in anderen Proportionen und mit gekehlten Sockeln.

Die Wölbformen der einzelnen Bauabschnitte sind sehr unterschiedlich, in den nördlichen Seitenschiffen schlichte Sternformen, im Mittelschiff ein etwas eintöniges Sternennetz, vergleichbar den Wölbfigurationen in den Stadtkirchen von Eisenhüttenstadt-Fürstenberg und Mittenwalde, im südlichen Seitenschiff aber ein reiches, sehr dekoratives Netzmuster, schließlich die Chorjoche mit reinen Kreuzrippengewölben, die im Umgangspolygon verschoben sind und in den Zwickeln nur drei Strahlen haben. Die unterschiedlichen Wölbformen machen noch einmal den vielschichtigen Bauvorgang deutlich. Die beiden nördlichen Seitenschiffe stehen fraglos am Anfang des Um- und Neubaues der Bernauer Marienkirche im 15. Jh. Die Datierung des Chores nach 1485 bestätigt ein kürzlich freigelegtes Bild des Schmerzensmannes am Sakramentshaus, das am nordöstlichen Pfeiler des Polygons steht. Es mußte seitlich abgestemmt werden, als der große Flügelaltar, den man um 1520 entstanden denkt, im Chorraum aufgestellt wurde. Die Einbringung des neuen Hochaltars um 1520 müßte den Abschluß der Bauarbeiten voraussetzen. In der Tat besagt eine Bauinschrift im östlichen Langhausjoch, ein Meister Peter Hinrich (oder Johannes?) von Luchov (Luckau?) habe den Bau 1519 vollendet. Dieses Datum ist immer auf die Wölbung des Mittelschiffes und des südlichen Seitenschiffes bezogen worden, obwohl die Rippenfiguration vor allem des Mittelschiffes eine frühere Datierung erlaubten. Es wäre auch denkbar, daß sich das inschriftliche Vollendungsdatum auf eine neue einheitliche Ausmalung des bis dahin in Teilen unterschiedlich gefaßten Innenraumes bezieht.

Anlaß zu einer solchen Vermutung geben Befunde, die bei Untersuchungen zur mittelalterlichen Farbgebung in der Bernauer Stadtkirche durchgeführt worden sind. Die in den nördlichen Seitenschiffen aufgedeckte älteste Malerei zeigt an einem Pfeiler ein stark farbiges teppichartiges Muster und an der Wand die Spuren eines monumentalen Christophorusbildes, dessen Detailformen, Saumlinien des Gewandes vor allem, eine Datierung in das frühe 15. Jh. zulassen. Die Chorwände besaßen als erste farbige Fassung weiße Flächen zwischen roten Pfeilervorlagen, die Fenster waren rot gerahmt, ihre Pfosten und die Dienste grau bemalt. Eine gleiche Raumfassung ist im Obergeschoß der südlichen Kapelle zusammen mit einer überaus reichen Farbigkeit der Gewölberippen freigelegt und 1978 wiederhergestellt worden. Die südliche Langhauswand wie auch die südliche Pfeilerreihe und die Chorpfeiler verfügten über eine solche erste Fassung nicht. Aller Wahrscheinlichkeit nach waren sie unbemalt, bis dann alle Wände und Pfeiler der nun im ganzen vollendeten Kirche, auch die schon bemalten im Chor und in den nördlichen Seitenschiffen, einheitlich mit einer Putzschicht überzogen worden sind. Diese Putzschicht erhielt einen weißen Anstrich mit einem Fugennetz aus schwarzen Doppelstrichen. Das geschah vermutlich um oder nach 1519.

Vor dem mächtigen Hallenbau stand bis in das vorige Jahrhundert noch der Westquerbau der ersten Kirche, nur um bescheidene Backsteinaufbauten wenig repräsentativ erhöht. Er war jedoch nun baufällig geworden und mußte abgebrochen werden. Durch die Baumeister Manger und Blumenthal ist 1845/46 der neue Turm errichtet worden. Er ist noch schlichter ausgefallen, als er entworfen war, ohne achteckiges Obergeschoß und gemauerten Helm, sondern mit quadratischem Uhrengeschoß und achtseitigem Schieferhelm.

Gleichzeitig fand die Restaurierung des Inneren statt, die hier nicht zu einer Beseitigung der nachmittelalterlichen Einrichtung führte, wie es im 19. Jh. oft geschah. So ist die Bernauer Kirche bis heute eine der am reichsten ausgestatteten der Mark, die darüber hinaus auch von Kriegszerstörungen verschont blieb. Im Langhaus ist noch ein großer Teil des Gemeindegestühls aus dem 17. Jh. erhalten, auch die Emporen an der Nord- und der Westwand («Tuchmacher-, Schuster- und Orgelchor«) mit einer Vielzahl auf Leinwand gemalter, biblischer Szenen an den Brüstungsfeldern; die Farbigkeit des Ganzen war ursprünglich noch weit prächtiger als heute. Reste eines aufwendigen Gestühls, darunter der Bürgermeisterstuhl, stehen im Chor. Die Kanzel am nördlichen Pfeiler des Choreinganges ist eine Stiftung aus dem Jahre 1609, die Figuren am Korb, darunter eine Madonna, scheinen spätgotisch zu sein. Zwischen den beiden Eingangspfeilern des Chores trägt der Triumphbalken auf gesprengeartigem Bogenwerk das angeblich inschriftlich auf 1520 datierte Triumphkreuz und Figuren der Maria und des Johannes, hervorragende Werke spätgotischer Plastik. Seitlich davon steht ein Jakobus maior in Pilgertracht, vielleicht der Rest einer Apostelreihe? Hinter dem Kreuzaltar hat jetzt die 1606 geschnitzte Taufe Aufstellung gefunden, der zugehörige turmartige Aufbau des Deckels steht leider abseits im Chorumgang, offenbar, um den Blick auf den Hochaltar nicht zu behindern. In den Wandnischen des Chorumganges sind noch die Mensen der Nebenaltäre vorhanden. Ansonsten werden die Wandflächen unter den Fenstern von großen Epitaphgemälden und Pastorenbildern eingenommen.

Der Hochaltar ist zweifellos das bedeutendste Ausstattungsstück der Kirche und einer der bedeutendsten spätgotischen Altäre der Mark. Die Predella, die mit kühn geschwungenen Wangen das Schreinwerk trägt, zeigt vier Gemälde mit Szenen der Nikolauslegende; diese Ausführlichkeit läßt die Vermutung zu, daß Nikolaus in Bernau gleichermaßen wie Maria als Patron der Kirche verehrt wurde, ja, daß er vielleicht sogar der ältere Patron einer vorstädtischen Kaufmanns- oder Marktkirche ist und später dem Marienpatrozinium weichen mußte. (Das erst nach der Reformation bezeugte Katharinenpatrozinium leitet sich vermutlich von dem 1345 genannten Altar der Kalands-Gebetsbruderschaft her und wird für die Kirche nie bestanden haben.) Der Schrein hat sechs Flügel, die zwei äußeren feststehend,

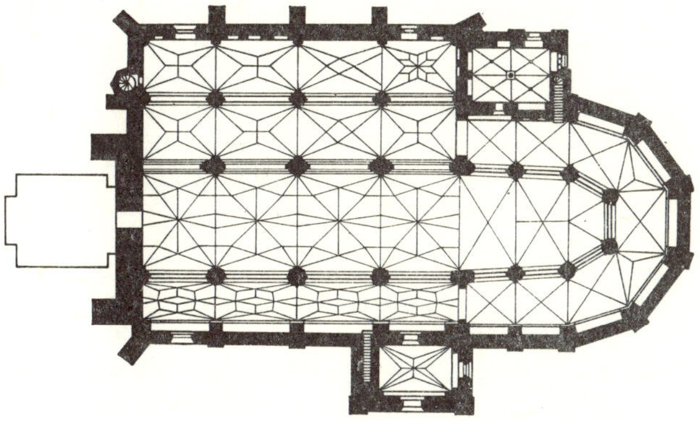

die inneren beweglich. Ist der Altar ganz geöffnet, so bieten sich im Schrein die Szene der Marienkrönung, eingefaßt von Posaune blasenden Engeln über vier Heiligenfiguren, und in den Flügeln je drei Reihen von Heiligenfiguren dar. Die Einteilung ist recht stereotyp, jedoch das Detail der Schnitzereien, vor allem der rahmenden Rankenleisten, von höchster Qualität. Das Gesprenge hat bizarre Formen und die Figuren darin manieristische Körperproportionen. Man entdeckt ähnliches Bogenwerk wie unter der Triumphkreuzgruppe, vielleicht entstammen beide Werke der gleichen Werkstatt. Bei der ersten Wandlung des Altars erscheinen auf den Flügeln Gemälde mit 32 Szenen des Lebens Christi, in ihrer Vollständigkeit an Holzschnittfolgen der Dürer- und Cranachzeit erinnernd. Die Reihen der Bilder sind von oben nach unten zu »lesen«, und es fällt auf, daß die äußeren Tafeln der Marien- und Kindheitsgeschichte, die inneren der Passion gewidmet sind. Bei der zweiten Wandlung folgen ebenso viele Szenen aus verschiedenen Heiligenlegenden. Interessant ist, daß auf dem Christuszyklus als Himmel noch der in der mittelalterlichen Malerei traditionelle Goldgrund verwendet wurde, während im Heiligenzyklus zu der liebevoll gemalten Landschaft der natürliche Himmel getreten ist. Die Malereien haben manche Ähnlichkeit mit Arbeiten aus der Cranachwerkstatt, ein Meister aber konnte bis jetzt noch nicht namhaft gemacht werden. Auch eine stilistische Zuordnung der Plastik ist noch nicht erfolgt.

Abb. S. 50–51, 80–81

Biesenthal (Oberbarnim, Kreis Bernau)

Für die Herrschaft im Barnim hat schon in slawischer Zeit der Ort strategische Bedeutung besessen, dessen Lage an der Briese-Finow-Rinne als einer Verbindungsmöglichkeit zwischen Havel und Oder die Askanier sich bei ihrem Vorstoß auf die Uckermark zunutze gemacht haben. Bevor sie eine eigene Burg errichteten, haben die Markgrafen vermutlich die slawische Befestigung genutzt. 1258 wird ein Vogt aus altmärkischem Feudalgeschlecht erwähnt, vielleicht ist er auch als Lokator für die als Suburbium angelegte Marktsiedlung anzusprechen, die den aus der Altmark übernommenen Ortsnamen erhielt; der vorauszusetzende slawische Ortsname für die zweifellos ältere Siedlung ist nicht überliefert. Stadtrechte besaß der Ort spätestens 1315. Die *Stadtkirche St. Marien* ist schon im 13. Jh. errichtet worden und zwar als einschiffiger Feldsteinsaal mit eingezogenem Chor und einem Westquerbau, der etwas über die Breite des Langhauses vortritt und an der Westseite als einzige Öffnung das charakteristische spitzbogige Portal mit dem abgetreppten Gewände zeigt. Wenn der polygonale Chorschluß auf den Gründungsbau zurückginge – sein Feldsteinmauerwerk ist an allen Bauteilen noch erhalten –, würde das eine beachtliche neue Form im Feldsteinkirchenbau darstellen. Andernfalls sind spätere Veränderungen eines ursprünglich gerade geschlossenen Chores vorauszusetzen, spätestens beim Um- bzw. Neubau nach dem Stadtbrand von 1756. Damals erhielt die Kirche ihr heutiges Gepräge mit den hohen korbbogigen Fenstern am Langhaus und den rechteckigen Fenstern am Chor, mit der reichen Putz- und Stuckgliederung und dem quadratischen Turmaufsatz über dem Westbau, der 1858 nochmals erhöht wurde und seinen achtseitigen Helm bekam. Die Inneneinrichtung erfolgte mit zweigeschossigen Emporen an drei Seiten, im Chorpolygon fand ein Kanzelaltar in den kräftigen Formen des Berliner Spätbarocks Aufstellung. Eine Förderung von seiten des Königs, die Bereitstellung von Mitteln wie auch Künstlern und Handwerkern aus Berlin oder Potsdam erscheint nicht ausgeschlossen. 1767 soll der Bau fertig gewesen sein. 1940 wurde das Innere neu ausgemalt.

Brandenburg (Stadtkreis Brandenburg)

Ihren Ausgang nahm die ursprüngliche Hauptstadt der Mark, die Metropolis Marchiae, von einer durch die Flußarme der Havel natürlich geschützten Insel, auf der sich um 1170 eine königliche Burg, der Sitz des Reichskämmerers und der Bischofssitz befunden haben und auf der nach 1165 der Bau des Doms, die Cathedralis Ecclesia Beati Petri Apostoli in Brandenborgh, begonnen worden war. Es ist zu vermuten, daß dort schon weit früher eine slawische Burg gestanden hat, die wohl das Ziel für den Vorstoß war, den Karl der Große in das rechtselbische Gebiet gemacht hatte. 928 eroberte König Heinrich I. die Insel, und 948 legte sein Sohn Otto I. den Grund für den Sitz des von ihm gegründeten Bistums. Der Ort ging beim Slawenaufstand 983 verloren und kam erst 1150/57 wieder unter deutsche Herrschaft, als Albrecht der Bär, den man schon 1142 auf dem Frankfurter Reichstag Marchio Albertus Brandenburgensis genannt hatte, das Erbe des letzten Hevellerfürsten Pribislaw-Heinrich antrat. 1164 wird Brandenburg unter den Plätzen aufgeführt, an denen Stendaler Bürger Zollfreiheit genossen, und um 1170 scheint sich im Suburbium Brandenburg oder Parduin, wo bereits Pribislaw 1147 Prämonstratenser angesiedelt hatte und mit dem Bau der Gotthardkirche begonnen worden war, eine städtische Entwicklung angebahnt zu haben. Für Parduin finden sich neben der Benennung als Suburbium die Bezeichnungen villa forensis und civitas. 1216, spätestens aber 1241 tritt der Ort, der offenbar gleichzeitig auch Brandenburg genannt wurde, als vetus oder antiqua civitas, als Altstadt auf, und zwar im Gegensatz zur Neustadt, die schon 1196 als nova civitas Brandenborg begegnet. Zu Beginn des 13. Jh. waren zwei städtische Siedlungsbereiche von Brandenburg ausgebildet und mit Rechten versehen.

Die Altstadt hat sich, von einem regelmäßigen Siedlungskern um die Gotthardkirche ausgehend, mit aufgefächertem Dreistraßensystem nach Süden entwickelt. Für den Markt ergab sich erst in größerer Entfernung Platz zwischen einer Straßengabel. Das Dorf Luckenberg, zumindest seine Nikolaikirche, die doch wohl zu einem nicht unbedeutenden Markt gehört haben dürfte – die stattliche romanische Backsteinbasilika aus dem 12. Jh. ist erhalten –, blieb außerhalb der Stadtgrenze. Pfarrkirche der Altstadt wurde die für das Prämonstratenserstift gegründete Gotthardkirche.

War die Altstadt allmählich gewachsen, so war die Neustadt eine planmäßige Gründung der Markgrafen auf dem Südufer der Havel, das zu ihrem Eigengut, der Zauche, gehörte. Den Grundriß bestimmt ein Straßenkreuz. Die von Westen kommende Achse trifft die Süd-Nord-Achse dort, wo sich östlich an diese der langgestreckte, erst später mit mehreren Blöcken überbaute und ursprünglich bis fast an den Mühlendamm reichende Markt anschließt. Die übrigen Straßen ordnen sich, vom Steintor im Westen strahlenförmig ausgehend, sonst gitterförmig, dem Hauptachsensystem ein. Im nordwestlichen Winkel der Hauptstraßenkreuzung, in Diagonalstellung

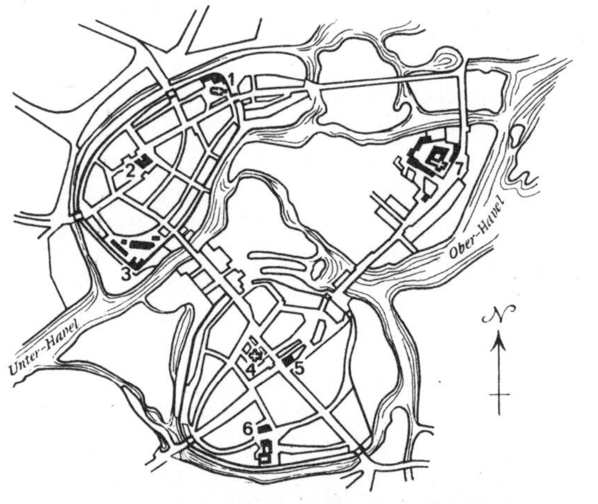

1 St. Gotthard 2 Altstädter Rathaus 3 Ehemaliges Franziskanerkloster St. Johannes 4 St. Katharinen 5 Neustädter Rathaus 6 Ehemaliges Dominikanerkloster St. Paul 7 Dom

zum Markt, auf etwas erhöhtem Gelände, war die Pfarrkirche der Neustadt gegründet worden, als deren Titelheilige Katharina, Amalberga und Nikolaus überliefert sind. 1217 wird sie erstmals erwähnt.

Vom Gründungsbau der *Katharinenkirche* aus der Zeit um 1200 sind nur geringfügige Anhaltspunkte vorhanden, Feldsteinreste eines Turmbaues, der 1582 eingestürzt und durch den jetzigen ersetzt worden ist, den Johann Baptist Sala, ein aus Mailand stammender Gehilfe des Grafen Lynar, 1585 gebaut und Balthasar Richter, Ratszimmermeister in Leipzig, 1592 mit der Renaissancehaube versehen hat. Der Erstbau müßte ein Feldsteinsaal mit breiterem Westquerbau gewesen sein, ein Kirchentyp, wie er in der zweiten Hälfte des 12. Jh. östlich von Magdeburg mehrfach gebaut wurde. Ende des 14. Jh. wurde er abgerissen (1395), und an seine Stelle trat der großartige Bau des Heinrich Brunsberg aus Stettin. Die Inschrift auf einer Tonplatte neben dem Portal der Nordkapelle nennt den Meister und das Datum 1401. Begonnen wurde die dreischiffige, im ganzen siebenjochige

Hallenkirche zunächst ohne den polygonalen Umgangschor. Nach fünf Jochen bereits schloß man den Bau im Osten gerade, der Giebel mit Blenden über der Abschlußwand ist unter dem Dach des später (um 1430/40) angefügten Chores noch vollständig erhalten. Doch scheint für Langhaus und Chor ein einheitlicher Bauplan vorgelegen zu haben und der (zeitweilige) gerade Ostschluß

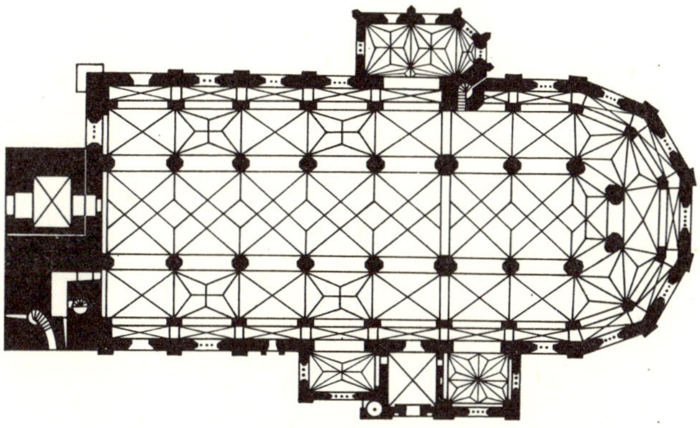

eine durch äußere Umstände bedingte Planänderung gewesen zu sein. Jedenfalls ist die Architekturkomposition der mit Umgangspolygon vollendeten Kirche aus einem Guß. Die Brunsbergsche Art, Strebepfeiler nach innen zu nehmen, sie laufgangartig zu durchbrechen und mit schmalen Gewölbebaldachinen zu verbinden, ist an Chor und Langhaus gleichermaßen durchgeführt. Am Außenbau bleiben Lisenenbänder, die mit Stabprofilen und Figurennischen (Figuren von 1864/65) unter Maßwerkbaldachinen höchst dekorativ belebt sind. Ein Maßwerkfries unterhalb des sich um die Lisenen verkröpfenden Dachgesimses schließt die flächige, beinahe wie eine Säulenordnung wirkende Wandgliederung gebälkartig ab. Der Schichtenwechsel aus roten und grünglasierten Ziegeln wirkt wie Inkrustation. Heinrich Brunsberg hat seinen Dekorationsstil an den Kapellen voll entfaltet, der Fronleichnams- oder Marienkapelle an der Nordseite und der Schöppenkapelle an der Südseite. Die Flächen der Sockelwände um die Portale sind von einem Filigran aus aneinandergereihten Vierpässen überzogen, und die freistehenden Wimpergreihen der Giebel mit zahlreichen Rosetten bieten fein gesponnene Maßwerknetze dem Auge des Betrachters dar, der die Einzelheiten nicht wahrnimmt, sondern nur das flimmernde Spiel dekorativer Formen auf der Schauwand.

Im Inneren tragen Achteckpfeiler mit Eckdiensten die Gewölbe, Kreuzrippen- und Sterngewölbe in den Seitenschiffen, ein Parallelrippengewölbe böhmischer Prägung im Mittelschiff. Interessant und eigenwillig sind die Gewölbefigurationen im Chor, die die fünfseitige Brechung des Umgangs räumlich aufheben. Die mit der Wölbart erzielte Raumeinheit ist der Einrichtung des Langhauses zum Predigtsaal mit umlaufender Empore um 1730 mehr entgegengekommen als in anderen Hallenkirchen. Die geschwungenen Emporenbrüstungen, die in der Mitte aufgestellte Kanzel von 1668 mit einem Altartisch davor und der hochgetürmte Orgelprospekt (1726 vermutlich von Johann Georg Glume) über der Westempore tun ein übriges, um das Innere der Katharinenkirche als barokken Quersaal erscheinen zu lassen. Bei der Restaurierung 1910/12 ist dieser Charakter zum Glück bewahrt worden und nicht einer gotisierenden Bereinigung gewichen, die ja durch die Auffindung von Wand- und Gewölbemalereien aus der spätgotischen Bauzeit hätte ausgelöst werden können.

Mittelalterliche Ausstattungsstücke sind im Chor erhalten. Der große vierflügelige Schnitzaltar »Anno 1474 per Gerard Weger« geschaffen, zeigt im Schrein die Madonna zwischen Heiligenfiguren und in den Flügeln geschnitzte Szenen aus der Kindheitsgeschichte Jesu; auf den gemalten Außenflügeln sind die Legenden der Schutzheiligen Katharina und Amalberga dargestellt. Im ganzen wirken die Figuren und Gemälde etwas steif und unbeholfen, doch sind die genrehaften Szenen der Katharinenlegende in der Predella recht reizvoll. In der Schöppenkapelle steht jetzt der Hedwigsaltar. Die Gemälde der Hedwigslegende auf den Flügeln und die Figuren im Schrein, Hedwig zwischen Georg und Rochus, gehören dem ausgehenden 15. Jahrhundert an. Im nördlichen Chorumgang ist ein Sandsteinretabel mit der Madonna und vier Heiligen im »Weichen Stil« der Zeit um 1430 bemerkenswert. »Meister tyterich molner von Erphort hat gegossen desse toufe« steht am Fuß der Bronzefünte in der Nordkapelle. Die Inschrift unter der Reihe vollplastischer Figuren, die in einer Blendarkatur das achtseitige Becken umstehen, nennt das Entstehungsjahr 1440. Den Deckel bildet ein durchbrochener Baldachin, in dessen Stabwerk eine Madonna im Strahlenkranz erscheint. Er ist eigentlich das Modell eines gotischen Turmaufsatzes mit hohem krabbenbesetztem Dachhelm; auf der krönenden Fiale ein Pelikan als Symbolhinweis auf das Blutopfer Christi, dessen Heilskraft der Getaufte teilhaftig wird.

Der Reichtum an Epitaphien, Grabdenkmälern und Grabsteinen kann hier nur festgestellt werden. Ihre Bedeutung für die Stadtgeschichte hatte zu Beginn des 18. Jh. schon Alphonse des Vignolles erkannt, als er 1704 eine Sammlung der Grabinschriften anlegte. Das Manuskript ist unter dem Titel »Inscriptions de l'Eglise de Ste-Catharine« in der Deutschen Staatsbibliothek Berlin erhalten.

Von der Gründungsgeschichte der *Gotthardkirche* in der Altstadt Brandenburg ist schon die Rede gewesen vgl. S. 15). Vom Baukonzept der ursprünglichen Stiftskirche rührt der zweitürmig angelegte Westbau aus Feldsteinquadern her, mit rundbogigem Portal und großem Rundfenster darüber. Weitergebaut wurde später nur ein Mittelturm, der 1767 seinen Aufsatz mit Laterne erhielt (rekonstruiert). Sonst ist St. Gotthard vom Typ her wie St. Katharinen eine dreischiffige Backsteinhalle von sieben Jochen mit Umgang, der sich fünfseitig um den dreiseitigen Binnenchorschluß legt. Aber der 1456 mit der Anlage der Chorpfeiler durch Heinrich Reinstorp angefangene und um 1475/80 vollendete Bau stellt gegenüber dem Brunsbergbau etwas völlig anderes dar. Rundpfeiler mit spiralig gedrehten Diensten tragen kräftig gegliederte Arkaden mit Schildwänden, zwischen die hochgebuste Kreuzrippengewölbe gespannt sind; die Scheitelhöhen in den Seitenschiffen liegen bei gleichhohem Rippenansatz beträchtlich tiefer als im Mittelschiff. Die Wände sind ungegliedert, die Strebepfeiler stehen konventionell außen, und lediglich an den Polygonseiten des Umganges sind Kapellennischen zwischen sie gestellt, die aber nur die Höhe der Wandsockelzone haben. Es ist das Schema des Chores der Berliner Nikolaikirche, allerdings wesentlich vereinfacht und hier mehr einem altmärkischen Vorbild folgend, wie denn auch die Formen im einzelnen und die Altertümlichkeit im ganzen auf die Altmark weisen. Das Rippenmuster der Gewölbe im mittleren Kapellenanbau an der Südseite könnte das Vorbild namhaft machen: es gleicht dem in der um 1470 entstandenen Taufkapelle an der Marienkirche in Stendal.

Von der mittelalterlichen Ausstattung haben sich in der

Gotthardkirche einige wertvolle Stücke erhalten. Bedeutend ist die Bronzefünte mit spätromanischem Blattrankendekor an der von vier Figuren (Evangelisten?) getragenen Kuppa des kelchartigen Gerätes. Der Renaissancebaldachin als Deckelaufbau ist 1623 gearbeitet worden. Bemerkenswert ist auch, weil in märkischen Kirchen selten erhalten, die spätgotische Triumphkreuzgruppe. Der Gobelin mit der Darstellung der Einhornjagd wird als niedersächsische Arbeit angesprochen und soll als Altarbehang von der Liebfrauengilde 1463 gestiftet worden sein. Von der reichen Ausstattung aus nachreformatorischer Zeit muß die Kanzel, 1623 von Georg Zimmermann, an erster Stelle genannt werden, ein äußerst bedeutsames Sandsteinwerk mit Figuren und Reliefs an der Brüstung von Treppe und Korb; letzterer ruht auf einer hervorragend gearbeiteten bärtigen Gestalt, die in ein aufgeschlagenes Buch blickt und sich auf einen Stab stützt. Das Werk soll in Nürnberg entstanden sein, trägt aber durchaus Züge der Magdeburger Plastik des frühen 17. Jh. Die Tuchmacher der Altstadt Brandenburg haben die Kanzel gestiftet, sie wollten mit dem kostbaren Werk ihr Andenken verewigt wissen und haben zu diesem Zweck ihre Konterfeis, Namen und Hausmarken auf einer Tafel am Kanzelpfeiler anbringen lassen.

Das Altarretabel, Gemälde mit Szenen aus dem Leben Jesu, ist 1559/61 von Wilhelm Gulden aus Leipzig geschaffen worden, ein gutes Werk der Reformationskunst wie auch die Epitaphien für die Bürgermeister Hans Trebow (1549), Thomas Matthias (1549) und Joachim Damstorff mit seiner Frau Anna During (1559) sowie der Schmerzensmann im Epitaph für Andreas und Anna Hartwich (um 1560, wiederverwendet 1736), die als Werke des sonst in Berlin tätigen Hans Schenk-Scheutzlich aus Schneeberg in Sachsen gelten. Die Epitaphien und Grabdenkmäler stehen an stadtgeschichtlicher Aussagekraft denen in St. Katharinen nicht nach. Auf dem des Pastors Paul Weitzke (1585) findet sich ein Bild vom Innenraum der Gotthardkirche, der sich damals nach der Reformation in auf Schwarz (Dienste und Rippen) und Weiß (Wandflächen) gestellter Ausmalung zeigte. Ludwig Dihm hatte bei seiner Restaurierung in den Jahren 1904/06 dem Raum eine »mittelalterliche« Farbfassung gegeben, die nun bei einer durch den Orgelbrand 1975 notwendig gewordenen erneuten Restaurierung einer Fassung weichen wird, die auf völlig neuen Erkenntnissen von der Farbigkeit des Kirchenraumes aus dem 15. Jh. beruht.

Abb. S. 55–59

Brück (Zauch-Belzig, Kreis Belzig)

Die Stadt ist als Suburbium einer herzoglich-sächsischen Burg in Form eines Angerdorfes entstanden, erhielt zwischen 1360 und 1373 ihr Recht, blieb aber immer unbefestigt. Auf dem Anger, der durch nachträgliche Bebauung zwei Parallelstraßen mit ausgespartem Markt bildet, steht die *Stadtkirche St. Lambertus,* die im Kern eine spätgotische Anlage zu sein scheint, einschiffig mit dreiseitigem Chorschluß, Strebepfeilern und symmetrischen Anbauten im Norden und Süden, die eine Kreuzform erzeugen. 1776 wurde die Kirche umgebaut und innen neu eingerichtet mit umlaufenden Emporen, Logen und Gestühl, Kanzelaltar und Sandsteintaufe in den Formen des friederizianischen Rokokos oder Spätbarocks, zu denen sich bereits Zopf- und frühklassizistische Elemente gesellen. Der gut gegliederte Westturm entstand 1842.

Brüssow (Uckermark/Prenzlau, Kreis Pasewalk)

Bei einer pommerschen Grenzburg mit einer älteren Siedlung »Alt Barsow« entstand – doch wohl erst nach dem Erwerb der Uckermark durch die Askanier – an einer Wegegabelung mit Markt eine Stadt im Sinn einer befestigten Grenzsiedlung (vgl. Fürstenwerder), die 1259 Magdeburger Recht über Prenzlau erhielt. Die Stadtmauer mit Weichhäusern verlief ringförmig und hatte drei Straßentore. Die *Stadtkirche St. Sophia* liegt neben dem Markt. Sie folgt dem Typ des rechteckigen Feldsteinsaales mit gleichbreitem Westriegel, wie er für Stadtgründungen dieser Größenordnung gebräuchlich war. In der ursprünglichen Gestaltung ist der Ostgiebel erhalten: über der spitzbogigen Dreifenstergruppe backsteingerahmte rund- und kleeblattbogige Blenden in steigender Anordnung, ein mittleres Kreisfenster einschließend. Das überraschende Patrozinium der heiligen Sophia ist von der Kirche der Alt-Siedlung übernommen worden, ein seltenes Zeugnis von Kontinuität beim damaligen Wechsel der Landeshoheit.

Buckow (Lebus, Kreis Strausberg)

Buckow hat als Burgort Anfang des 13. Jh. eine Rolle gespielt. Unter dem Piastenherzog Heinrich I. von Schlesien war er zum Schutz gegen die von Westen auf das Land Lebus andrängenden Mächte der Wettiner, Askanier und des Magdeburger Erzbischofs angelegt worden. Nach der Besitzergreifung des Landes Lebus durch die Askanier verlor nach der Mitte des Jh. die Burg allmählich ihre Bedeutung.

Schon um 1239 wurde vermutlich von den Magdeburgern ein Kloster eingerichtet. Vorher bestand bereits eine unter der Piastenherrschaft gegründete deutsche Siedlung. Der Ausbau zum Marktort erfolgte nach 1253. Es gab bis ins 18. Jh. eine Befestigung aus Wall und Zaun sowie drei Tore. Die erhöht neben dem dreieckigen Markt gelegene *Stadtkirche* ist 1945 einschließlich der wertvollen Barockausstattung bis auf die Umfassungsmauern ausgebrannt. Das Äußere wurde 1950 der alten Form ähnlich wiederhergestellt und das Innere modern ausgebaut. Unter dem erhaltenen liturgischen Gerät befindet sich eine silbervergoldete Oblatenbüchse aus der Werkstatt des Goldschmiedes Daniel Männlich in Berlin (signiert D. M.), Anno 1681 von den Frauen von Flemming und von Pfuhl gestiftet.

Calau (Niederlausitz, Kreis Calau)

Im slawischen Kerngebiet nahe einem Kreuzungspunkt alter Handelswege (Cottbus – Luckau/Lübben – Dresden) gelegen, als Burgwardmittelpunkt schon im 10. Jh. vermutet, ist die Stadt im 13. Jh. (1279 civitas) entstanden. Eine in West-Ost-Richtung verlaufende Hauptstraße zwischen zwei Toren bildet die Achse der dann im Oval dazu gewachsenen Siedlungsanlage. Auf einer Erhebung in der Mitte liegt der große rechteckige Markt, und auf dessen westlicher Hälfte steht, erst durch eine nachträgliche Bebauung abgetrennt, die 1285 bereits bezeugte *Stadtkirche* (an der Nordseite sind vereinzelte Reste eines Vorgängerbaues auszumachen), heute aber eine spätgotische dreischiffige Hallenkirche des 15. Jh. mit einem Chorumgang, der voll ausgebildet und nicht, wie sonst bei der »Lausitzer Gruppe«, nur rudimentär erkennbar ist. Es ist ein Binnenpolygon von drei Seiten vorhanden, das von einem Außenpolygon mit fünf Seiten umgeben ist; auffallend allerdings die sehr enge Stellung der Chorscheitelpfeiler mit steil spitzbogiger Arkade. Die Halle hat fünf Joche, die beiden westlichen sind durch Gurtbögen von den östlichen getrennt. Diese Scheidung ist bei vielen gleichzeitigen Hallenbauten in der Lausitz zu beobachten, hat hier aber nachweisbar eine baugeschichtliche Ursache: an gleicher Stelle sind außen Strebepfeiler schräg gestellt, markieren also einen ursprünglichen Abschluß nach Westen. Die beiden anschließenden Joche und der Turm scheinen später angefügt. Die Gewölbe zeigten Netz- und Sternmuster im Mittelschiff und Kreuzrippen in den Seitenschiffen, sie sind 1945 zerstört und nur im Westteil der Kirche wiederhergestellt worden; der Ostteil besitzt seitdem flache hölzerne Decken. Charakteristisch sind die Zwillingsblendnischen an den inneren Umgangswänden.

Der Westturm hat die für spätgotische Kirchtürme der Lausitz typische Blendgliederung in mehreren Geschossen zur höchsten Entfaltung gebracht. Hier sind bereits die Erdgeschoßwände mit großen Spitzbogenblenden versehen, es folgen schmale Korbbogen-, Schwalbenschwanz- und Kielbogenblenden in den Obergeschossen. Das abschließende Achteckgeschoß gilt trotz gotischer Formen als Ergebnis einer Baumaßnahme von 1669 (Erneuerung eines in dieser Form schon vorhandenen Bauteils?), der Spitzhelm ist 1962 anstelle der 1945 zusammen mit der ehemaligen Türmerwohnung zerstörten Barockhaube aufgebracht worden. Das kielbogige Westportal mit gekehltem Gewände, Krabbenbesatz und flankierenden Fialen ahmt ein Hausteinvorbild in gebranntem Ton nach, in technischer wie in formaler Hinsicht eine bemerkenswerte Leistung, vielleicht als Ausweis der in der Gegend hochentwickelten Ziegelfabrikation zu werten. Im ganzen ist die Baugeschichte zeitlich kaum fixiert. Der Baubeginn des Hallenumgangs mag noch im 14. Jh. liegen, die westlichen Joche werden aufgrund ihres Netzrippenmusters nach 1469 datiert, und der Turm erscheint in der Tat vor Ende des 15. Jh. nicht möglich, so daß sich als wesentliche Bauzeit das 15. Jh. ergibt. Die Beschädigungen, die die Kirche 1945 erlitt, waren groß, die Ausstattung wurde gänzlich zerstört. Seit 1949 erfolgte der Wiederaufbau, der das Bauwerk sowohl in seiner äußeren Gestalt für das Stadtbild wiedergewonnen als auch den Innenraum in seiner ursprünglichen Wirkung weitgehend bewahrt hat.

Cottbus (Niederlausitz, Stadtkreis Cottbus)

Am Westufer der Spree, auf einer künstlich erhöhten Sandinsel bei einem alten Flußübergang, lag eine slawische Befestigung, aus der wahrscheinlich schon im 10. Jh. ein deutscher Burgwardmittelpunkt entstand. Als Sitz eines kaiserlich eingesetzten Burggrafen Heinrich über die Lausitz wird Cottbus 1156 erstmals erwähnt, wenig später ist es mit Markt und Kirche in suburbialer Lage bezeugt. Nach 1200 kam es zur allmählichen Erweiterung nach Westen (Neumarkt), Norden (um 1290 Niederlassung der Franziskaner am Stadtrand) und Süden (Katharinen- bzw. »Schloßkirche«) und zur schließlichen Gesamtummauerung aller Viertel mit den Anlagen des Luckauer, Spremberger und Sandower Tores. Die Burggrafen wurden zu Herren von Cottbus, die ihre Herrschaft – etwa der Größe des späteren Kreisgebietes entsprechend – 1445 und 1455 an die hohenzollernschen Kurfürsten von Brandenburg verkauften. Diese behaupteten das Gebiet gegen böhmische Ansprüche, und seit dem Gubener Frieden von 1462 blieben Cottbus und Peitz – mit kurzer Unterbrechung in der napoleonischen Zeit 1806 bis 1815 – bei Brandenburg-Preußen.

Die *Stadtkirche St. Nikolai* wird landläufig *Oberkirche* genannt. Ihr Patrozinium weist auf frühe Gründung. Von einer älteren bereits aus Backsteinen errichteten und nach Aussage des Baubefundes turmlosen Kirche (13. Jh.?) sind Reste in der jetzigen Westwand enthalten. Der stehende Westturm, im Grundriß rechteckig, ist dem Erstbau im früheren 15. Jh. hinzugefügt worden und steht zum jetzigen Langhaus aus der Achse nach Norden verschoben. Über ungegliedertem Erdgeschoß zeigt er die für die Lausitz charakteristisch werdenden Blendenreihen an den vier Obergeschossen, von denen das dritte seitlich zurückspringt und das Glockengeschoß mit abgeschrägten Ecken zum jüngeren achteckigen Aufsatz mit der ehemaligen Türmerwohnung überleitet (der 1685 aufgebrachte Helm wurde 1945 zerstört). Mit dem Neubau des langgestreckten dreischiffigen Hallenbaus von acht Jochen soll nach dem Stadtbrand von 1468 begonnen worden sein. Er erfolgte in zwei deutlich voneinander abgesetzten Abschnitten von Ost nach West (Grenze zwischen dem 4. und 5. Joch von Osten). Im Gegensatz zu anderen Hallenkirchen des 15. Jh. mit polygonalem Ostschluß in der Niederlausitz ist hier ein Chorumgang ohne jede Reduktion ausgeführt worden. Einmalig unter den lausitzischen und märkischen Hallenkirchen – nur von der Stadtkirche in Lieberose ist ähnliches bekannt – ist die starke Überhöhung des Mittelschiffes, die im Inneren durch die spitzbogigen Entlastungsblenden in der Hochwand den Anschein eines basilikalen Aufbaues erweckt und außen den auffälligen Sprung zwischen Seitenschiffsdächern und Mittelschiffsdach verursacht. Möglicherweise handelt es sich um eine Planänderung während des Bauablaufs vor der Einwölbung. Die Annahme, daß nur diese nach 1468 ausgeführt, der übrige Bau aber schon der ersten Hälfte des 15. Jh. angehört, liegt bei einem Vergleich mit Luckau nahe.

Von besonderem Reichtum und eine Zierde des Bauwerks ist die Vielfalt der Stern- und Netzrippenfigurationen der Gewölbe, von denen einige 1945 mitsamt den zugehörigen achteckigen Schiffspfeilern eingestürzt sind, bis 1960 aber wieder aufgebaut werden konnten. Bei den Wiederherstellungsarbeiten im Inneren wurden Gewölbe- und Wandmalereien entdeckt und freigelegt. Das äußere Erscheinungsbild der Kirche ist durch Anbauten, sämtlich auch aus dem 15. Jh., bereichert, an der Südseite eine zweijochige Kapelle mit selbständigem Satteldach zwischen zwei Ziergiebeln und davor eine polygonale Eingangshalle, die mit einem gemauerten und verputzten Pyramidenhelm gedeckt ist. Die gleiche originelle Dachform findet sich über der mit fünf Seiten eines Achtecks an der Nordseite vortretenden Kapelle. Vor der Restaurierung im Jahre 1911 gaben sich diese Anbauten schlichter. Beim Brand 1945 gingen die Reste der Renaissanceausstattung wie auch die 1890/91 eingebrachte neugotische Einrichtung fast vollständig verloren. Erhalten blieb der Altar, den Andreas Schultze aus Torgau 1664 vollendet haben soll. Dem Bildhauer könnte als Vorbild der Altar in der Stadtkirche Strehla an der Elbe gedient haben, zumindest gleichen sich die ikonographischen Programme und damit die Bildverteilung in dem architektonischen Aufbau aus Sandstein und Alabaster. Aber die Proportionen sind in Cottbus steil und gestreckt, der Vertikalen des Aufstellungsortes vor den Chorscheitelarkaden angepaßt, und das Ornament ist weicher, »knorpeliger«, stilistisch fortgeschrittener als an dem im frühen 17. Jh. entstandenen

Strehlaer Werk. Der Cottbuser Altar ist von dem einheimischen Meister Martin Heber »ausgeputzt«, d. h. bemalt worden. Diese Fassung, die seit 1854 unter einem einfarbigen Anstrich verborgen war, konnte freigelegt und restauriert werden. Die vielfigurigen Reliefszenen und vollplastischen Figuren stellen das apostolische Glaubensbekenntnis und die liturgische Feier des Abendmahls dar, an der die Gemeinde am Altar teilnimmt. Ferner finden sich in der Kirche noch zahlreiche Grabdenkmäler und Epitaphien und inmitten des Kapellenpolygons an der Nordseite eine vergoldete Taufe des 16. Jh. aus der Lichtenburg bei Prettin. Die barocke Kanzel stammt aus der ehem. Franziskanerkirche in Frankfurt an der Oder.

Abb. S. 60–61

Dahme (Jüterbog-Luckenwalde, Kreis Luckau)

Auf ihrem Vorstoß entlang des Flämings hatten die Magdeburger Erzbischöfe ihr Land Jüterbog 1185 im Osten um den slawischen Burgort Dahme erweitern können. Magdeburger Lehnsleute sind seit 1193 dort nachweisbar. Erst 1635 fiel Dahme an Sachsen und ging 1815 an Brandenburg-Preußen über. Aus einem dörflichen Suburbium wurde 1265 schon eine Stadt mit einem langgestreckten Straßensystem in Rippenform. Sie besaß eine Mauerbefestigung und zwei Tore. Eine Nikolaikirche – dann wohl die ältere Markt- und Kaufmannskirche – soll an der Stelle des 1894 in Neurenaissanceformen errichteten Rathauses gestanden haben. Die *Stadtkirche St. Marien* liegt abseits vom Markt nahe dem Stadtschloß. Von einem mittelalterlichen Feldsteinbau sind Reste mit frühgotischen Details (Portal, Fenster) vor allem im Ostteil erhalten. Sollte auch der querrechteckige Unterbau des Westturmes auf den Erstbau zurückgehen, dann müßte es sich um eine sehr langgestreckte Anlage, fraglich, ob mehr- oder einschiffig (vermauerte Arkaden an der Südseite?), auf jeden Fall mit einschiffigem rechteckigem Chor gehandelt haben. Zerstörungen durch Brand und nachfolgende bauliche Veränderungen sind angezeigt für die Jahre 1441, 1666 und 1774. Abbruchspuren an der Nordwand weisen auf eine 1512 errichtete Annenkapelle hin. Entscheidend für die jetzige Gestalt war die Erweiterung um einen südlichen Querarm, die dem Innenraum barocken Zentralcharakter auf T-förmigem Grundriß verliehen hat. Dem Erweiterungsteil, in den die Langhausemporen hufeisenförmig einbuchten, steht die Spätrenaissance-Kanzel gegenüber. An den Emporen findet sich das Datum 1678, doch dürften einige Teile älter sein, auch die verglasten Stuben und Logen im Chor. Im Mittelfeld des Altaraufbaus, ebenfalls eine Stiftung aus dem Jahre 1678, findet sich, eingefaßt von laubumrankten Säulen, die gemalte Darstellung der Stadt Jerusalem; dem Gemälde sind die – im Stil spätmittelalterlichen – Reliefffiguren einer Kreuzigungsgruppe aufgelegt. Der Taufstein hat die Form einer Balustervase. Der reizvolle Charakter der Inneneinrichtung wird noch verstärkt durch drei sehr schöne Kronleuchter, von denen einer die Jahreszahl 1682 trägt. Im übrigen ist die malerische Wirkung von Raum und Ausstattung wohl erst durch die Restaurierung um 1905 hervorgerufen worden, die das Ganze im Sinn einer ländlichen Handwerklichkeit stilisiert und vereinheitlicht hat. Bezeichnend dafür ist der »zopfige« Orgelprospekt, den die »Kaufmannswittwe Wilhelm Matz geborene Schulz« 1906 stiftete. Den Raum deckt ein hohes hölzernes und verputztes Muldengewölbe, in das die Lichtöffnungen der Gaupen des Mansarddaches einschneiden. Originell ist die auf Kugeln ruhende Spitze, die die gedrückte Schweifhaube und die Laterne des Turmes abschließt. Für den Turmbau und seine Erneuerungen sind die Daten 1697/98, 1767 und 1801 überliefert; der heute kupferne Helm war ursprünglich mit Schiefer gedeckt. Die Kirche ist umgeben von einer parkähnlichen Anlage des ehemaligen Friedhofs (Tor 1913); auf der Wiese stehen noch vereinzelt Grabmäler des 18. Jh. in Form von Sarkophagen und urnenbekrönten Säulen.

Abb. S. 62

Doberlug-Kirchhain (Niederlausitz/Luckau, Kreis Finsterwalde)

In der Nachbarschaft des 1165 in den Niederungen der Kleinen Elster gegründeten, aber erst später bleibend mit Zisterziensermönchen aus Volkenrode bei Mühlhausen/Thüringen besetzten Klosters Dobrilugk entstand das Klosterdorf Kirchhain, das schon im 13. Jh. Marktrecht erhielt und sich im 14. und 15. Jh. zur Stadt entwickelte. Die ursprüngliche Angeranlage ist im heutigen Stadtgefüge nur noch schwer auszumachen. Der Kirchhof liegt abseits vom Markt. Die *Stadtkirche* hat als Rest eines romanischen Backsteinbaus vom Ende des 12. Jh. den Unterbau eines querrechteckigen Westturms bewahrt, der gotisch erhöht wurde und angeblich im 18. Jh. (Wetterfahne 1737) die jetzt aber neueren Doppelspitzen erhalten hat. Das Schiff der ersten Kirche ist im 14. Jh. einer basilikal geplanten, dann zur Stufenhalle ausgebauten und später (18. Jh.?) wieder teilweise auf die basilikale Form zurückgebrachten Anlage gewichen. Der einschiffige polygonal geschlossene Chor besitzt Zellengewölbe des 16. Jh., das südliche Seitenschiff eine flache Holzdecke. Das Mittelschiff und das nördliche Seitenschiff verfügen über hölzerne Tonnenwölbungen des 18. Jh., die mit biblischen Szenen und einem Wolkenhimmel bemalt sind. Aus der Mitte des 18. Jh. stammt auch die Ausstattung mit dem Altaraufbau (inschriftlich 1743 von den Tischlermeistern Schneider und Löwe), mit der Kanzel, der Taufe und den (erneuerten) Emporen; die ältere Loge an der Nordseite wurde gleichzeitig ergänzt.

Abb. S. 63

Eberswalde (Oberbarnim, Kreis Eberswalde)

Der Ort hat offenbar im Zuge der askanischen Bemühungen, in die pommersche Uckermark vorzustoßen, besondere strategische Bedeutung gehabt. Wie im ostwärts gelegenen Oderberg ist Anfang des 13. Jh. eine Burg angelegt worden. Durch den relativ schnellen Gewinn der Uckermark (1230 und 1250) scheint der Burgort dann weniger wichtig geworden zu sein; die beiden Siedlungen, das mehr handwerklich-kaufmännisch orientierte Suburbium Ebersberg und das Fischer- und Ackerbaudorf Jakobsdorf, von Lokatoren namens Eberhard und Jakob angelegt, finden wir erst 1300 in einer urkundlichen Grenzbestimmung des Weichbildes zur Civitas vereinigt. Man vermutet die Stadtrechtsverleihung unter Albrecht III., der Eberswalde wohl als residenzartigen Hauptort des ihm 1284 zugefallenen Anteils an dem seit 1258 geteilten askanischen Land betrachtet und gefördert hat.

Man vermutet weiter, daß erst mit der Erhebung zur Stadt der aufwendige basilikale Backsteinbau in Angriff genommen worden sei, der den Kern der heutigen *Stadtkirche St. Maria Magdalena* bildet. Daß ihre Baugestalt für eine städtische Pfarrkirche gedacht war, ist zweifelhaft. Die erhaltenen Reste eines Baues mit einem als spätromanisch anzusprechenden Dekor an Kämpfern und Kapitellen der gegliederten Pfeiler – Blattwerk und Fabeltiere – weisen auf einen darüber hinausgehenden Zweck hin, nämlich auf den einer Stiftskirche, die für ein exemptes (vom Diözesanbischof unabhängiges und Rom direkt unterstelltes) Stiftsland bereits im ersten Viertel des 13. Jh. geplant war (vgl. S. 16). Zur Einrichtung des Stifts ist es nicht gekommen, der Kirchenbau aber war begonnen, möglicherweise auch teilweise vollendet (Weihe durch Bischof Rutger von Brandenburg zwischen 1241 und 1251), und erfreute sich weiterhin landesherrlicher Förderung. In diesem Sinne ist dann in der zweiten Jahrhunderthälfte der Um- oder Ausbau erfolgt mit einem hochgotisch gewölbten, in einem 7/12-Polygon endenden Chor und mit dem plastischen Schmuck in den Kapitellzonen der Langhausportale – am Nordportal ein Zyklus der Klugen und Törichten Jungfrauen, am Südportal ein symbolischer Fries, am Westportal biblische Szenen in verschiedenster Art – unter dem Einfluß einer »askanischen Bauhütte«, die an landesherrlichen Bauten in Brandenburg (Domkloster), im Zisterzienserkloster Chorin und in Berlin (Franziskaner-Klosterkirche) tätig war. Ganz besonders auffallend ist der westliche in das basilikale Langhaus einbezogene Turm, der eine mit unverschlossenem Spitzbogen geöffnete Vorhalle beherbergt. Mögliche Bauvorgänge, die durch die 1317 erfolgte Er-

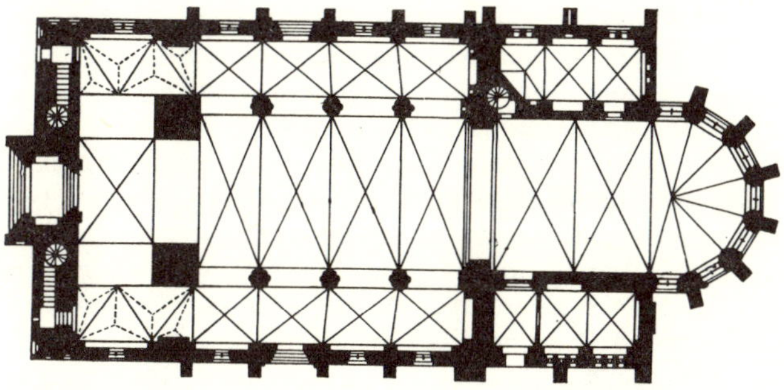

hebung zur Mutterkirche der vorher als Tochter von Hegermühle geltenden Stadtkirche ausgelöst worden sein mögen (Chorseitenkapellen?), können für den Bau gegenüber den askanischen Repräsentationsinteressen im 13. Jahrhundert nur geringe Bedeutung gehabt haben. Auf eine askanische Stiftung (Johann II., vor 1281?) geht auch die Bronzefünte, die Taufe in Form eines Kelches, zurück, die mit dem brandenburgischen Wappenzeichen, dem Adlerschild, zwanzigmal geschmückt ist.

Das heutige Erscheinungsbild der Eberswalder Stadtkirche ist jedoch durch die Überformung geprägt, die sie bei der großen Restaurierung in den Jahren 1874 bis 1876 erfahren hat. Schon 1844 und 1853 waren Pläne dafür vorgelegt worden, die aber vom damaligen Konservator der Kunstdenkmäler, dem Geheimen Rat Ferdinand von Quast, abgelehnt worden waren. Ebenso kam ein Projekt von Friedrich August Stüler in den sechziger Jahren nicht zustande, doch hat es den Anschein, als sei man bei der Ausführung den Stülerschen Vorstellungen weitgehend gefolgt. Sie lag in den Händen Hermann Blankensteins und des Oberbarnimer Kreisbaumeisters Düsterhaupt. Die wesentlichste Maßnahme war die Wiedergewinnung der basilikalen Gestalt, die im Laufe der Jahrhunderte durch nicht genau datierbare Bauvorgänge verlorengegangen war. Spätestens im 18. Jh. (1726), möglicherweise aber schon bedeutend früher (14. oder 16. Jh.), sind die Seitenschiffe erhöht und das Langhaus wie eine Hallenkirche unter ein einheitliches Dach gebracht worden. Vor der Restaurierung sollen die Seitenschiffe keine Gewölbe besessen haben; die hohen Arkaden zum Mittelschiff waren flachbogig geschlossen. Bei der Restaurierung wurden die vermauerten Obergadenfenster freigelegt. Die Seitenschiffe behielten ihre Höhe und bekamen deshalb flache Pultdächer mit der »alten Firstlinie«. Sie erhielten neugotische Kreuzrippengewölbe, und die Arkaden zum Mittelschiff wurden in hochgestelzte Spitzbögen verwandelt. Die zweigeschossige Anordnung der Seitenschiffsfenster weist auf die Empore hin, die das Langhaus umläuft. So war nicht die mittelalterliche Baugestalt, wie man behauptete, wieder geschaffen worden, sondern eine neugotische Kirche entstanden, die den basilikalen Emporenbauten des »Rundbogenstils« aus der Jahrhundertmitte ebenso verpflichtet ist wie den neugotischen Beispielen gleichen Typs, wie er in nächster Nähe durch die nach Stülers Entwurf 1853/55 errichtete Stadtkirche von Oderberg vertreten wird. Der Turmaufsatz schließlich hat Stülers dann verändert ausgeführten Entwurf für die Bartholomäuskirche in Berlin von 1846 zur Voraussetzung. Nicht auf den offenbar älteren Restaurierungsplan zurückgehend, sondern ganz der Baupraxis des doktrinären Historisten Blankenstein entsprechend sind die »Giebel nach Choriner Art«, die die Seitenschiffsfronten verblenden und über den Chorseitenkapellen ein Querschiff suggerieren.

Im Inneren wurde damals die barocke Ausstattung zugunsten einer neugotischen beseitigt. Nur Reste einer Renaissance-Emporenbrüstung wurden wieder verwendet, und das große Altarretabel von 1606 behielt seinen Platz; sein Bildprogramm hat Bezug zum Glaubensbekenntnis und zur protestantischen Lehre von Gesetz und Evangelium (der Mensch vor dem Gekreuzigten zwischen Moses und Johannes dem Täufer im Hauptfeld). Von der ursprünglich reich vorhandenen Wandmalerei ist ein Christophorusbild auf der nördlichen Chorempore erhalten geblieben. Es wurde im Zuge einer Erneuerung der Innenausmalung 1977 restauriert.

Abb. S. 64–67, 82

Eisenhüttenstadt – Fürstenberg an der Oder (Niederlausitz/Guben, Kreis Eisenhüttenstadt)

Die Stadt Fürstenberg am Rande des Odertals, wo auf einer vorspringenden Sandterrasse schon eine slawische Burg vermutet wird, war 1286 eine civitas mit Magdeburger Recht. Die Gründung dürfte im Zuge der Eroberung des Gebiets zwischen Spree und Oder durch die Markgrafen von Meißen nach der Mitte des 13. Jh. erfolgt sein. Im 14. Jh. war die Stadt im Besitz des benachbarten lausitzischen Zisterzienserklosters Neuzelle, 1370 kaufte sie Karl IV., der seine territorialpolitischen Pläne mit dem Ort aber nach 1373 zugunsten Frankfurts an der Oder aufgab. Im Südosten der Siedlung, erhöht über der Stadt und nahe dem Flußufer, steht die *Stadtkirche*, eine dreischiffige Backsteinhalle mit Chorumgang und einem quadratischen Westturm, den die charakteristische, hell verputzte Helmpyramide krönt, in der Oderlandschaft ein ausgesprochen reizvolles Architekturbild abgebend. So typisch die Bauform, so abweichend ist die Ausführung von der Norm. Einmalig ist in der Mark und in der Lausitz vor allem die Bildung des Umgangpolygons aus sechs Seiten und des Binnenchorschlusses aus vier Seiten, so daß im Polygonscheitel keine Arkade erscheint, sondern ein Pfeiler steht. Vergleichbar ist die gleiche Stellung des Pfeilers im Chorscheitel an der Stadtpfarrkirche in Gubin. Eigenartig sind auch die gedrückten Proportionen des Innenraumes mit den massigen Achteckpfeilern auf hohen, beinahe plumpen Sockeltrommeln; nur die Chorpfeiler sind schlanker und setzen diesen Raumteil ähnlich wie in Fürstenwalde vom Langhaus ab. Der rustikale Eindruck wird durch Unregelmäßigkeiten im Baugefüge noch verstärkt. Die Rippenfigurationen der beiden verlorenen Gewölbe im Mittelschiff erinnerten mit der Stern-Netz-Form an Mittenwalde und Bernau. Schließlich weist der Giebel über der nördlich angebauten zweigeschossigen Kapelle mit den Rechteckblenden Frankfurter und Fürstenwalder Motive auf, so daß man trotz der Eigenheiten von einem landschaftstypischen Bau sprechen kann, als dessen Erbauungszeit mit Recht das dritte Viertel des 15. Jh. angenommen worden ist (G. Schade). Für den Turm ist allerdings mit 1565 ein sehr spätes Erbauungsdatum überliefert. Bei den Kampfhandlungen wurde die Kirche 1945 bis auf die Umfassungsmauern zerstört. Bis 1963 war der Außenbau mit Turm und Hallendach wiederhergestellt, das Innere harrt noch der Fertigstellung.

Fehrbellin (Osthavelland, Kreis Neuruppin)

Das heute als *Stadtkirche* des Hauptortes im Ländchen Bellin geltende Gotteshaus wurde 1867, angeblich nach einem Entwurf des 1865 verstorbenen Friedrich August Stüler, für das erst 1928 eingemeindete Dorf Feldberg gebaut. Die Kirche steht auf der höchsten Stelle des von Ost nach West ansteigenden Dorfangers und nimmt den Platz eines älteren Kirchbaues des bereits 1238 nachweisbaren Ortes ein. Aus diesem ist das Grabdenkmal des 1553 (oder 1533?) verstorbenen Hans von Arnim in die neue Kirche übernommen worden. In etwas reicher angewendeten neugotischen Formen (Maßwerkfenster in fünf Achsen, Strebepfeiler, Staffelgiebel mit Blenden und Rosetten, drei Wimpergportale an der Westseite, Zierfriese und Gesimse) folgt der in gelben Backsteinen über einem Feldsteinsockel errichtete Bau dem bekannten Schema eines weiträumigen Saales (vgl. Niemegk), der durch ein eingestelltes Stützensystem in drei Schiffe unterteilt wird. Die Stützen tragen die Emporen der Seitenschiffe und über spitzbogigen Gurten die Bretterdecke mit einem »basilikal« gebrochenen Querschnitt. Nach Osten schließt ein rippengewölbtes Chorpolygon den Bau ab. Vor der Westseite steht der charakteristische schlanke Turm mit hoher achtseitiger gemauerter Dachpyramide. 1964 wurde die Kirche neu ausgemalt und die neugotische Einrichtung der Erbauungszeit reduziert. Altar, Kanzel und Taufe sind neu.

Finsterwalde (Niederlausitz/Luckau, Kreis Finsterwalde)

Bei einer Burg an der »Salzstraße« von Magdeburg nach Schlesien und an der »Niederstraße« von Torgau zur Oder wuchs schon im 13. Jh. eine kleine Marktsiedlung heran, die aber als Stadt erst im 16. Jh. an wirtschaftlicher Bedeutung gewann. Ein langgestreckter rechteckiger Markt nördlich des späteren, um 1554 ausgebauten Wasserschlosses und nahezu in dessen Achse bildet den Kern der symmetrisch zu ihm angelegten Straßengevierte. Am südlichen Ende steht die Stadtkirche, die *Dreifaltigkeitskirche* (im Mittelalter mit Marienpatrozinium). Sie wurde erst in den achtziger Jahren des 16. Jh. in der Form einer spätgotischen Halle erbaut, anstelle eines wohl zu klein gewordenen mittelalterlichen Gebäudes. Als Maurermeister wird Martin Piger aus Dresden genannt. Er hatte zuvor den Turm errichtet, ehe mit dem Abbruch der alten Kirche begonnen wurde. Die neue Kirche ist eigentlich eine Emporenhalle, im Raumcharakter den Schloßkapellen protestantischer Fürstenhöfe des 16. Jh. ähnlicher als den mittelalterlichen Hallenkirchen, mit sehr breitem Mittelschiff von drei Jochen und einem gleichbreiten Chor, der nach zwei Jochen dreiseitig schließt. Die Seitenschiffe sind schmal und nehmen, allerdings nicht in allen Jochen, massiv unterwölbte Emporen auf, die zwischen die quadratischen Pfeiler gespannt sind. Der ganze Raum wird von einem recht monotonen Netzrippengewölbe gedeckt, nur die Herrschaftsloge am nordöstlichen Langhausjoch besitzt ein Gewölbe mit reicherem Sternmuster. Das Äußere entbehrt der Strebepfeiler, mit Ausnahme des Chores und der Westecken des Langhauses, so daß sich die verputzten Wände als glatte Flächen darbieten, gegliedert nur durch die zweigeschossige Anordnung der Fenster, die unteren liegend flachbogig, die oberen spitzbogig mit manieristischen Maßwerkformen. Der achteckige Oberbau des Turmes mit seiner Schweifhaube steigt nur wenig über den First des einheitlichen Satteldaches auf.

Der Altar trägt einen Aufbau (datiert 1594) mit Gemälden: Vor der Darstellung Jerusalems auf dem Hauptfeld ist ein plastisches Kruzifix angebracht. Die Kanzel von Melchior Kuntze aus Meißen gehört zu den bemerkenswertesten Renaissancewerken aus Sachsen, in Sandstein und schwarzem Marmor gearbeitet, mit szenischen Reliefs am Korb, von einer Mosesstatue getragen. Sie ist eine Stiftung der grundherrlichen Familie von Dieskau, wie einer Marmortafel mit einer ausführlichen lateinischen Inschrift zu entnehmen ist; als Datum wird der 10. August 1615 genannt. Eine andere Inschrift an der Südwand der Kirche rühmt die Dieskaus nicht weniger und macht die Kirche zur Gedenkstätte der Herrschaft, deren Grabmäler und Epitaphien hier in großer Zahl aufgerichtet sind; Steinplatten mit Figuren bärtiger Männer in voller Rüstung und betender Frauen in der Tracht der Witwen, auch mit Mädchen in weißen Kleidern und Knaben im Schülerhabit. Auf dem Greditzschen Epitaph (1613) am Ostpfeiler der Südempore ist die ganze Familie kniend am Fuße einer Reliefdarstellung der Geburt Christi versammelt. Den wohlhabenderen Bürgern der kleinen Stadt war nur an der Außenwand der Kirche gestattet, ihre Gedenk- und Grabsteine aufzustellen, soweit und solange sie nicht auf dem umgebenden Friedhof Platz hatten. Auch waren für sie nur Inschriften mit rahmendem Ornament und emblematischem oder figürlich-symbolischem Beiwerk zulässig. Es ist immer wieder überraschend zu sehen, wie sich die Standesunterschiede in einer grundherrlichen Mediatstadt an der Kirche und ihrer Ausstattung widerspiegeln können.

Abb. S. 68, 100

Forst (Niederlausitz, Kreis Forst)

Eine slawische Siedlung wird auf dem Gebiet von Alt-Forst im Nordende der Stadt gesehen. Die deutsche Siedlung entstand abseits davon um die spätere *Stadtkirche St. Nikolai,* die die Mitte des quadratischen Marktplatzes innerhalb eines regelmäßig rechtwinklig angelegten Straßensystems – wohl aus der Mitte des 13. Jh. – einnimmt. Die Stadtgründung fällt noch in die Herrschaftszeit der Wettiner. Ab 1304 war Forst dann in brandenburgischer Hand, zunächst unter den Askaniern, dann unter den Wittelsbachern, bis es 1370 mit der gesamten Lausitz an Böhmen fiel. Als Gründungsdatum für die Stadtkirche wird 1265/1266 angegeben. Der gegenwärtige Bau ist aus einer spätgotischen Backsteinkirche hervorgegangen, für die Baudaten fehlen. Von einer Weihe durch den Bischof von Meißen ist Anfang des 15. Jh. die Rede, die Wölbung sei 1516 fertig gewesen, der Kreuzaltar ist 1465 belegt, weitere Altarstiftungen sind für 1487 bis 1502 überliefert. Alles deutet auf eine Errichtung der Kirche im späten 14. Jh. und zu Beginn des 15. Jh. hin, und zwar als dreischiffige

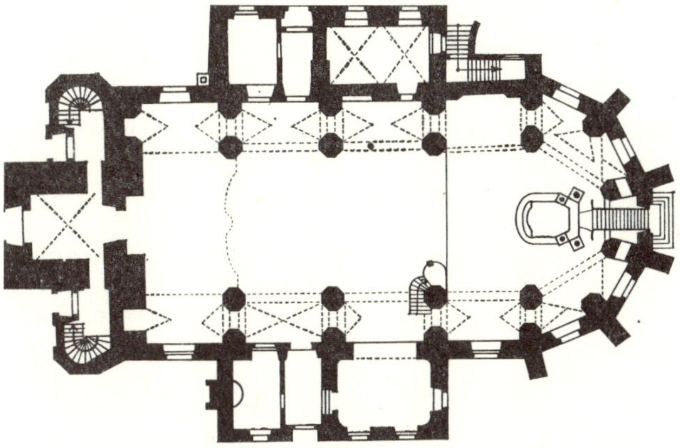

Hallenkirche von vier Jochen mit einem Umgangschor von drei zu fünf Seiten des Ostschlußpolygons. Der Umgang ist soweit reduziert, daß die Achteckpfeiler des Binnenchorscheitels sich mit den nach innen gezogenen Strebepfeilern der Umgangswände verbinden (Folge einer Verstellung der Pfeiler nach Einsturz 1686?). Die enge Stellung der Chorscheitelpfeiler erinnert an Calau, und die Umgangsreduktion weist auf die Spätformen in Senftenberg, Lübben und Spremberg hin.

Nach Beschädigung durch Brand 1686 und 1748 wurde die Kirche 1750/53 unter Verlust der Gewölbe in einen flachgedeckten Emporensaal verwandelt, mit einer zart gegliederten Putzverkleidung und mit einer doppelgeschossigen Anordnung von stich- und rundbogigen Fenstern versehen, ferner mit symmetrischen Anbauten an Schiff und Turm, der – angeblich 1750 erbaut – einen schlanken Aufsatz mit Haube und Laterne Dresdener Art erhielt; der sächsische Oberlandbaumeister Johann Christoph Knöffel hat den Um- und Neubau entscheidend mitgeprägt. Die Beschädigung bei Kriegsende 1945 vernichtete den Turmaufsatz wie auch die gesamte Innenausstattung der Barockzeit. 1950/54 wurde die Kirche wieder aufgebaut. Man verzichtete dabei auf zwei Emporenränge und behielt nur die untere Empore bei, die auf massiven Unterzügen ruht und wohl auf ein älteres Baukonzept vor 1750 zurückgeht.

Abb. S. 69

Frankfurt an der Oder (Lebus, Stadtkreis Frankfurt an der Oder)

Die zwei Kilometer lange Oderniederung, dort, wo die Hochflächen des Lebuser Landes im Westen und des ehemaligen Sternberger Landes im Osten dicht an den Fluß heranreichen und einen Übergang ermöglichten, war für die Anlage einer Kaufmannssiedlung sehr geeignet. Man vermutet ihre Anfänge vor dem Jahre 1226, in dem ihr, vermutlich durch Herzog Heinrich I. von Schlesien, bereits Markt- und Niederlagerecht verliehen worden ist. Als um die Mitte des 13. Jh. sich der Erfolg der Askanier und des Erzbischofs von Magdeburg bei der Eroberung des Landes Lebus abzeichnete, fiel dem Ort schnell eine größere Bedeutung als dem des bisherigen Herrschaftmittelpunkts Lebus zu. Markgraf Johann I. schritt denn auch 1253 bereits zu einer Neugründung der Stadt. Er beauftragte als Lokator Gottfried von Herzberg, im Anschluß an die schon bestehende Siedlung eine Erweiterung vorzunehmen. Sie erfolgte nach Süden und schloß eine Schwestersiedlung auf dem östlichen Oderufer ein. Nach sieben Freijahren trat das verbriefte Stadtrecht von Berlin, das dem Magdeburger Vorbild folgte, in Kraft. Es hatte die Zollrechte, Fischerei- und Jagdrechte, die Erlaubnis zum Brückenbau, die Regelung der Einnahmen aus dem Kaufhaus zusätzlich zum Inhalt. Um 1300 waren die alte und die neue Siedlung auf gestreckt rechteckigem Grundriß mit einer gemeinsamen Mauer befestigt. Das gitterförmige Straßennetz mit rechteckigen und quadratischen Häusergevierten ist von bestechender Regelmäßigkeit, auch im älteren nördlichen Teil, so daß eine Gesamtplanung der Stadtanlage nach 1253 zu vermuten ist. Im südlichen Teil sind zwei Gevierte für den neuen Markt und den Kirchplatz von der Bebauung frei gelassen worden. In der Mitte des Marktes ist noch in der zweiten Hälfte des 13. Jh. mit dem Bau des Rat- und Kaufhauses begonnen worden, das dann im 14. Jh. seine prächtigen Schaugiebel erhalten hat. Der neue Markt wurde nun zum Zentrum der Stadt, ihn umgaben die stattlichen Wohn- und Geschäftshäuser der reichen Bürger. Die ältere Siedlung trat in ihrer sozialen Stellung hinter dem neuen Stadtteil zurück; nicht zuletzt deswegen werden sich Bettelmönche vom Orden der Franziskaner dort, am Nordrand der Stadt nahe dem

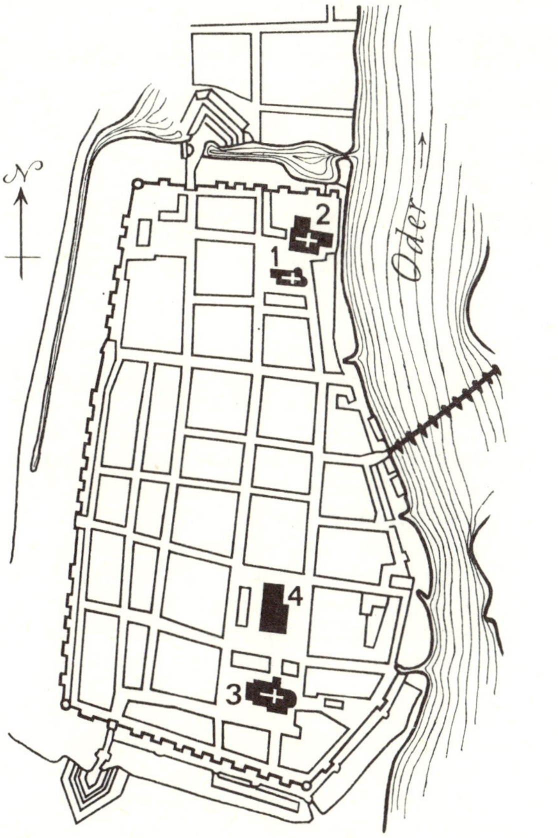

1 St. Nikolai 2 Ehemaliges Franziskanerkloster 3 St. Marien 4 Rathaus

Fluß, ihr Kloster mit der Kirche errichtet haben, die im frühen 16. Jh. aus einem schlichten älteren Bau zu einer weiträumigen spätgotischen Halle umgebaut worden ist und die heute, nach einer denkmalpflegerischen Wiederherstellung in den Jahren 1966 bis 1970, als Konzerthalle »Carl Philipp Emanuel Bach« dem kulturellen Leben der Bezirkshauptstadt dient.

Zu dem älteren Siedlungskern im nördlichen Teil der Frankfurter Altstadt gehörte – typisch für eine frühe Kaufmanns- und Marktsiedlung – die *Pfarrkirche St. Nikolai.* Sie ist die älteste Kirche Frankfurts und vermutlich schon geraume Zeit vor 1250 begonnen, ja vielleicht schon vollendet gewesen. Die von ihr erhaltenen romanischen Details bestehen aus Backstein. Wie der Bau aussah, zu dem sie gehörten, ist nicht bekannt. Ihre heutige Gestalt, eine dreischiffige, vierjochige Halle, der ein zweijochiger Chor mit Umgang angefügt und im Westen eine Zweiturmfront vorgestellt ist, hat die Nikolaikirche, die jetzt unter dem Namen Friedenskirche bekannt ist, im 14. Jh. (Langhaus), 15. Jh. (Chor) und 19. Jh. (Westtürme von Friedrich Adler 1891) erhalten, immer unter der Vorbildwirkung der *Stadtkirche St. Marien,* die im Erweiterungsstadtteil nach 1253 als groß angelegter dreischiffiger Hallenbau mit Querschiff und zwei stattlichen Westtürmen errichtet und zur Hauptpfarrkirche der Gesamtstadt wurde.

Über die historischen Hintergründe, die zur Baugestalt der Frankfurter Marienkirche im 13. Jh. geführt haben, die sich ja von den typisierten Formen in gleichzeitigen Stadtgründungen erheblich unterschied, ist schon gesprochen worden (vgl. S. 17). Nach der Mitte des 14. Jh.

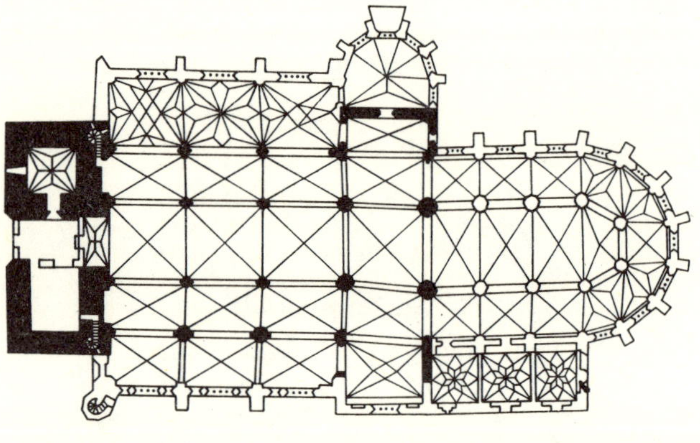

ist die dreischiffige, dreijochige Halle mit Querschiff und Westtürmen um den gestreckten (3 Joche), dreischiffigen Chor erweitert worden mit einem Umgang, der sich mit sieben Polygonseiten um den dreiseitigen Abschluß des Mittelschiffes legt. Er ist der erste Hallenumgangschor im norddeutschen Backsteingebiet und stellt eine sehr frühe Übernahme (Kreuzaltarweihe 1367) des in Süddeutschland ausgebildeten Bautyps dar. Wenig später, in den siebziger Jahren wurde an der Nordseite des Querschiffes aus dem 13. Jh. ein polygonaler Anbau errichtet, der eine besondere Bedeutung gehabt haben muß. Er hat Kapellencharakter, war aber auch Eingangshalle. Das Sandsteinportal an der Nordseite verfügt – sehr selten in der Mark – über Schmuck mit plastischen Figuren. Das Bildprogramm ist auf die Titelheilige der Kirche bezogen und weist auf die Ankunft Christi, die Epiphanie, hin. Das ist das ikonographische Programm für Portale, durch die ein weltlicher Herrscher seinen Einzug in die Kirche hielt. Die Wappen Brandenburgs und Böhmens sowie des Reiches über dem Portal geben Auskunft, wer dieser Herrscher um 1375 war: Karl IV., der deutscher Kaiser und böhmischer König war, besaß seit 1373 auch die Mark. Er war an Frankfurt aus gutem Grunde interessiert, es war damals die reichste Fernhandelsstadt im nordostdeutschen Binnenland.

In der nördlichen Eingangshalle der Marienkirche steht ein im 15. Jh. entstandener monumentaler Reliquienschrein, der aufgrund seines Sandsteinaufbaus in Form eines Fialenturms fälschlicherweise als Sakramentshaus bezeichnet wird. Unter der Kapelle befindet sich ein Raum in Art einer Krypta, dessen Rippengewölbe auf einer runden Mittelstütze ruht. Die Nischen in den Wänden könnten Aufbewahrungsstellen für Reliquien gewesen sein. Sollte Karl IV. für Frankfurt, ähnlich wie für Luckau, Reliquien gespendet haben? Für die weitere Ausschmückung der Kirche hat er jedenfalls gesorgt. Der große Leuchter und die 4,70 m hohe Fünte, mit reichem Figurenschmuck überzogene Werke aus vergoldeter Bronze, sind in dem gleichen Jahrzehnt entstanden wie die Eingangskapelle; die Fünte ist laut Inschrift am unteren Rand des Deckels 1376 von Meister Arnold gegossen worden. Am Leuchter deuten vier Wappenschilde auf eine landesherrliche Stiftung.

Bis um 1400 stand noch das dreischiffige Hallenlanghaus aus dem 13. Jh. Im 15. Jh wurden dessen Langseiten durchbrochen und zuerst im Norden, dann im Süden je ein weiteres Seitenschiff angefügt. Über den neuen Außenwänden erhoben sich reich gegliederte Giebelattiken, die das Grabendach, mit dem das nunmehr fünfschiffige Langhaus gedeckt war, verbargen. Diese Giebelwände, deren rechteckige Blendfelder mit Heiligenfiguren bemalt waren, machten die Kirche zum Bild des himmlischen Jerusalem. Zum Markt hin bot sich die nördliche Langseite als Schauwand, als Hauptfassade dar, unterstützt durch zwei plastisch geschmückte Portale, so daß der ursprüngliche Haupteingang an der Westseite zwischen den Türmen seine Bedeutung verlor.

1522 wurde an der Südseite des Chores ein zweigeschossiger dreijochiger Anbau errichtet und in beiden Geschossen mit reichen Sterngewölben versehen. Das untere Geschoß diente als Sakristei, das obere, unter dem Namen Märtyrerchor bekannt, war vermutlich für besondere Andachten gedacht; es war zum Schiff hin geöffnet. 1826 stürzte der südliche Westturm ein. Die Baukatastrophe löste eine Renovierung der Kirche aus, für die Karl Friedrich Schinkel Empfehlungen gab, die aber nicht zu seiner vollen Zufriedenheit befolgt wurden. Die Turmfront blieb damals in ruinösem Zustand, sie wurde erst um 1925 im Zuge einer erneuten Restaurierung durch die Einrichtung eines Archivs im südlichen Turmstumpf gestalterisch aufgewertet. Im April 1945 brannte die Kirche aus, sie steht seitdem als Ruine in der Stadt. Durch Sicherungsmaßnahmen wird versucht, den seiner kunst- und kulturgeschichtlichen Bedeutung nach hervorragendsten mittelalterlichen Kirchenbau der östlichen Mark Brandenburg zu bewahren und zu erhalten.

Die Funktion der Stadtkirche hat inzwischen die auf dem »Anger« außerhalb der Altstadt in der Gubener Vorstadt gelegene Gertraudkirche übernommen. Der 1878 eingeweihte neugotische Backsteinbau der Architekten Christ und Künzel ist Nachfolger einer angeblich 1368 von der Innung der Gewandschneider, den reichsten Patriziern der Stadt, gegründeten Kapelle, die wertvoll ausgestattet war. Die neugotische Kirche ist eine basilikale Anlage mit der von Stülers Kirchen her bekannten zweigeschossigen Fensteranordnung an den Seitenschiffen, mit einer polygonalen Apsis und flankierenden Anbauten. Der quadratische Westturm trägt eine hohe gemauerte Helmspitze, die bei einer späteren Veränderung an die Stelle einer ursprünglich etwas bizarren Turmhaube getreten ist. Dabei sind auch anderweitige Reduktionen vorgenommen worden. Das Innere der Kirche ist 1978/80 umgebaut worden. Man hat in Höhe der ursprünglichen

Emporen eine Zwischendecke eingezogen und unter dem so niedrigeren Gottesdienstraum ein Erdgeschoß mit Räumen für die Gemeindearbeit geschaffen.

In der Gertraudkirche werden heute die reichen Bestände an Kunstwerken aus der ehemaligen Marienkirche aufbewahrt, außer den schon genannten Bronzewerken der Hochaltar, ein Schrein mit den geschnitzten Figuren einer Madonna, des heiligen Adalbert und der heiligen Hedwig. Auf den bemalten Flügeln finden sich Darstellungen aus dem Marienleben und der Passion. Das hervorragende, auf 1489 datierte Werk scheint durch den südostdeutschen Kunstkreis beeinflußt zu sein. Weiter kommen Tafelgemälde und Epitaphien hinzu, darunter ein Rosenkranzbild (Familienepitaph Wins) und eine Dogmenallegorie (Epitaph Christoph Wins, 1554); letzteres stellt die lutherische Lehre von »Gesetz und Evangelium« nicht in der weitverbreiteten, sondern in der Prager Version des Cranachschen Rechtfertigungsbildes dar: Der sündige Mensch (Adam) wird vom Propheten Elias und Johannes dem Täufer auf die Heilstatsachen der Erlösung hingewiesen. Im übrigen stellt die Sammlung von Epitaphgemälden des 16. Jh. aus der Marienkirche, die in der Mehrzahl nach 1539, nach der Einführung der Reformation in Frankfurt entstanden sind, ein interessantes Lehrstück protestantischer Ikonographie dar. Nicht aus der Marienkirche, sondern aus der ehem. Franziskanerkirche stammen das spätgotische Relief aus einem Schnitzaltar mit der Szene des ungläubigen Thomas vor Christus im Kreis der Apostel und ein bemerkenswertes Tafelbild mit der Dornenkrönung Christi aus der Zeit um 1500.

Im Norden der Altstadt, in der Lebuser Vorstadt, bewahrt die *Georgenkirche* die Tradition des Spitals St. Georg, dessen Entstehung vermutlich in das 13. Jh. zurückgeht. Es wird als »domus leprosorum« 1312 urkundlich genannt. Die zum Hospital der Aussätzigen gehörende Kirche war im späten Mittelalter eine einschiffige keuzrippengewölbte Kapelle mit fünfseitigem Ostschluß, nach der Mitte des 15. Jh. aufgrund einer Stiftung der Familie Wins anstelle einer älteren Fachwerkkirche erbaut. Im Dreißigjährigen Krieg wurden vermutlich ihre Gewölbe zerstört. Ein entscheidender Umbau erfolgte aber erst Ende des 18. Jh. Nach einem Entwurf des Frankfurter Bauinspektors Friedrich Knoblauch aus dem Jahre 1770 ist die Kirche nach 1787 (Weihe 1790) durch Erweiterungen nach Norden und Süden in einen typischen Kreuzbau mit an drei Seiten umlaufenden Emporen verwandelt worden. Das beibehaltene mittelalterliche Chorpolygon nahm weiterhin Altar und Kanzel auf. Der zuletzt vorhandene Altar war von Friedrich August Stüler entworfen, während der Orgelprospekt Emil Karl Alexander Flaminius zum Urheber hatte.

Am Anfang dieses Jahrhunderts war die alte Georgenkirche baufällig geworden. Dem Wunsch der Gemeinde nach einem neuen Kirchenbau wurde dann in den Jahren 1926 bis 1928 entsprochen. An anderer Stelle entstand ein für die zwanziger Jahre charakteristischer Klinkerbau nach dem Entwurf des langjährigen Leiters des Kirchlichen Bauamtes der Kirchenprovinz Brandenburg, Curt Steinberg. Es handelt sich um einen Zentralbau mit einem quadratischen Turm an der Eingangsseite. Der Baukörper ist in großen Formen streng und klar gegliedert, so daß er bei aller Sachlichkeit seiner architektonischen Gestalt sakrale Monumentalität besitzt. Die Frankfurter Georgenkirche ist ein Beispiel aus jener Phase der Kirchenbaukunst unseres Jahrhunderts, in der man ohne die Stilvielfalt des späten 19. Jh. auskam und allein mit der Ordnung kubischer Blöcke zu ausdrucksstarker Erscheinung gelangte.

Abb. S. 70–73, 79

Bad Freienwalde (Oberbarnim, Kreis Bad Freienwalde)

Eine vermutlich schon Anfang des 13. Jh. von den Askaniern angelegte Burg (»Malchow« auf dem Schloßberg bei Freienwalde) sicherte am Nordostrand des Barnim einen Straßenknotenpunkt und den Oderübergang. Ein deutscher Ort entstand zwischen Talrandhöhe und Fluß in der Nähe zweier slawischer Siedlungen. Erst 1373 und 1375 ist er als oppidum und civitas nachweisbar, steinerne Befestigungen besaß er nicht, und auch der Stadtgrundriß läßt keine planmäßige Anlage erkennen. Die *Stadtkirche St. Nikolai* steht erhöht am Westende der sich zum Markt erweiternden, vom Fluß kommenden Straße. Man gewinnt ähnlich wie im nördlich benachbarten Oderberg den Eindruck, daß eine sehr früh gegründete Kaufmannssiedlung mit einer Nikolaikirche keine spätere Überformung oder Erweiterung (wie in Strausberg) durch eine planmäßig angelegte Stadt erfahren hat. 1374 erhielt die Familie von Uchtenhagen die Stadt vom Markgrafen – es war seinerzeit der böhmische König und deutsche Kaiser Karl IV. – zum Lehen, erst 1604 fiel sie an den Kurfürsten von Brandenburg zurück.

Die erste Kirche in Freienwalde war ein Feldsteinbau des 13. Jh., über dessen Form Aussagen kaum gemacht werden können. Der stehende Backsteinbau stammt aus dem 15. Jh. mit einschiffigem Langhaus und gleichbreitem, polygonal geschlossenem Chor. Das klare Sternmuster der Gewölberippen im Chor erinnert an die Mittelschiffgewölbe der Stadtkirche zu Angermünde. Die Gewölbe im Schiff sind später entstanden. Das Äußere hat durch Anbauten an der Südseite ein malerisch abwechslungsreiches Bild bekommen, in dem der mächtige Turm an der Südwestecke des Baues dominiert. Seine unteren Geschosse entstammen dem 15. Jh., die Blenden ähneln Formen an der Stadtkirche in Wriezen. Der obere Teil mit Giebeln und achtseitigem verschiefertem Helm ist in deutlicher Anlehnung an den Turmaufsatz in Eberswalde 1875 nach einem Entwurf des Oberbarnimer Kreisbaumeisters Düsterhaupt errichtet worden. Bemerkenswert ist der Rest eines Zierrippengiebels über dem Obergeschoß der Sakristei.

Malerisch ist auch das Innere der Kirche durch die späte Renaissance-Ausstattung mit Altar (1623), Kanzel und Gestühl im Chor und durch die Emporen und die Orgel aus dem 18. Jh. im Schiff, ergänzt durch Messingkronleuchter aus den gleichen Zeiten, durch Barockepitaphien und Pastorenbildnisse, schließlich durch die farbige Raumfassung, die 1970 in ihrer historischen Form wiederhergestellt wurde. Das halbkugelige Taufbecken aus Granit mit einer rundbogigen Blendarkatur – die sich ergebenden 15 Nischen sind mit Figuren bemalt – wird als spätromanisch angesprochen (R. Bergau), doch sind ähnliche Formen auch im 16. Jh. gebräuchlich gewesen. Originell sind die beiden Opferkästen und die Tür des Wandschrankes in der Sakristei mit spätmittelalterlichen Eisenbeschlägen; auch die Bildnisse des Caspar von Uchtenhagen von 1597 als Knabe und von 1603 auf dem Totenbett verdienen Interesse.

Abb. S. 74

Freyenstein (Ostprignitz, Kreis Wittstock)

Als Grenzburg gegen Mecklenburg zunächst von den Havelberger Bischöfen angelegt, war der Ort im 13. Jh. zwischen dem Adel der Prignitz und den Markgrafen umstritten. Aus markgräflicher Hand ging die Herrschaft 1359 an die Herren von Rohr über, die dann im 16. Jh. Bauherren des am Südrand der Stadt gelegenen Renaissance-Wasserschlosses, des sogenannten Alten Schlosses, waren. Die ersten städtischen Ansätze erlagen den Streitigkeiten, so daß 1287 eine markgräfliche Neugründung mit Verlegung des Stadtgebiets und die Verleihung von brandenburgischem Recht – alle anderen Städte der Prignitz hatten ihr Recht von altmärkischen Städten – erfolgte. Die Bebauung, symmetrisch zu seiten der Nord-Süd-Straße mit zwei Parallelstraßen auf rechteckigem Grundriß, ließ in der südlichen Hälfte einen querrechteckigen Platz frei, dessen von West nach Ost abfallendes Gelände im höheren Teil vom Kirchhof, im niederen Teil vom Markt eingenommen wird.

Die *Stadtkirche* ist eine »chorlose« Feldsteinhalle mit schmalem queroblongem Westbau, deren Außenwände durch Strebepfeiler, die an den Ecken nicht schräg, sondern in den Wandfluchten angeordnet sind, dreifach unterteilt werden, an den Langseiten den drei Jochen und an den Schmalseiten den drei Schiffen der inneren Einteilung entsprechend. Der äußeren Gliederung antwortet innen eine Wandgliederung aus Lisenen und Blendbögen an den Langseiten sowie Dienstvorlagen an den Schmalseiten. Die etwas schwerfälligen achteckigen Schiffspfeiler wie auch die scharfgratigen rippen- und gurtlosen Gewölbe wollen gar nicht zu dem wohlproportionierten Wandsystem passen. Man versucht ihre Entstehung deshalb nach dem Brand von 1718 anzusetzen, obwohl man sich eine andere innere Gliederung für den frühgotischen Bau, den man mit der Neuanlage der Stadt in das letzte Viertel des 13. Jh. datieren kann, kaum vorzustellen vermag. Die Fensterleibungen und Türgewände sind aus Backstein, in den Umrahmungen verrät das kleinere Ziegelformat die neuzeitliche Ergänzung, ebenso an den Strebepfeilern. Die heutigen Turmwände umbauen das Fragment des Westbaues der ersten Kirche. Von der Innenausstattung sind aus dem 18. Jh. drei Grabmäler der Familie von Winterfeld, die seit 1620 Freyenstein besaß und das Neue Schloß erbaute, bemerkenswert.

Abb. S. 75

Friedland (Niederlausitz/Lübben, Kreis Beeskow)

Als Burg und Stadt gehörte Friedland 1301 zur Lausitz und scheint wie Beeskow und Storkow später im Besitz der Herren von Strehla gewesen zu sein, verdankt seine Gründung aber vermutlich Markgraf Heinrich dem Erlauchten von Meißen in Zusammenhang mit der Gründung von Fürstenberg an der Oder und des Zisterzienserklosters Neuzelle. Die Stadt, unmittelbar neben dem nach einem Brand 1623 neugebauten und später vielfach veränderten Schloß, besitzt zwischen zwei Parallelstraßen einen Marktplatz, auf dem auch die 1336 erstmals genannte *Stadtkirche* erbaut ist. Der jetzige Bau entstammt dem vorigen Jahrhundert (angegebene Baudaten 1809, 1825/29 und 1846), ein langgestreckter Saalbau mit flacher Decke, umlaufenden Emporen und der Kanzel in dem östlich angefügten Polygon. Die Langseiten haben spitzbogige Fenster mit hölzernem Maßwerk in sieben Achsen. Der erneuerte Fachwerkaufsatz des Turmes trägt einen holzverkleideten, für das 18. Jahrhundert charakteristischen obeliskförmigen, jetzt mit Holzschindeln verschalten Helm. In der Wetterfahne finden sich die Jahreszahlen 1738 und 1881. Die innere Einrichtung hat gotisierende Details; zwei Kronleuchter im Altarraum sind Zeugnisse neugotischer Kirchenausstattung des 19. Jh.

Friesack (Westhavelland, Kreis Nauen)

Auf einer Inselerhebung im Luch, über die ein Dammweg das Ländchen Bellin mit Ruppin verbindet, legten sogenannte Edle (nobiles), in denen man die magdeburgischen Ministerialen von Jerichow vermutet, im Verlauf des Wendenkreuzzuges von 1147 die Burg Friesack an, von der aus sie die Herrschaft über das ganze Gebiet mit allen landesherrlichen Rechten, ähnlich wie die Herren von Putlitz, Plotho und Arnstein, ausübten, bis sie es an die Markgrafen von Brandenburg verloren. Diese belehnten 1335 die Familie von Bredow mit Friesack. Damals wurde der Ort bereits »stat du frisac« genannt. Neben der Burg war eine durch rippenförmig angeordnete Straßen erweiterte Angersiedlung entstanden, deren Kirche zwischen Markt und Burg ihren Platz hatte. Der ältere Bau der *Stadtkirche* wurde 1841 Opfer eines Stadtbrandes und 1844 durch einen Bau im Rundbogenstil mit halbkreisförmiger Apsis und quadratischem Westturm ersetzt. Nach schweren Beschädigungen im zweiten Weltkrieg ist sie bis 1955 mit einer neuen Inneneinrichtung vereinfacht wiederaufgebaut worden. Das Fenster im Altarraum und das Mosaik am Taufstein sind Arbeiten von Lothar Mannewitz, den Kruzifixus schuf G. Weber.

Fürstenwalde (Lebus, Kreis Fürstenwalde)

Die Stadt liegt am Nordufer der Spree, die hier die Grenze zwischen dem Land Lebus im Norden und dem ursprünglich zur Niederlausitz zählenden Land Beeskow-Storkow im Süden bildet. Ähnlich wie in Berlin der Teltow und der Barnim stoßen hier die Hochflächen weit in das Urstromtal vor und bilden die Voraussetzung für einen günstigen Flußübergang. Der Grund für die planmäßige Anlage der Stadt unmittelbar nach der askanischen Landnahme in der Mitte des 13. Jh. (1252/58) war der Warenverkehr spreeaufwärts. Die Schiffahrt ist 1298 urkundlich belegt. Die Güter mußten hier umgeschlagen und auf dem Landweg zur Oder nach Frankfurt geführt werden. Die frühe Stadtgründung macht es wahrscheinlich, daß der Ort seine warenvermittelnde und den Handel fördernde Funktion schon vorher besaß, doch sind genauere Nachweise nicht möglich. Nur wird eine westlich gelegene kleine Wendensiedlung 1466 als »alte Stadt« und 1619 als Kietz erwähnt. Von einer slawischen Burg fehlt aber jede Spur.

Die Stadtanlage erfolgte auf nahezu quadratischem Grundriß mit gitterförmigem Straßennetz und mit einer Befestigung aus Wassergraben und Feldsteinmauer. Die von der Brücke kommende mittlere Hauptstraße erweiterte sich in der nördlichen Stadthälfte geringfügig zum Markt, die Niederlage befand sich aber außerhalb der Mauern am Flachufer der Spree. Die ursprünglich markgräfliche Stadt wurde im 14. Jh. verpfändet und verlehnt. 1354 veräußerte Ludwig der Römer »Haus und Stadt« an den Bischof und das Kapitel von Lebus, dessen Mediatstadt Fürstenwalde bis 1555 blieb. Seine Residenz nahm der Bischof hier erst 1373 (das Kapitel folgte 1385) nach dem Vertrag von Fürstenwalde, in dem die Wittelsbacher die Mark an Kaiser Karl IV. abtraten. Die askanische Burg am Ostrand der Stadt – sie ist heute gänzlich verschwunden – wurde Anfang des 15. Jh. als bischöfliches Schloß ausgebaut. Ebenfalls im 15. Jh. wurde an der Stelle der alten Stadtkirche die Kathedrale des Bistums Lebus errichtet, die gleichzeitig als Pfarrkirche der Stadt dienen sollte.

Über den Vorgängerbau der *Stadt- und Domkirche St. Marien* wissen wir nichts. Aus Feldsteinen wird er gebaut gewesen sein, denn das Material ist im Dombau wiederverwendet worden. Es war gewiß kein repräsentatives Bauwerk, und die Beschädigung, die 1432 angeblich durch die Hussiten verursacht worden ist, hat man sicher gern zum Vorwand genommen, um einen großangelegten Neubau zu beginnen; den Grundstein legte Bischof Johann von Dehr am 12. April 1446, und die erste Weihe soll bereits ein Jahr später stattgefunden haben. Der Dom war neben Maria auch den Schutzheiligen des Bistums Lebus, Adalbert und Hedwig, geweiht.

Gebaut wurde eine dreischiffige Hallenkirche mit Umgangschor, also eine Kirche vom Typ der großen Stadtpfarrkirchen, wie sie seit dem letzten Drittel des 14. Jh. in den bedeutenderen Städten der Mark errichtet worden waren. An fünf Joche des Langhauses legt sich das Polygon des Chorhauptes mit drei Seiten des Mittelschiffschlusses und sieben Seiten des Umganges. Die Achteckpfeiler des Binnenpolygons haben einen auffallend geringeren Umfang als die des Schiffes, aber eine architektonische Hervorhebung der Chorhauptpfeiler wie an der Spandauer Nikolaikirche, die die gleiche Erscheinung aufweist, ist nicht feststellbar. Vermutlich sollte hier eine Art Baldachin geschaffen werden, unter dem der Hauptaltar und auch das Sakramentshaus, dessen zierlicher steinerner Turmaufbau, 1517 von Bischof Dietrich von Bülow gestiftet, unter einer Vermauerung die Kriegszerstörungen überstand, ihren Platz fanden. Die liturgische Grenze des Chores lag jedoch zwischen dem zweiten und dritten Joch von Osten. Dort stand der Kreuzaltar vor einem Lettner, und bis dahin reichten die Schranken, die den Chorbereich im Mittelschiff von den Seitenschiffen und dem Umgang trennten. Zwischen den Strebepfeilern am Umgang befinden sich keine Nischen oder Kapellen; im Bautyp gehört der Fürstenwalder Dom also zu der Gruppe von Nachfolgebauten, an deren Anfang der Chor der Frankfurter Marienkirche von 1367 steht. Mit den weiträumigen Proportionen und der Verschmelzung von Chor und Langhaus zu einer Raumeinheit ist er ihr fortgeschrittenster Vertreter. Bemerkenswert ist der Turmbau, eigentlich ein Dreiturmwerk aus quadratischem Hauptbau und flankierenden Polygonaltürmen, Reminiszenz an eine frühromanische Bauform, wie sie im 15. Jh. öfter zu beobachten ist? Eine genaue Datierung ist jedoch nicht möglich.

Die Vollendung des Hallenbaues wird auf etwa 1470 geschätzt. 1475 hat Bischof Friedrich Sesselmann an der Südseite eine Kapelle anbauen lassen. Sie besaß die volle Höhe der Halle – ein vermauerter Spitzbogen über dem heutigen Sakristeidach weist darauf hin – und setzte deren Vollendung, zumindest bis zum mittleren Langhausjoch, voraus. Ob die Kapelle auf der Nordseite mit gleichem Grundriß auch gleiche Höhe besaß, ist nicht zu ermitteln. Die symmetrische Lage der Kapellen hätte dann einen querschiffartigen Eindruck entstehen lassen, der zusammen mit dem aufwendigen Turmbau den Pfarrkirchenhabitus des Doms zugunsten eines Kathedralcharakters zurückgedrängt hätte.

Die Reformation fand in Fürstenwalde spät Eingang. Der erste evangelische Gottesdienst wurde 1544 in der heute verschwundenen Heiliggeistkirche gehalten. Seit 1565 gab es keinen katholischen Gottesdienst mehr im Dom. Schon 1557 war dort evangelisch gepredigt worden. 1576 stellte man einen Altar auf, ein bedeutendes, leider verlorenes Renaissancewerk. Am Turm wurde in den achtziger Jahren des 16. Jh. gebaut. Als 1766 Turm und Kirchendach durch Blitz in Brand geraten waren, erlitt das Bauwerk große Schäden, die einen tiefgreifenden Umbau notwendig machten. Die Arbeiten begannen unter der Leitung des Bauinspektors Friedrich Knoblauch aus Frankfurt an der Oder, seit 1769 führte sie Johann Boumann aus Berlin fort. An die Stelle der spätgotischen Gewölbe trat eine flache Stuckdecke mit starken Vouten, »und für das frühere gotische Kirchendach baute man ein 45 Fuß hohes Dach« (F. G. Goltz). Der Außenbau erhielt eine Putzgliederung und der Turm einen mit Pilastern versehenen Aufsatz und eine geschweifte Haube. Innen bezogen die in den Seitenschiffen und an der Westseite umlaufenden Emporen einen großen Kanzelaltar in der Achse der einander gegenüberliegenden Kapellen, die seitdem niedriger waren und als getrennte Anbauten fungierten, in das neue Raumkonzept eines Quersaales mit ein. Der Kanzelaltar gilt als ein nach einer Zeichnung von Christian Friedrich Feldmann von dem Bildhauer Johann Jeremias Martini schon 1754 geschaffenes Werk. Eine stattliche Barockorgel wurde 1772 eingebaut.

Das barocke Raumkonzept ist auch beibehalten worden, als Ludwig Dihm 1908/10 dem Dom wieder Gewölbe im spätgotischen Charakter gab und eine Gesamtrestaurierung vornahm, nachdem ein früherer Regotisierungsversuch (um 1850) nicht zur Ausführung gekommen war. Im April 1945 brannte der Dom infolge eines Bombardements bis auf die Umfassungsmauern aus. Der Wiederaufbau begann 1949. 1956 war der Turmbau, leicht reduziert, fertiggestellt, 1966 das Dach über dem Hallenbau aufgebracht. Wertvolle Ausstattungsstücke, darunter das Sakramentshaus und die Bischofsgrabsteine, blieben erhalten.

Fürstenwerder (Uckermark, Kreis Prenzlau)

Eine von der oberen Havel beim Stolpsee nach Nordosten reichende Seenkette bildete, nachdem die Askanier das Land Stargard im Jahre 1304 aufgegeben hatten, die natürliche Grenze zwischen Brandenburg und Mecklenburg. Schon vorher waren die Landpässe wichtiger Straßen zwischen den Seen durch befestigte Plätze gesichert worden. Das Kloster Himmelpfort stellte den südlichsten, die Stadt Fürstenwerder den nördlichsten Punkt dieser Linie dar. Vor der Landenge zwischen Dammsee und Großem See stieß die von Templin kommende Straße auf die Verbindung von Prenzlau nach Mecklenburg. Die erhöht über dem Seeufer gelegene Abzweigung der Fernstraßen wurde auf nahezu kreisförmigem Grundriß mit einer Feldsteinmauer so umgeben, daß der burghafte Befestigungsring nach innen Raum für eine städtische Siedlung mit Markt bildete. Die zwei noch erhaltenen Tore an den Straßenmündungen haben mit spitzbogigen Durchfahrten und zwei flankierenden Weichhäusern ihre Frühform aus dem 13. Jh. bewahrt und keine Überbauung mit einem schmuckreichen Backsteinturm wie andernorts erfahren. Ebenso ursprünglich ist die ehemalige *Stadtkirche* – Fürstenwerder gilt erst seit dem vorigen Jh. als Landgemeinde – auf uns gekommen, ein Feldsteinquaderbau auf einheitlich rechteckigem Grundriß, im Aufbau aber unterteilt in einen nach außen reicher in Erscheinung tretenden Chorteil (frühgotische Dreifenstergruppen unter Blendbogen, Bogenfriese, getreppte und teilweise ornamentierte Portale), in einen schlichten Gemeindeteil und einen abschließenden Westriegel, der seinen Turmaufsatz 1786 (Wetterfahne) erhielt. Der flachgedeckte Innenraum wird von einer hölzernen Empore (datiert 1763 und 1769) an drei Seiten umzogen. Bedeutung und Reiz des Ortes gehen von der Unmittelbarkeit aus, mit der hier die Ursprungssituation der Gründungszeit noch zum Erlebnis werden kann.

Golßen (Niederlausitz, Kreis Luckau)

Die kleine Stadt nahm ihren Ausgang von einem Burgward, der offenbar in der Nähe eines slawischen Sitzes (Alt-Golßen) Anfang des 13. Jh. angelegt worden war. 1397 befand sich »Golssin« unter den Städten der Lausitz. Ein »viceplebanus in Golssin« trat schon 1285 in einer Urkunde als Zeuge auf. Die *Stadtkirche* lag wohl ursprünglich frei auf einer größeren angerartigen Hauptstraßenerweiterung und ist erst durch deren nachträgliche Bebauung vom so entstandenen Marktplatz getrennt worden. Ein älterer Kirchenbau war Anfang des 19. Jh. baufällig und mußte abgetragen werden. Für den Neubau besorgte man sich, wie es heißt, die Pläne aus Berlin; die Ausführung lag in den Händen des Maurermeisters Jacob aus Jüterbog. Die Bauarbeiten konnten 1811 nur zu einem Teil beendet werden, endgültig fertig war die neue Kirche erst 1820, bis auf den Turm, der 1845 hinzugefügt wurde. Den Bau kennzeichnet außen eine schlichte Putzgliederung, die hohe rundbogig geschlossene Fenster (7 Achsen mit mittlerem Portal) einrahmt. Ein mächtiges Walmdach überdeckt das Ganze. Im Inneren wird der geräumige Rechtecksaal von hölzernen Emporen auf kannelierten Säulen an drei Seiten eingefaßt. An der Ostseite öffnet sich das Schiff mit einem Triumphbogen zu einer Apsis, die innen halbkreisförmig, nach außen polygonal in Erscheinung tritt. Unter dem Triumphbogen steht der Kanzelaltar in Gestalt einer Tempelfront. An der Kirche zu Golßen überwiegen Gestaltelemente des späten 18. Jh., die sich in eigenartiger Weise mit denen des Klassizismus nach 1800 mischen. Die eindeutig zopfige Orgel dürfte auf jeden Fall aus der älteren Kirche übernommen worden sein. Abb. S. 76

Gransee (Ruppin, Kreis Gransee)

Gransee gilt als Stadtgründung »aus wilder Wurzel«. Eine Burg oder eine slawische Vorgängersiedlung ist nicht nachweisbar. Die Anlage wird vor der Mitte des 13. Jh. erfolgt sein, vermutlich in Zusammenhang mit dem Vorstoß der Askanier in das Land Stargard. Magdeburger Recht über Brandenburg erhielt das Gemeinwesen 1262 durch Markgraf Johann I., was auf eine Förderung durch den Landesherrn deuten könnte. Das Straßennetz hat Gitterform, wobei aber die heutige Regelmäßigkeit mehr eine Folge des Wiederaufbaus nach dem Stadtbrand von 1711 ist. Die Hauptstraße durchquert die Stadt in West-Ost-Richtung vom Lindower oder Ruppiner Tor (um 1890 erneuert) bis zum Zehdenicker Tor. Von der die Stadt auf längsrechteckigem Grundriß einfassenden Mauer aus Feldsteinen sind noch beachtliche Teile erhalten und bis heute von den ansprechenden »Wallgärten« umgeben. Unmittelbar an die Nordmauer lehnte sich das nur in Resten überkommene ehemalige Franziskanerkloster aus dem späten 13. Jh. Die Stelle des Marktes nimmt eine schmale rechteckige Aussparung in der westlichen Stadthälfte ein, der heutige Schinkelplatz.

Den Kirchplatz bildet das mittlere Straßengeviert, und die *Stadtkirche St. Marien* (auch ein Jakobuspatrozinium wird genannt) steht parallel zu den Straßen. Ihr ungegliedert querrechteckiger Westbau aus Granitquadern mit dem typisch abgetreppten Spitzbogenportal signalisiert die askanische Gründung. Ab erstem Obergeschoß, etwa in Dachhöhe des Schiffes, beginnt der Backsteinaufbau einer Zweiturmfassade von bestechender Regelmäßigkeit: nach einem gemeinsamen, aber schon teilend mit Blenden gegliedertem Geschoß steigen die quadratischen Obergeschosse der Türme getrennt auf, setzen unterhalb des Abschlusses ins Achteck über und enden

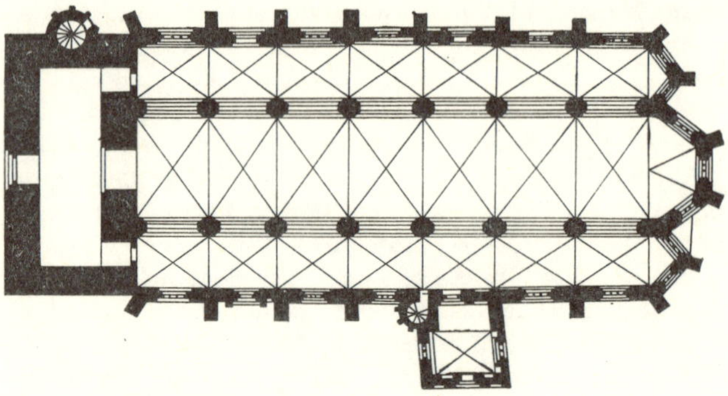

mit gemauerten achtseitigen Pyramiden. Diese Beschreibung trifft nur auf den Südturm zu; der Nordturm blieb unvollendet und erhielt seine Schieferhaube, allerdings mit deutlichem Bemühen um eine Angleichung, erst 1709. Das Konzept einer Zweiturmfront gehört einer Bauperiode an, in der an die Stelle einer Feldsteinbasilika des 13. Jh., deren Grundriß 1961 ergraben worden ist, die langgestreckte Backsteinhalle (sieben Joche) trat. Da doppeltürmige Fassaden in markgräflichen Städten selten sind, könnte sie hier durch den Besitzerwechsel – seit 1319 gehörte Gransee den Grafen von Ruppin – möglich geworden sein. Der Neubau des Kirchenschiffes begann mit den drei Ostjochen, ein Treppentürmchen an der Südseite markiert wie üblich die Zäsur. Den östlichen Abschluß bilden drei polygonale Apsiden, über denen sich ein einheitlicher, durch gestaffelte spitzbogige Maßwerkblenden und Fialenpfeiler gegliederter Giebel aufbaut. Dieses Ostwandkonzept ist nicht weniger bedeutend als das des Westbaues, die Anregung dürfte die Prenzlauer Marienkirche gegeben haben. Als Entstehungszeit werden die Jahre nach 1370 genannt. Im 15. Jh. sind dann zwischen die drei Ostjoche und den gleichzeitig erhöhten Westbau vier weitere Hallenjoche eingefügt worden. Auf den ersten Blick scheinen die Formen denen des östlichen Bauabschnitts gleich – Achteckpfeiler mit runden Eckdiensten, Kreuzrippengewölbe, dreigeteilte spitzbogige Fenster, unter dem Dachgesims umlaufender breiter Maßwerkfries aus Formsteinen etc. –, tatsächlich aber zeigen sich erhebliche Unterschiede im Detail. An der Nordseite stammen aus dieser Zeit die senkrechten Maßwerkfriese an den Strebepfeilern und die ähnlich gemusterte Fläche um den Wimperggiebel des Portals. Der Kapellenanbau an der Südseite schließlich ist ein letzter mittelalterlicher Bauvorgang; originell ist der Giebel, dessen rundbogige Blenden von einem Tauband eingefaßt und von Stabwerk in der Art eines Fensterkreuzes geteilt werden. Nach dem Stadtbrand von 1711 gab es mehrere bauliche Eingriffe und Veränderungen der Einrichtung (Stützpfeiler für den Giebel in der Hauptapsis, Emporenanlage etc.), die bei einer Restaurierung 1961/65 weitgehend rückgängig gemacht worden sind. Als ein wesentliches Ergebnis der letzten Restaurierung darf die wiedergewonnene mittelalterliche Farbfassung des Raumes betrachtet werden, die den beiden Phasen der Hallenerrichtung mit wechselnden Mustern entspricht.

An mittelalterlicher Ausstattung sind in der Kirche noch zwei Altäre vorhanden. Das Retabel auf dem Hauptaltar enthält das Relief einer figurenreichen Kreuzigungsdarstellung und Heiligenfiguren von einem spätgotischen Schnitzaltar, die bis 1965 in einem mehrgeschossigen barocken Säulenaufbau untergebracht waren, nun aber zu einem zweiflügeligen Schreinaltar zusammengestellt sind. Das gemalte Triptychon in der Apsis des nördlichen Seitenschiffes zeigt auf dem Mittelbild die Gruppe der Anna Selbdritt, auf den Flügeln die Franziskanerheiligen Bonaventura und Bernhard von Siena, jeweils begleitet von den Heiligen Maria Magdalena und Sebastian sowie Erasmus und Martin. In den Medaillons über ihnen eine ikonographische Besonderheit: die vier Kirchenväter mit den Symbolen der Evangelisten. Man wird annehmen dürfen, daß der Altar aus dem Franziskanerkloster stammt. Die Renaissance-Ornamentik macht eine Entstehungszeit um 1520 wahrscheinlich. Die spätgotische Triumphkreuzgruppe wurde 1965 am urspünglichen Ort wieder angebracht. Weitere mittelalterliche und jüngere Aussattungsstücke (Schnitzfiguren, Paramente, Innungsschränke u. ä.) sind museal in der Kirche ausgestellt. Die kleine Orgel ist eine in das Jahr 1744 datierte Arbeit von Joachim Wagner aus Berlin. Kanzel und Taufe wie auch die beiden Altarmensen sind modern. Abb. S. 78–79, 83

Wilhelm-Pieck-Stadt Guben (Niederlausitz, Kreis Wilhelm-Pieck-Stadt Guben)

Auf dem Westufer der Neiße wurde vermutlich im 12. Jh. unter schlesisch-polnischer Herrschaft ein Benediktiner-Nonnenkloster gegründet, in dessen Nähe sich – auf dem östlichen Flußufer – noch vor 1225 die Stadt zu entwickeln begann, die dann 1235 vom Meißener Markgrafen Magdeburger Recht erhielt. Obwohl Guben bereits 1529 die Reformation eingeführt hatte, erfolgte die Säkularisierung des Klosters erst 1563. Bis 1860 stand die alte, wohl gotische, langgestreckte einschiffige Klosterkirche. 1862 wurde eine neue »Klosterkirche« eingeweiht, als Pfarrkirche für die anwachsende »Klostervorstadt«, aus der nach 1945 die Kreisstadt Wilhelm-Pieck-Stadt Guben hervorging. Die Kirche war nach einem Entwurf und unter Oberaufsicht des Königl. Regierungsbaurats Emil Karl Alexander Flaminius aus Frankfurt an der Oder errichtet worden, in der üblichen Form eines pseudobasilikalen neugotischen Emporensaales, wie er von Stüler und seinem Kreis entwickelt und verbreitet worden ist. Außer dem Namen hält nichts an diesem Bau eine Erinnerung an das ehemalige Kloster wach. Abb. S. 77

Havelberg (Westprignitz, Kreis Havelberg)

Die Stadt auf dem von der Havel umflossenen Inselsporn, der vermutlich künstlich durch einen Halsgraben vom Hochufer getrennt worden ist, gehört ihrer Anlage nach dem 12. Jh. an. Schon Albrecht der Bär zählte sie als »urbs« unter seine Herrschaft. Die Bürgerstadt existierte, auch stadtherrlich getrennt – die Markgrafen haben Ansprüche des Havelberger Bischofs auf das Gemeinwesen entschieden abgewiesen –, neben der bischöflichen Höhensiedlung auf dem Domberg, deren Anfänge in das 10. Jh. zurückreichen und die nach 1136/47 erneut aufgebaut wurde. Das Havelberger Straßensystem folgt einem Radialschema um den zentral gelegenen Markt, der Kirchplatz ist südlich davon eingefügt.

Die *Stadtkirche St. Laurentius* ist eine dreischiffige Halle aus dem 15. Jh. von vier Jochen mit einschiffigem Chor, der nach zwei Jochen mit fünf Seiten des Achtecks schließt. Im Grundriß ähnelt sie der Perleberger, mit den kreuzförmigen und runden Pfeilern als Stützen und den rundbogigen Arkaden aber der Lenzener Kirche. Die Gewölbe scheinen ursprünglich nicht ausgeführt gewesen zu sein, die jetzigen aus Holz von 1854 imitieren die für die Prignitz typischen spätgotischen Kreuzrippengewölbe. Der Außenbau verfügt allerdings über Strebepfeiler. Dem quadratischen Westturm ist eine spätgotische Eingangshalle vorgebaut; die behäbige, im Stadtbild vorherrschende Turmhaube stammt von 1660 und dürfte den Abschluß von Erneuerungsbaumaßnahmen darstellen, die nach dem Dreißigjährigen Krieg notwendig geworden waren. Im Inneren befinden sich mannigfache Austattungsstücke, darunter die 1691 geschnitzte und 1704 von Christian Ludwig Schlichting bemalte Kanzel, der Orgelprospekt, 1754, mit einem Werk von Gottlieb Scholtze aus Ruppin, sowie mehrere Epitaphien, Grabmäler und Bildnisse. Originell sind ein signierter und datierter bronzener Taufständer (H. ROLLET ME FECIT A. BERLIN 1723) und das Altarziborium von 1817 mit einem älteren Gemälde der Kreuzabnahme des Berliner Malers Bernhard Rode. Dieser Altar wurde zu Beginn unseres Jahrhunderts als »charakterloses Gemisch von Barock, Empire und gänzlich verunglückten Versuchen der Gotik« beschrieben, ein Urteil, das die Existenz des Werkes hätte gefährden können, doch hat es die Restaurierung der Kirche durch Wilhelm Blaue 1913 überstanden. Heute wird das »Gemisch« schon nicht mehr als »charakterlos« empfunden, sondern eher als »reizvoll« akzeptiert.

Abb. S. 84

Joachimsthal (Uckermark/Angermünde, Kreis Eberswalde)

Zwischen Werbellinsee und Grimnitzsee besaßen die Askanier bereits eine Burg, wohl zum Schutz einer Wegverbindung Eberswalde – Templin, bei der es auch eine Siedlung mit einer Pfarrkirche gegeben hat. Zum »stedlein« wurde sie jedoch erst, als Kurfürst Joachim Friedrich eine seit 1577 bestehende Glashütte förderte und 1607 eine höhere Bildungsanstalt, das sogenannte Joachimsthalsche Gymnasium, im dortigen Schloß einrichtete. Weder Glashütte noch Gymnasium hatten am Ort Bestand. Joachimsthal bewahrte seinen Charakter als offene, unbefestigte Ackerbürgerstadt. Die *Stadtkirche* besaß, nach einer Zeichnung von Daniel Petzold aus dem frühen 18. Jh. zu urteilen, einen polygonalen Chor, der einen mittelalterlichen Eindruck macht. Doch besagen die Bauakten des 18. Jh., daß die alte Kirche aus Fachwerk bestanden habe. Diese Angabe kann sich nur auf einen 1608 eingeweihten Kirchenbau beziehen. Anfang des 18. Jh. war die alte Kirche baufällig geworden, und 1724 beschloß man aufgrund eines Gutachtens von Martin Böhme Abriß und Neubau. 1726 wurde Johann Gottfried Kemmeter mit Entwurf und Kostenanschlag beauftragt. Es folgten noch weitere Entwürfe, aber erst 1735 begann man nach einem Riß des Bauinspektors Eichler zu bauen. Die Weihe fand am 12. Januar 1738 statt. Der Turm wurde erst nach 1740 hinzugefügt. Die Kirche war ein Quersaal mit T-förmigem Innenraum. Dem Erweiterungsflügel an der Nordseite korrespondierte an der Südseite der Turm, so daß der Grundriß im ganzen Kreuzform bekam. Dem Haupteingang stand der Kanzelaltar gegenüber.

Bei dem Stadtbrand 1814 erlitt die Kirche abermals Schaden. Das Wiederherstellungsprojekt des Baukondukteurs Schramm sah eine gotisierende Überformung des Barockbaues vor, die die Billigung der Oberbaudeputation fand. Lediglich die Dachneigung forderte man entgegen dem Entwurf geringer zu machen, aus Ersparnisgründen und »weil die Teile der sehr gut projektierten Giebel gegen die freie Luft zu stehen kommen und auf diese Weise noch weit besser den fehlenden Turm ersetzen ...«. Man vermutet Karl Friedrich Schinkel hinter dem Änderungsvorschlag, dem dann auch bei der Ausführung entsprochen wurde. Auch die Inneneinrichtung war in schlichten, ansprechenden gotischen Formen gestaltet, die barocke T-förmige Raumkonzeption mit der zentralen Anordnung von Kanzelaltar, Gestühl und Emporen aber beibehalten worden. Durch die Mai/Juni 1815 einsetzenden Umbauarbeiten erhielt der Bau seine spitzbogigen Portale und einfachen Maßwerkfenster sowie die Treppen- und Pfeilergiebel mit Spitzbogenblenden über den Kreuzarmen. Am 7. Dezember 1817 fand die Einweihung der neuen Kirche statt. Baumaßnahmen in jüngster Zeit haben den Charakter des Innenraumes aus der Zeit von 1815/17 verändert.

Jüterbog (Jüterbog-Luckenwalde, Kreis Jüterbog)

Die erste Erwähnung von »iutriboc« ist in der Chronik Thietmars von Merseburg enthalten. Dieser berichtet vom Kampf gegen die Polen, die unter Boleslaw Chrobry um 1007/8 bis an die Elbe vorgedrungen waren, durch Erzbischof Tagino von Magdeburg aber zurückgeworfen und verfolgt wurden. Als die Deutschen – man vermutet von den Kappanhöhen westlich von Jüterbog – der sumpfigen Nutheniederung oder einer starken Befestigung der einheimischen Slawen ansichtig geworden waren, seien sie umgekehrt. Vielleicht hat es schon damals magdeburgische Eroberungsabsichten gegeben, aber die slawische Gegenwehr war noch zu stark. Erst im Zuge der Ostexpansion des 12. Jh., zur gleichen Zeit, als Albrecht der Bär Brandenburg in Besitz nahm, hat Erzbischof Wichmann das Gebiet um Jüterbog dem Erzbistum einverleibt. Die Burg lag westlich der späteren Stadt auf dem »Damm«, in unmittelbarer Nähe wurde die Dammkirche (um 1173) gegründet. Als Mutterkirche des Landes war sie bezeichnenderweise mit Prämonstratensern (aus Gottesgnaden) besetzt worden, die für Mission und Seelsorge zuständig waren. 1282 wurde sie allerdings die Kirche eines Zisterzienser-Nonnenklosters. Zur agrikulturellen Erschließung dagegen hat der Erzbischof Zisterzienser aus Altenberg bei Köln geholt und nördlich beim Dorf Zinna 1171 angesiedelt, ferner zur Besiedlung des Landes vor allem Niederländer, Flamen ins Land gerufen. 1174 begabte Wichmann eine östlich vom Damm entstehende Siedlung mit Magdeburger Stadtrecht und erklärte sie zur Hauptstadt der gleichnamigen Provinz. Der deutlich planmäßige Vorgang territorialpolitischer Aneignung wurde jedoch 1178/80, angeblich durch einen Aufstand der bedrängten slawischen Bevölkerung, unterbrochen. Wie es heißt, ist es aber Heinrich der Löwe gewesen, der als Rivale des Erzbischofs zusammen mit den Pommern die Erhebung in Gang gebracht hatte. Erst Anfang des 13. Jh. waren die Verwüstungen überwunden (Neubau der Dammkirche Unser Lieben Frauen als kreuzförmige Backsteinbasilika um 1220). Im Zuge des Ausbaus der Stadt kam es östlich von ihr zur Gründung von Neumarkt mit einer 1218 zum ersten Mal erwähnten Jakobikirche, möglicherweise an der Stelle eines slawischen Kultplatzes, Neumarkt und Damm blieben aber außerhalb der zwischen ihnen auf längsrechteckigem Grundriß mit einem Parallelstraßensystem emporwachsenden städtischen Siedlung. 1285 ist das Recht zum Bau eines Rathauses auf dem in der Mitte gelegenen Markt gegeben worden.

Die *Stadtkirche St. Nikolai,* östlich davon, gilt als späte Gründung, weil ihre Funktion bis 1282 die Dammkirche innehatte; 1307 wird sie zum ersten Mal erwähnt. Die ältesten Bauteile stammen wohl schon aus der zweiten Hälfte des 13. Jh. Damals errichtete man eine dreischiffige Hallenkirche von vier Jochen aus Backsteinen; ihre Ausdehnung ist noch heute durch schräg gestellte Strebepfeiler an der Süd- und Nordseite kenntlich. Vermutlich besaß sie einen einschiffigen polygonal geschlossenen Chor. Gegen Ende des 14. Jahrhunderts wurde sie um ein Joch und den zweitürmigen Westbau verlängert. Für diese Bauteile verwendete man auffallenderweise Feld- und Bruchsteine. Das aufwendig gestaltete Portal mit reich profiliertem Gewände und maßwerkdurchbrochenem Bogenfeld sowie flankierenden Fialen ist aus Sandstein gearbeitet, wie auch die Nikolausfigur auf dem Mittelpfosten. Der Westbau gehört zu den seltenen Doppelturmfassaden, die in der Mark Brandenburg von Grund auf gebaut worden sind. Die späte Bauzeit weist auf einen hohen Anspruch stadtbürgerlicher Repräsentation im 15. Jh., den wir auch in der 1475 bis 1488 erfolgten Erweiterung der Kirche nach Osten um einen Hallenumgangschor erblicken. Eine Inschrift über dem südlichen Chorportal teilt den Baubeginn mit, an der Nordseite über der Ratsempore ist das Vollendungsdatum genannt. Die Stadt holte mit diesem Bauunternehmen etwas nach, was sie schon hundert Jahre früher etwa beim Bau der Türme hätte leisten können. Neue Gedanken zur Entwicklung der nun schon Tradition gewordenen Bauform wurden in Jüterbog nicht vorgetragen. Mit fünfseitigem Außenpolygon um den dreiseitigen Binnenchorschluß folgt der Grundriß dem üblichen Schema. Die vom älteren Langhaus übernommene Grundrißbildung mit quadratischen Mittelschiffsjochen bewirkt jedoch eine ausgeprägte Weiträumigkeit, und die Vereinheitlichung aller Stützen zu achteckigen Pfeilern und der Bogenprofile des Kreuzgewölbes schafft die auffallende Einheitlichkeit des Gesamtraumes. Erst als Umgangschor und Hallenlanghaus mit einem gemeinsamen Dach vereinigt waren, wird man die oberen Geschosse der Westtürme vollendet und die steinernen Helme aufgebracht haben. Der südliche Turm aus Pirnaer Sandstein gilt als der jüngere (1507?) und ist noch erhalten, an die Stelle des älteren nördlichen, angeblich aus roten und grünen Ziegeln gemauerten Helms trat 1563 der achteckige Aufsatz der Türmerwohnung mit Haube und Laterne. Die Brücke zwischen den oberen Plattformen macht die Türme zu einem charakteristischen Bestandteil des Stadtbildes.

Bereichert wurde der Bau im 15. Jh. noch durch zwei an das Langhaus angebaute Kapellen. Die südliche wird 1447 erwähnt, dazu ein Altar, »der gebaut ist in der neuen Sakristei und geweiht in der Ehre der heiligen Märtyrer Fabian und Sebastian, Valentin, Christoph und des Beichtigers Antonius«; die genannten Heiligen finden sich in der überaus reichen Wand- und Gewölbemalerei dieser Kapelle, dazu noch die Apostel Petrus und Paulus sowie Propheten (David, Elias und Jonas) und Evangelisten, die durch ihre Symbole vertreten sind. Die südliche Kapelle wird 1453 noch einmal als »die neue Kapelle an St. Nikolai« bezeichnet, »in welcher vier Priester Unser Lieben Frauen Gezeiten täglich halten«; man nimmt an, daß dies im nicht mehr erhaltenen Obergeschoß der Kapelle geschah (E. Sturtevant). Die nördliche Kapelle geht möglicherweise auf die vorauszusetzende »alte« Sakristei zurück (Nennung 1342?); ihren Staffelgiebel und wohl auch das Obergeschoß hat sie aber erst von dem Meister Merten erhalten, der 1493 die Gerichtslaube am Rathaus mit ihrem Giebel zum Markt hin gebaut hat.

Die mittelalterliche Kirche von Jüterbog war mit wertvollen Kunstwerken ausgestattet – dreißig Altäre der Innungen, Brüderschaften und sonstigen Bürgervereinigungen sind überliefert –, von denen nur Reste auf uns gekommen sind. Vollständig erhalten ist noch das 1507 von einem Meister Michael aufgestellte Sakramentshaus, ein sechs Meter hoher durchbrochener Fialenturm aus Sandstein, der im mittleren Geschoß, von sieben Säulen getragen, den ursprünglich von Figuren umstandenen Schrein für das Allerheiligste birgt. Der ehemalige Hochaltar ist auseinandergenommen und in seinen Teilen in der Kirche verteilt. Bemerkenswert sind die gemalten Tafeln mit Szenen der Passion Christi und aus dem Leben der heiligen Nikolaus und Mauritius, der Schutzpatrone der Jüterboger Kirche und des Magdeburger Erzbistums. Es handelt sich um Malereien auf Goldgrund, die um 1430 von einem unter böhmischem Einfluß arbeitenden Meister geschaffen wurden. Den gleichen böhmischen Einfluß kann man den Resten figürlicher Plastik abspüren, die vom selben Altar erhalten sind. Darüber hinaus findet sich in der Kirche noch eine Fülle weiterer spätgotischer Bildwerke, die die »Einreißung« der Altäre im Jahre 1563 überstanden haben und die nicht weniger bedeutend sind als der weit mehr bekannte Beweinungsaltar in der Nordkapelle, der als Arbeit der Cranach-Werkstatt aus der Zeit um 1520 angesprochen wird. Doch nicht die mittelalterliche Ausstattung bestimmt heute das Innere der Kirche, sondern die Einrichtung, die in den Jahrhunderten nach der Reformation hineingekommen ist, die 1608 getischlerte, geschnitzte und bemalte Renaissancekanzel, der barocke Säulenaufbau des Altars, den – wie aus einer Inschrift auf der Rückwand hervorgeht – »die Frömmigkeit der Jüterboger als Triumphbogen des Königs und Hohenpriesters Jesus Christi im Jubeljahre 1700« errichtete, ferner die umlaufenden Emporen mit der Loge für die Ratsherren auf der Nordseite von 1709 und schließlich der mächtige Prospekt für die 1737 von Joachim Wagner aus Berlin gebaute Orgel auf der terrassenartig gestuften Westempore mit Balusterbrüstung und Rückpositiv. Die mittelalterliche Farbigkeit des Innenraumes war schon 1585 mit einer weißen Tünche überdeckt worden.

An das Auftreten des Ablaßpredigers Johann Tetzel im Jahre 1517 erinnert der »Tetzelkasten«, eine eisenbeschlagene Baumtruhe in der Südkapelle. Angeblich soll Tetzel in Jüterbog Luther zum Ketzer erklärt und ihn damit zum Thesenanschlag veranlaßt haben. Zum Reformationsjubiläum 1817 erschien in Jüterbog eine Schrift mit dem Titel »Tetzels Ablaßkasten, der die Reformation erzeugte ...« Abb. S. 85–87, 91–92

Ketzin (Osthavelland, Kreis Nauen)

Obwohl es bei Ketzin einen frühslawischen Burgwall gab, ist eine deutsche Burg in seiner Nachfolge (wie J. Siedler noch behauptet) nicht nachweisbar, aber als kirchlicher Mittelpunkt erscheint der Ort urkundlich 1197. 1255 wird die Bezeichnung »oppidum«, im 15. Jh. »Städtlein« gebraucht, eine neuerliche Erhebung zur Stadt erfolgte 1809. Der im 18. Jh. als Dorfkirche errichtete Bau (1758/63) verfügt noch über einen Westturm, dessen Feldsteinteile auf das Mittelalter zurückgehen. In den mit flacher Putzdecke über einer steilen Voute gedeckten Saalbau des 18. Jh. ist eine umlaufende Empore eingestellt, die an der Ostseite verglaste Stuben und den prächtigen Säulenaufbau des Kanzelaltars mit einbezieht; axial angeordnet ist die kräftig und schwungvoll geformte Taufe.

Kremmen (Osthavelland, Kreis Oranienburg)

Die heute recht abseits gelegene Stadt Kremmen galt im Mittelalter (schon 1217 erwähnt) als Hauptort des Glin. An der Nordwestecke dieser Hochlandfläche ließ Albrecht der Bär eine Burg, das Haus Kremmen, an den Zugängen der durch das Luch führenden Dämme in das Land Löwenberg und Ruppin anlegen. Die Stadt nahm offenbar von einer Kaufmannssiedlung mit Nikolaikirche im Zentrum eines radialen Straßensystems und einem Straßenmarkt (Hohe Straße) an der Heerstraße Ruppin–Berlin ihren Ausgang, erhielt ihr Recht von Spandau vermutlich um 1232 – die Urkunde von 1298 dürfte tatsächlich die behauptete Bestätigung der »Freiheiten, welche die Bürger von alter Zeit her besessen hatten« darstellen – und wurde schließlich mit Einbeziehung eines wendischen Kietzes ummauert.

Der erste Kirchenbau der *Stadtkirche St. Nikolai* aus Feldsteinen scheint ein einschiffiger frühgotischer Saal mit eingezogenem, gerade geschlossenem Chor – in der Ostwand ursprünglich die charakteristische Dreifenstergruppe – gewesen zu sein, wenn man nicht diesen, in dem später immerhin zwei spätgotische Sterngewölbejoche Platz fanden, im ganzen für den Erstbau nehmen will. Dann wäre das dreischiffige Hallenlanghaus aus Backstein kein Um- oder Erweiterungsbau, sondern ein Neubau des 15. Jh. Der Westturm hat viele Zerstörungen hinnehmen müssen, in seiner jetzigen Gestalt ist er das Ergebnis eines Wiederaufbaus im Jahre 1928. Die Ausstattung rührt von Stiftungen der Bürger und des »Churfürstlich-Brandenburgischen General-Wachtmeisters von der Lüttken« her, der nach dem Brand von Stadt und Kirche im Jahre 1680 Patron war. Die Altargemälde hat 1687 der Bürgermeister und Maler in Kremmen, Clemens Colas, gemalt. Die Kanzel, zu der auch Christoph Pflug und seine Frau beigetragen haben, wurde 1690 getischlert und 1694 bemalt. In den gleichen Jahren haben die Ehepaare Buße und Lange die hölzerne Taufe fertigen und malen lassen. Für den Sohn Lüttkes, der 1691 in den Türkenkriegen gefallen war, wurde ein Gedächtnisbild angefertigt. Ein Epitaph für T. J. Grüwels stammt von 1708. Älter sind die hölzernen Emporen im Chor, laut Inschrift von 1603, an deren Brüstung die zwölf Apostel als Brustbilder dargestellt sind. Unter der südlichen Empore steht der Lüttkesche Patronatsstuhl mit Bildern des Königs David und des Propheten Nathan.

Kyritz (Ostprignitz, Kreis Kyritz)

Möglicherweise gehört Kyritz mit zu den Orten, die in der Stiftungsurkunde des Bistums Havelberg von 948 genannt werden. Man vermutet eine slawische Siedlung als Ausgangspunkt der Stadt. Ihr Recht erhielt sie nach Stendaler Vorbild 1237 durch die Herren von Plotho, einem Freiadelsgeschlecht aus dem Magdeburger Gebiet, das ähnlich wie die Herren von Putlitz und von Werle im Zuge der Ostexpansion im 12. Jh. in der Prignitz Land nahm und zu einer dynastischen Kleinherrschaft ausbaute. Die Stadtanlage, ein regelmäßiges System aus drei Parallelstraßen mit einer vierten späteren Erweiterungsstraße an der Westseite und anschließender Gesamtmauerung auf längsrechteckigem Grundriß in Nord-Süd-Erstreckung bestätigt den slawischen Ursprung der Siedlung allerdings nicht. Auch das Marienpatrozinium der Kirche weist auf eine Stiftung erst zur Stadtgründungszeit hin.

Der Bau der *Stadtkirche St. Marien,* eine dreischiffige Hallenkirche mit eingezogenem einschiffigem Chor, könnte in den Feldsteinsockelmauern des Chorpolygons noch die Reste eines Baues aus dem späten 13. Jh. enthalten; die Marienkirche in Berlin hat einen ähnlichen Chorschluß mit fünf Seiten des Zehnecks, auch die untere Fensterreihe wäre vergleichbar und eigentlich der Gesamtgrundriß mit seinen sechs Jochen, querrechteckig im Mittelschiff und längsrechteckig in den Seitenschiffen. Wie es tatsächlich zu dieser Anlage gekommen ist, die mit ihren Formen, den gedrehten Diensten und eingezogenen Strebepfeilern vor allem, erst dem 15. Jh. angehört, dürfte schwer zu klären sein. Zu den Besonderheiten des Baues sind weiter die zweite Reihe von Polygonfenstern und die starke Überhöhung der Mittelschiffsgewölbe zu zählen, die ebenfalls baugeschichtlich schwer zu deuten sind (Erweiterung und Erhöhung eines Baues des 13. Jh. im 15. Jh. oder erst die Folge späterer Erneuerungen?). Ein entscheidender Umbau erfolgte im frühen 18. Jh. In den Jahren 1709/14 erhielt das Äußere eine heute noch das Erscheinungsbild bestimmende barocke Gliederung mit Lisenen und Gebälk, abgesehen von der eigenwilligen neugotischen Westfassade aus der Mitte des vorigen Jahrhunderts. Auch die Kapelle an der Nordseite, in der seit 1978 der spätgotische Schnitzaltar aus Brüsenhagen steht, stammt aus der barocken Bauzeit. Das Innere hat 1909 seine barocke Verkleidung zugunsten einer damals als mittelalterlich empfundenen Backsteinsichtigkeit der Pfeiler, Dienste und Rippen wieder verloren. Barocke Einrichtungs- und Ausstattungsstücke wie die Kanzel blieben jedoch erhalten. Der Taufstein mit figürlichen Reliefs läßt sich eher mit primitiven Arbeiten des 16. Jh. als mit Werken des 13. Jh. vergleichen, auch spricht die Ikonographie für eine Entstehung nach der Reformation (J. Fait). Ein Meisterwerk spätgotischer Kleinkunst stellt der Kelch aus der Zeit um 1430 mit eingravierten Figuren am Sechspaßfuß dar. Abb. S. 88–90

Lebus (Lebus, Kreis Seelow)

Auf dem Bergrücken am Rande der Lebuser Hochfläche, unmittelbar am linken Oderufer nördlich von Frankfurt, befand sich schon im 9. Jh. eine slawische Burg, deren Namen auf den östlichen Stamm der Wilzen, auf die Leubuzzi, und auf das Land links und rechts der Oder übertragen worden ist. 1249 sind dann drei Burgen bezeugt. Eine Marktsiedlung auf dem schmalen Flachufer wurde etwa 1225 vom schlesischen Herzog Heinrich I. und dem Bischof von Lebus begründet und mit deutschem Stadtrecht ausgestattet (1226 civitas). Bischofssitz war Lebus seit 1124/25 oder 1133. Die 1236 urkundlich genannte ecclesia cathedralis (identisch mit der Stiftskirche St. Adalbert?) war 1241 noch nicht vollendet, wird wohl auch kaum in den Eroberungswirren um die Mitte des Jahrhunderts, geschweige denn nach der Verlagerung der Bischofsresidenz, die doch wohl schon früh beabsichtigt war (vgl. Frankfurt an der Oder), weitergeführt worden sein. Das Kapitel hatte seinen Sitz allerdings bis 1385 in Lebus, bevor es nach Fürstenwalde übersiedelte. An Burgkapellen werden erwähnt St. Barbara und St. Peter; in letzterer war der Sohn des schlesischen Herzogs Heinrich II. 1242 bestattet worden. Die *Stadtkirche St. Marien* liegt am Ufer, direkt unterhalb der Burg. Der bestehende Bau ist eine Teilwiederherstellung des 1945 mitsamt der Inneneinrichtung zerstörten klassizistischen Neubaus von 1810.

Lenzen (Westprignitz, Kreis Ludwigslust)

Lenzen gehört bereits in die Geschichte der ersten Ostexpansion des 10. Jh. Die Burg Lenzini deckte den Elbübergang zum slawischen Stammesgebiet der Livonen. Die Schlacht im September 929 brachte sie in die Hand der erobernden Sachsen unter Markgraf Bernhard. Mit dem Aufstand von 983 geriet sie wieder unter slawische Oberhoheit, wurde zwar im 11. Jh. durch den christianisierten Obotritenfürsten Gottschalk Sitz eines Klosters, blieb aber nach der Ermordung Gottschalks – angeblich in der von ihm gegründeten Kirche – 1066 bis in das zweite Viertel des 12. Jh. unter heidnischer Herrschaft. Im Zuge der zweiten Ostexpansion im 12. Jh. fiel Lenzen zunächst in den Machtbereich der Edlen Gans von Putlitz. 1252 war es in markgräflichem Besitz und erhielt das Stadtrecht von Salzwedel bestätigt (wohl schon früher, zwischen 1228 und 1239 verliehen). Gleichzeitig vollzog sich der Aufbau der deutschen Stadt in zwei Etappen. Als Kern wird der Bereich um die Kirche angesehen, für die ein Patrozinienwechsel von St. Nikolaus zu St. Katharina überliefert ist. Die neustädtische Erweiterung und die steinerne Befestigung wird erst gegen 1300 angesetzt. Die Burg blieb außerhalb der Stadt.

Die *Stadtkirche St. Katharina,* eine dreischiffige Hallenkirche mit Querschiff, Chorquadrat und 5/8 Polygon wird als spätgotisch bezeichnet; tatsächlich sind zahlreiche Formen vorhanden, die ganz der Prignitzarchitektur des 15. Jh. entsprechen wie Rundpfeiler mit dem aus der Altmark entlehnten Spiralmuster dunkler Ziegel, von Runddiensten flankierte Halbsäulen und Dreikantdienste im Chor wie in Perleberg und Wilsnack und hochbusige Kreuzrippengewölbe. Eine frühere Datierung scheint nicht möglich zu sein, sosehr auch die Gesamterscheinung wie auch der Charakter der Einzelformen – die Kreuzform des Grundrisses, die zum Quadrat neigenden Gewölbejoche, die durch Rundbögen ausgeschiedene Vierung, die kreuzförmigen Pfeiler und die abgestuften spitzbogigen Arkaden im Langhaus – an einen Bau des 13. oder 14. Jh. als grundlegende Voraussetzung denken lassen (F. Adler). Vieles mag erst auf Erneuerungen und Wiederherstellungen des 17. und 18. Jh. zurückgehen. Auch der Altar von 1652 ist eine Stiftung nach dem Brand von 1646. Entscheidend war die Umbauphase in den fünfziger Jahren des 18. Jh. 1751 stürzte der alte Turm ein. Bis 1760 wurde der neue Turm als ein schlichtes Werk der Berliner Schule durch den aus Berlin stammenden Maurermeister Weidner aufgeführt. Gleichzeitig waren die südlichen Querhauswände neu gebaut, der Fußboden im Inneren erhöht und neue Emporen eingebracht worden. In den kreuzförmigen Ostteilen ergab die hufeisenförmige Emporenführung einen Zentralraum, an dessen südöstlicher Ecke die Rokokokanzel Aufstellung fand. 1929 erfolgte eine den Innenraum bestimmende Restaurierung, bei der die Emporen reduziert und die Deckenmalereien freigelegt und wiederhergestellt wurden. Unter den Ausstattungsstücken ragt die Bronzetaufe des Braunschweiger Meisters Heinrich Grawert von 1486 heraus. Die Kanzel ist ein gediegenes, in Berlin gearbeitetes Werk aus dem Jahre 1759; die Krone auf dem Schalldeckel macht eine königliche Stiftung wahrscheinlich. Immerhin ist in der Turmknopfurkunde von »Gottes gnädiger Hilfe und der Behörde Fürsorge« beim Wiederaufbau im 18. Jh. die Rede. Der gesamte Außenbau erhielt damals einen gegliederten Verputz, der 1893/94 wieder beseitigt wurde. Von dieser Restaurierung stammt auch das Portal am nördlichen Querarm nach Perleberger Vorbild.

Abb. S. 93

Liebenwalde (Niederbarnim, Kreis Oranienburg)

Die Burg auf einem Talsandhügel im Havelbruch ist im Zuge der askanischen Gebietserweiterung um Barnim und Uckermark im frühen 13. Jh. anstelle einer slawischen Befestigung angelegt worden und gehörte mit ähnlichen festen Plätzen in Bötzow (Oranienburg) und Zehdenick wie auch in Biesenthal, Eberswalde und Oderberg zu einer Kette von Grenzfesten, auf denen Vögte zur Schutzaufsicht über Wegepässe saßen. Sie verloren ihre strategische Bedeutung mit der Ausdehnung des brandenburgischen Territoriums. Die Burg Liebenwalde aber hatte bis ins 15. Jh. Grenzsicherungsfunktionen und bildete bis ins 17. Jh. einen umfänglichen Gebäudekomplex. Die Stadt Liebenwalde, etwas abseits der Burg, ist um 1230 entstanden, besaß – wohl aufgrund des natürlichen Schutzes durch die sie einst umgebenden Gewässer und Sümpfe – nie eine Mauer, und auch der Grundriß gleicht mehr dem eines Angerdorfes als dem einer gegründeten Stadt. Auf der angerartigen Erweiterung der in West-Ost-Richtung verlaufenden Hauptstraße stehen Rathaus und Kirche. Ein Stadtbrand zerstörte 1832 auch die alte Stadtkirche bis auf den Grund, so daß ein völliger Neubau an ihrer Stelle errichtet werden mußte. Den Entwurf zur neuen *Stadtkirche* erarbeitete der Bauinspektor Hermann aus Zehdenick, die Ausführung erfolgte nach Korrekturen durch die Oberbaudeputation, die auf Karl Friedrich Schinkel zurückgehen. Obwohl dem Entwurf die Form seiner »Normalkirche« zugrunde lag, forderte Schinkel folgende Abänderungen: doppelgeschossige Fensteranordnung an den Langseiten entsprechend der inneren Emporenanlage und vom Kirchenschiff getrennte Stellung des Turmes, »um den Nachteil verschiedenen Setzens der Mauern von verschiedener Höhe zu vermeiden«. Beim Bau 1833 bis 1835 wurden diese Anweisungen eingehalten, und da Veränderungen am Außenbau nicht erfolgt sind, haben wir es in Liebenwalde mit einer der besterhaltenen Leistungen des städtischen Sakralbaues im Lande aus der späten Schaffenszeit Karl Friedrich Schinkels zu tun. Das Innere hat durch neuere Umbauten und Zutaten von seiner originalen Wirkung etwas eingebüßt, aber die Ausstattungsstücke (Taufe, Kanzel, Altartisch, Stand- und Kronleuchter) aus der Erbauungszeit stellen Kostbarkeiten klassizistischer Handwerkskunst dar. Abb. S. 95

Lieberose (Niederlausitz, Kreis Beeskow)

Wie das benachbarte Friedland war auch Lieberose wohl eine landesherrliche Gründung der Markgrafen der Lausitz, die der Stadt 1302 die Rechte bestätigten. Sie ging aber später, nach Aussage der Sensen im Stadtwappen, an die Ritter von Strehla, die das Land Beeskow-Storkow besaßen, über. Seit 1519 gehörte es denen von der Schulenburg und war seitdem Mittelpunkt einer kräftigen und beständigen Standesherrschaft. Der Ort nahm seinen Ausgang von einer Wasserburg, die das Wegekreuz Frankfurt – Cottbus und Leipzig – Guben deckte. Die noch im 13. Jh. angelegte kleine Siedlung hatte 1302 bereits Mauer und Graben. Die Straßenführung mit einem langgestreckten dreieckigen Platz, auf dem das Rathaus und zwei Kirchen, die Stadtkirche und die Landkirche, in einer Achse hintereinander schließlich erbaut wurden, ist bestimmt von der Kreuzungssituation und der axialen Ausrichtung des Marktes auf das Schloß, das in mehreren Bauphasen vom 16. bis 18. Jh. zu einer stattlichen Vierflügelanlage im Charakter der großen Landschlösser des sächsischen Adels heranwuchs.

Die *Stadtkirche,* für die ein Peter-Pauls-Patrozinium vermutet wird, war ein bescheidener spätgotischer Hallenbau, dessen sterngewölbtes Mittelschiff die kreuzgewölbten Seitenschiffe an Höhe um einiges übertraf. Die Ostteile waren erst um 1590 in Form eines Hallenumgangschores angelegt worden. Seit der Zerstörung im April 1945 ist die Kirche nurmehr als Ruine erhalten. Allein der quadratische Westturm, als der älteste Teil des Bauwerkes angesprochen (um 1400), steht mit seinem Feldsteinuntergeschoß, seinen beiden blendengegliederten Backsteinobergeschossen und seinem für die odernahe Landschaft typischen Zinnenkranz und einem gemauerten achtseitigen Pyramidenhelm noch in Gänze. Von besonderer Bedeutung war an der Lieberoser Stadtkirche der späte, am Ende des 16. Jh. errichtete Umgangschor. Er folgte durchaus den gotischen Vorbildern, hielt sich auch in den Proportionen an die schon stehende Halle, hatte aber in der Erscheinung und in dem spärlichen Detail ausgesprochenen Renaissancecharakter. Das gratige Stichkappengewölbe mit einem gotisierenden Sternmuster als Baldachin über dem Altarplatz fügte einen manieristischen Zug hinzu. Baumeister war ein Italiener namens Thaddäus Paglion, der als »wellischer Meurer« schon früher im Stadtbuch auftaucht, aber erst seit 1586 Lieberoser Bürger war. Er hat am Schloß gebaut und ist Anfang des 17. Jh. durch den Umbau des Rathauses in Frankfurt an der Oder zu einiger Berühmtheit gelangt. An der Stadtkirche hatte er offenbar die Aufgabe, eine Schulenburgsche Gruft- und Gedenkkirche zu errichten. Die Bildhauer, die das 1597 vollendete Epitaph für den 1594 verstorbenen Joachim von der Schulenburg geschaffen haben, die Brüder Michael und Jonas Grünberger, kamen aus Freiberg in Sachsen, wo gerade die wettinische Fürstengruft am Dom durch den Italiener Giovanni Maria Nosseni vollendet worden war. Der mehrgeschossige architektonische Aufbau aus Standstein mit Reliefs und Figuren aus Marmor und Alabaster wurde nach der Zerstörung der Stadtkirche in die benachbarte Landkirche übergeführt und dort in Teilen als Altarretabel aufgestellt. Die *Landkirche,* ein schlichter gotisierender Saalbau von 1824/26 mit polygonalem Ostschluß und schlankem Dachreiter über dem Westgiebel, dient heute der Stadtgemeinde als Gottesdienstraum.

Abb. S. 94

Lindow (Ruppin, Kreis Neuruppin)

Das Städtchen zwischen Gudelack- und Wutzsee verdankt seine Existenz einem Nonnenkloster, das die in Ruppin residierenden Grafen von Arnstein im Zuge des Ausbaus ihrer Landesherrschaft um den Rhin an diesem strategisch nicht unwichtigen Platz anlegten. Sie betrachteten die Einrichtung ähnlich wie die Dominikaner-Niederlassung in Ruppin als ihr Hauskloster. Nach der Reformation ist es in ein Damenstift umgewandelt worden, das bis in unser Jahrhundert bestand und Theodor Fontane als Vorwurf für das Kloster Wutz in seinem Roman »Der Stechlin« diente. Neben dem Kloster entstand, gefördert durch eine landesherrliche Ausstattung mit 34 Hufen, die Siedlung mit einem Markt an der Straße, die die Landenge zwischen den Seen in Nord-Süd-Richtung passiert. Am Südende liegt die *Stadtkirche*, bis ins 18. Jh. ein Feldsteinbau, wohl noch aus dem 13. Jh., der vermutlich beim Stadtbrand 1746 so sehr beschädigt wurde, daß man ihn abtrug und 1751–1755 nach Plänen des Landbaumeisters Georg Christoph Berger eine neue Kirche erbauen ließ, einen Quersaal mit den typischen, einander gegenüberliegenden kreuzarmartigen Erweiterungen an den Langseiten für den Kanzelaltar und die mit ihm in der Gestaltung korrespondierende Loge, hier für die Stiftsdamen gedacht. Emporen umlaufen den Raum an drei Seiten in zwei Geschossen. Der Außenbau weist eine sparsame Putzgliederung mit Lisenen, Eckquaderungen, Gesimsen, Faschen und Verdachungen über Türen und Fenstern auf. Der Turm steht an der Ostseite und schiebt sich in die Blickachse der Hauptstraße, deutlich an die alte Funktion der Kirchtürme als Orientierungsmarken in den Siedlungen und in der Landschaft erinnernd. Abb. S. 95

Luckau (Niederlausitz, Kreis Luckau)

Die Stadt ist vermutlich aus einer Burgsiedlung am Nordrand der Altstadt und einer Marktsiedlung südlich davon entstanden. Die Gründung erfolgte wohl noch unter Markgraf Dietrich dem Bedrängten († 1221), 1276 wurde sie erstmals erwähnt. Auf annähernd kreisförmigem Grundriß war die Stadt am Ende des 13. Jh. mit Mauer und Graben befestigt. Die Straßen sind gitterförmig angelegt; die von Westen kommende Hauptstraße gabelt sich, und beide Stränge nehmen dann den Markt mit der Georgenkapelle, der ursprünglichen Pfarrkirche, zwischen sich. 1386 wird St. Georgen als Kapelle geführt, hatte die Funktion als Pfarrkirche also bereits verloren. Der bald nach der Reformation profanierte Bau bietet sich heute äußerlich mit barocken Volutengiebeln dar, wie sie mehrere Wohnhäuser am Markt auch besitzen, birgt aber im Inneren noch Bauteile, die bis ins 13. Jh. zurückreichen. Für das Stadtbild bedeutsam ist der »Hausmannsturm«, der über dem alten Westturm der Kirche 1556 und 1697 als Wartturm von beträchtlicher Höhe errichtet worden ist.

Als neue Pfarrkirche ist um 1281 die »ecclesia Beatae Mariae Virginis et Sancti Nicolai«, die spätere *Stadtkirche St. Nikolai*, im Bau gewesen. Sie hatte möglicherweise die Kirche der Burgsiedlung zum Vorgänger. Von der Bautätigkeit des 13. Jh. ist heute nurmehr der Feldsteinunterbau der Westtürme erhalten, deren spitzbogiges Portal die charakteristische Abtreppung des Gewändes aufweist. Deutlich ist der Einfluß des Magdeburger Elbegebiets zu spüren, der entlang des Flämings bis in die Lausitz wirksam geworden ist (vgl. Dahme), und unschwer läßt sich der zugehörige Kirchentyp eines Saales oder einer Halle mit rechteckigem Chor vorstellen. Ob ein solcher Bau tatsächlich existiert hat – 1327 wurde für den Kirchenbesuch ein Ablaß gewährt, was einen benutzbaren Bau voraussetzt – und ob die 1348 und 1354 angezeigte Errichtung eines Marienaltars den Neubau einer Backsteinhalle zur Voraussetzung hat, oder ob es sich um einen lang dauernden Bauvorgang vom 13. bis zur Mitte des 14. Jh. gehandelt hat, läßt sich schwer entscheiden. Auf jeden Fall aber sind die Backsteingeschosse der Westtürme Zeugen einer Bautätigkeit um 1350.

1370 fiel die Lausitz an Böhmen, und 1375 schenkte Kaiser Karl IV. eine Reliquie des heiligen Paulinus der Luckauer Kirche und machte weitere Stiftungen. Luckau bekam die Bedeutung eines Wallfahrtsortes. Mit der Re-

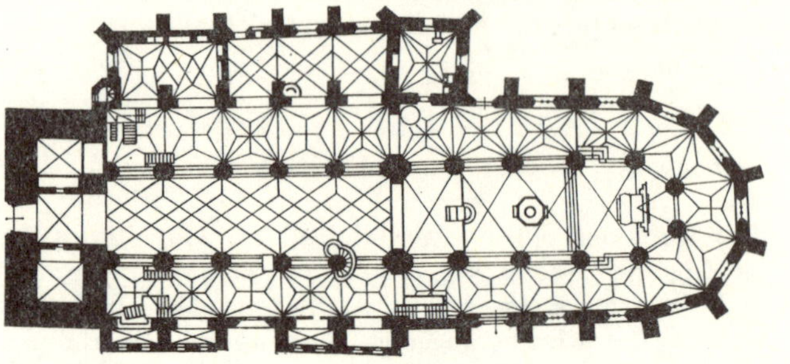

liquienübertragung begann jene Bauperiode, die der Luckauer Nikolaikirche ihr heutiges Aussehen verlieh. Ein gestreckter dreischiffiger Hallenchor von vier Jochen mit fünfseitigem Umgang um den dreiseitigen Mittelschiffsschluß wurde dem bestehenden Langhaus angefügt. Es ist der früheste Hallenumgang in der Lausitz, Vorbild für die später oft vereinfachten Chorformen an lausitzischen Stadtkirchen, selbst aber durch das Beispiel der Marienkirche in Frankfurt an der Oder angeregt. 1377 ist vom Bau einer Kapelle die Rede, in der der Kopf des heiligen Paulinus aufbewahrt werden soll. Die Ausschmückung des Inneren wird 1387 der Gebefreudigkeit der Gläubigen empfohlen, und 1388 wird ein neuer Marienaltar geweiht. Das setzt die Fertigstellung voraus. Es muß sich also um einen schnellen Bauablauf gehandelt haben. Deshalb wird auch die Wölbung des Chores nicht diesem, sondern dem folgenden Bauabschnitt zugerechnet, durch den das alte Langhaus durch ein neues von fünf Jochen in den Formen des Chores ersetzt wurde. Dabei hätte der Gesamtbau eine einheitliche Wölbung erhalten, Sterngewölbe in den Seitenschiffen, im Mittelschiff Parallelrippengewölbe nach dem Muster der Chorgewölbe des Prager Doms. Die Zäsur zwischen Chor und Langhaus ist jedoch durch stärkere Pfeiler und kräftige Gurte so einschneidend, daß sehr wohl auch eine Aufeinanderfolge der Wölbabschnitte angenommen und, die Anwendung des Parallelrippennetzes analog zu den Mittelschiffsgewölben des Langhauses vorausgesetzt, die Übernahme der Parlerschen Gewölbefiguration aus dem Prager Domchor früher datiert werden kann als erst in das 15. Jh. Die steilen Raumproportionen, die Schlankheit der hohen achteckigen Pfeiler, die fünfseitige Brechung des Umgangs, die einfachen Schrägen anstelle von Profilierungen in den Fenstergewänden, die Unterteilung der Strebepfeiler und das umlaufende Putzband unterhalb des Dachgesimses hat Günther Schade mit Backsteinbauten in Süddeutschland verglichen (vgl. S. 27).

Es sei noch auf das Südportal des Chores hingewiesen. Sein Gewände ist aus Sandstein gearbeitet, den spitzen Bogen rahmt eine Leiste, die auf Konsolköpfen ruht. Man will in ihnen Karl IV. mit Elisabeth von Pommern erkennen. Ein deutlicherer Beweis für die Protektion des böhmischen Königs und deutschen Kaisers wären die ursprünglich vorhanden gewesenen steinernen Wappenschilde, die analog dem Nordportal der Frankfurter

Marienkirche die Landesherrschaft repräsentiert haben könnten.

1644 brannte die Nikolaikirche vollständig aus. Die Mittelschiffsgewölbe im Chor stürzten damals ein und wurden durch die jetzigen Kreuzgewölbe ersetzt, nachdem 1656 die von Hans Petzsch aus Korbitz bei Dresden geleitete Wiederherstellung begann. Sie zog sich mit der Schaffung einer neuen Ausstattung bis in die sechziger Jahre des 17. Jh. hin. In dieser Zeit bekam der Innenraum den malerischen Charakter einer einheitlichen, in der Wirkung ihrer einzelnen Teile bewußt aufeinander abgestimmten Einrichtung, die barockem Verständnis entsprechend in den mittelalterlichen Raum hineinkomponiert ist. Am großartigsten in diesem Sinne ist die amphitheatralische Terrassierung der westlichen Emporenanlage, die gleichsam den Sockel abgibt für den mächtigen Aufbau der Orgel, der 1674 beendet war, ein Prunkstück wie auch die Sandsteinkanzel, die schon 1666 von dem Bildhauer Andeas Schultze aus Torgau gearbeitet und aufgestellt worden ist. Die Bemalung von Orgelprospekt und Kanzel lag in den Händen von Christian Mätzschke aus Leipzig, der sie 1674 und 1681 ausführte.

Die Pfeiler des Langhauses und des Chores sind mit Epitaphien behangen, die von gemalten Draperien umgeben sind. Das Auge wird so durch das rhythmische Spiel der Malereien zum Chorhaupt geleitet, wo sich der Altar von 1670 vor der schlanken Scheitelarkade erhebt. Abraham Jäger aus Doberlug hat ihn gearbeitet. In hochrechteckigen, architektonisch eingefaßten Feldern staffeln sich über der Predella mit dem Abendmahl die Gemälde der Kreuzigung, der Auferstehung und der Himmelfahrt. In den Bildrahmen der Kreuzigung ist ein Behältnis mit echtem Schädel und Knochen eingefügt, eine recht naturalistische Form der Darstellung von Adams Grab unter dem Kreuz Christi auf Golgatha. Es heißt, daß es sich um das Haupt des Paulinus, um jene von Karl IV. geschenkte Reliquie handeln könne. Eine Besonderheit der Luckauer Kirche sind schließlich noch die Stuben und Logen, die für vornehme und begüterte Luckauer Familien im ersten Geschoß der Emporenanlage im nördlichen Seitenschiff eingerichtet worden sind, mit tapezierten Wänden und mit Öfen. Vom Schiff sind sie durch Fenster getrennt. Man gelangt zu ihnen über eine doppelläufige Spindeltreppe, auf der man sowohl den Korridor hinter den Stuben als auch das zweite Geschoß der Emporen mit einfachem Gemeindegestühl erreicht.

Unter dem Gerät ragen ein Reliquienschrein, eine Arbeit des 13. Jh. aus Limoges in Frankreich, und eine Abendmahlskanne, die von Luckauer Bürgern 1584 gestiftet worden ist, heraus. Abb. S. 96–99

Luckenwalde (Jüterbog-Luckenwalde, Kreis Luckenwalde)

Eine deutsche Burg wird 1216 zum ersten Mal genannt, ist aber möglicherweise unter Ausnutzung eines älteren slawischen Walls an anderer Stelle, östlich in der Niederung des Königsfließes, schon im 10. Jh. vorhanden gewesen. Mit dem Gebiet um Jüterbog war sie seit 1157 in magdeburgischem Besitz und gelangte mit der inzwischen dabei entstandenen bäuerlichen Marktsiedlung (»castrum et oppidum«) 1285 an das Kloster Zinna. Ein stadtrechtähnliches Zugeständnis wird in einer Urkunde des Erzbischofs Günther von Magdeburg aus dem Jahre 1430 gesehen, in der das »Dorf« von Beschränkungen im Bierbrauen und -verkaufen sowie bei der Ansässigkeit von Handwerkern ausgenommen wird. Erst durch die Städteordnung von 1808 wurde Luckenwalde förmlich zur Stadt erhoben. Der Stadtgrundriß zeigt im Kern eine Angeranlage (vielleicht das 1173 genannte Dorf Dieke) um die Breite Straße. Der rechteckige und östlich anschließende Markt scheint planmäßig in Burgnähe angelegt worden zu sein. Der Häuserblock, der ihn vom ehemaligen Dorfanger trennt, war angeblich für die Kaufleute gedacht, im Gegensatz zu den schon ansässigen bäuerlichen Einwohnern des Ortes. Die Burg selbst ist wohl bald nach 1285 verschwunden. Daß der sog. Marktturm ein Rest von ihr sei, ist unbewiesen und unwahrscheinlich. Über seinen Ursprung und Zweck weiß man nicht mehr, als daß er seit 1484 als Glockenturm für die zwischen Markt und Breiter Straße liegende *Stadtkirche St. Johannis* fungiert. Aus dieser Zeit stammt wohl auch das Backstein-Glockengeschoß – der Unterbau ist aus Feldstein gebaut – mit den spitzbogigen Schallöffnungen. Das Mansarddach mit dem Dachreiter erhielt der Turm 1723. Über das Alter der Kirche mit dem für die märkischen Stadtkirchen recht seltenen Patrozinium herrscht Ungewißheit. Bisweilen wird sie auf die Kirche des Dorfes Dieke zurückgeführt. Die jetzige Kirche ist eine zweischiffige Halle von fünf Jochen mit einem kurzen eingezogenen dreiseitig geschlossenen Chor aus dem späten 15. Jh. Dieser spätgotische Bau ist offenbar unter Verwendung eines älteren Feldsteinsaals errichtet worden, der möglicherweise nur die drei ersten Joche umfaßte. An die Südseite der beiden östlichen Joche fügte man 1520 eine doppelgeschossige Kapelle mit einem Zierrippengiebel an; die Rippen sind nicht aus Formziegeln, sondern aus Normalziegeln gesetzt, die dem Ganzen einen etwas derben Charakter verleihen. Das Muster kopierte man, als die Kirche 1905 um den westlichen Giebelbau und um die Nordkapelle als Entsprechung zur südlichen bereichert wurde. Im Inneren tragen gedrungene Achteckpfeiler mit blockigen Postamenten die Gurte und Kreuzrippen der Langhausgewölbe; den Chor deckt ein Sterngewölbe. Außer der farbigen Fassung der Gewölberippen sind auch Reste von Wandmalereien 1960 restauriert worden, am östlichen Pfeiler das Martyrium des heiligen Sebastian, an der Nordwand die heilige Katharina, sowie dekorative Motive an den Gewölben und im Chor. Abb. S. 100

Lübben (Niederlausitz, Kreis Lübben)

Der um die Mitte des 12. Jh. erstmals erwähnte Burgort Lubin schützte den kürzesten Übergang, der über die Spreewaldniederung möglich war, so daß sich mehrere Verkehrswege hier vereinigten. Der ältere Burgwall bei Steinkirchen wurde im 13. Jh. aufgegeben und auf die Spreeinsel verlegt (1208 ist die landesherrliche Burg sicher bezeugt), auf der auch eine Stadt planmäßig nach dem Zweistraßensystem mit ausgespartem Markt- und Kirchplatz in der Mitte angelegt wurde. Die *Stadtkirche St. Nikolai* steht zwischen den beiden Straßen östlich vom Markt. Der Turm auf querrechteckigem Grundriß, mit den für die spätgotischen Kirchtürme in der Niederlausitz typischen Blendenreihen in mehreren Geschossen, ist der älteste Bauteil, wohl aus der Mitte des 15. Jh. Der achteckige Aufsatz, den bis 1945 eine geschwungene Haube mit hoher Laterne und Spitze krönte, wurde 1782 aufgebracht. Das dreischiffige Hallenlanghaus ist ein Neubau nach dem Stadtbrand von 1494. Das etwas eingezogene und durch Gurte abgesetzte Chorjoch mit dem fünfeckigen Polygon ist innen unregelmäßig zweischiffig gestaltet wegen der Einbeziehung älterer Bauteile (Sakristei), folgt aber mit den die Ostwand anlaufenden Arkaden der lausitzischen Reduktionsform des Hallenumgangschores. Das reiche Sterngewölbe im Chor hat Rippen aus Stuck vom Ende des 16. Jh. Die Langhausgewölbe auf kräftigen achteckigen Pfeilern zeigen ein Sternrippenmuster, die Kappen sind teilweise als Zellen gebildet. Bei der starken Zerstörung, die die Stadt 1945 erlitt, brannte der Kirchturm völlig aus – er konnte bisher nur provisorisch wiederhergestellt werden –, das Kircheninnere aber blieb verschont. So ist die reiche Renaissance-Ausstattung erhalten. Das Sandsteinretabel auf dem Altar mit szenischen Reliefs aus Stuck hat nach Aussage von Kirchenrechnungen ein Samuel Hanauer aus Strehla gearbeitet. Die Bildfolge hat sowohl waagerecht wie auch senkrecht gelesen ein Bedeutungsprogramm: Das Abendmahl im Sockel (Predella) ist eingefaßt von der Verkündigung und der Geburt Christi. Die vielfigurige Kreuzigung im Hauptfeld wird von den typologischen, auf den Opfertod Christi hinweisenden Szenen aus dem Alten Testament, der Opferung Isaaks und der Anbetung der Ehernen Schlange, begleitet. Im Aufsatz folgen Kreuzabnahme und Jüngstes Gericht übereinander, bekrönt von der Figur der Caritas. Gleichzeitig mit dem Altar sind in den Jahren 1609 und 1610 auch die Sandsteinkanzel (der hölzerne Schalldeckel erst um 1700) und das Taufbecken geschaffen worden. Eine Fülle von Epitaphien und Grabmälern bereichern das malerische Bild des Inneren, das bei einer tiefgreifenden Restaurierung um 1930 die Bemalung und Beschriftung seiner Einrichtung erhielt (aus dieser Zeit stammt auch das Turmportal), die vor allem dem Andenken des von 1669 bis 1676 hier als Pfarrer tätigen und in der Kirche bestatteten Paul Gerhardt gewidmet ist. Seit 1930 heißt die Lübbener Stadtkirche *Paul-Gerhardt-Kirche.* Ein ganzfiguriges Bild des bedeutendsten protestantischen Liederdichters im Altarraum der Kirche gilt als das einzige zu seinen Lebzeiten entstandene Porträt (bezeichnet f. Gottlieb Wernsdorff). Das Denkmal vor dem Turm wurde aus Anlaß des 300. Geburtstages 1907 aufgestellt.

Abb. S. 103–105

Lübbenau (Niederlausitz, Kreis Calau)

Ein castrum Lubbenowe im Spreewald wird 1301 zum ersten Mal erwähnt. Es war Sitz einer Standesherrschaft, zuletzt in der Hand der Familie von Lynar, deren Schloß und Park östlich der Stadt liegen. Die Stadt nahm ihren Ausgang von einem Burgflecken (1315 oppidum), dessen angerdorfähnliche Anlage im Stadtbild bis heute stark mitspricht. Am Ostende des dreieckigen Marktes steht die *Stadtkirche St. Nikolai,* vermutlich nach Plänen des Dresdener Festungmaurermeisters Gottfried Findeisen 1738/41 neu erbaut, ein geräumiger Emporensaal mit eingezogenem, von symmetrischen Anbauten flankiertem Altarraum und erst 1778 stattlich erhöhtem Westturm (Turmspitze 1873?). Die reiche Putzgliederung am Außenbau wurde im 19. Jh. vereinfacht. Das Innere bestimmen die zweigeschossig umlaufenden Emporen. Die Anbauten am Chor enthielten früher die Logen für den Patron und seine Begleitung in den oberen Geschossen, in den unteren die Sakristei auf der Südseite – dort auch die Kanzel – und auf der Nordseite ehemals die Lynarsche Gruft; die Barocksarkophage stehen heute im Schiff. Das Altargemälde – Auferstehung Christi – in hohem Aufbau, von Doppelpilastern flankiert, wird Dietricy aus Dresden zugeschrieben. Das Wandgrab des Moritz Carl zu Lynar († 1768) ist noch zu Lebzeiten des Grafen durch den Dresdener Bildhauer Gottfried Knöffler geschaffen worden. Es stellt ein Hauptwerk der sächsischen Plastik aus der Zeit des sentimentalen, zum Klassizismus neigenden Spätbarocks dar. So präsentiert sich die Stadtkirche von Lübbenau als ein Werk sächsischer Kunst des 18. Jh. Nur als Taufengel fungiert die 1864 gestiftete Bronzekopie einer Figur von Bertel Thorvaldsen aus dem Christussaal des Kopenhagener Thorvaldsen-Museums.

Abb. S. 102, 106–107

Lychen (Uckermark, Kreis Templin)

Wie viele Städte in dem an Gewässern reichen Gebiet zwischen Brandenburg und Mecklenburg-Vorpommern verdankt auch Lychen seine Entstehung einem Straßenpaß zwischen mehreren Seen. Die erhaltene Gründungsurkunde vom 23. Januar 1248 belegt den Anfang der Stadt beispielhaft: Markgraf Johann I. beauftragte die Lokatoren Daniel und Eberhard von Parvenitz mit der Anlage, 150 Hufen wurden als Ausstattung zur Verfügung gestellt. Während der ersten sechs Aufbaujahre war die neue Stadt von Abgaben befreit, danach sollte das in märkischen Städten gebräuchliche Recht in Kraft treten. Eine vorteilhafte Entwicklung war der Stadt trotzdem nicht beschieden, ihre wirtschaftlichen Möglichkeiten wurden vor allem durch die Aktivitäten des nahen Klosters Himmelpfort hinsichtlich des Fischfangs stark beeinträchtigt. So kommt es, daß die *Stadtkirche St. Johann* aus der Gründungszeit fast unverändert auf uns gekommen ist: ein geräumiger Feldsteinsaal mit querrechteckigem Westbau von gleicher Breite – ursprünglich mit dem Schiff durch einen breiten Spitzbogen verbunden – und mit einem schmaleren Rechteckchor, in der Ostwand mit der charakteristischen Gruppe von drei schmalen, hohen Spitzbogenfenstern. Auch an den Langhauswänden sind noch frühgotische Fenster erhalten. Getreppte spitzbogige Eingänge befinden sich im Westen und Norden,

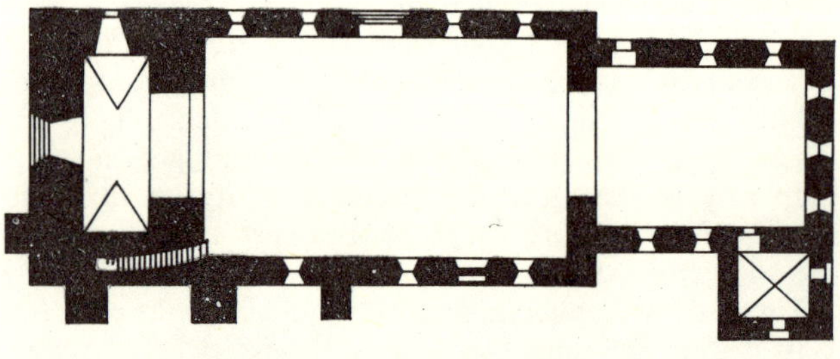

hier besonders groß und aufwendig mit gekehlten Fasen im Gewände; über dem schlichten Südeingang ein Rundfenster. Der einzige mittelalterlich gewölbte Raum ist die Sakristei an der Südseite des Chores, sonst hat die Kirche eine flache Decke. Der äußerst schlichte, streng wirkende, durch seine archaische Kraft beeindruckende Bau erhielt wohl im 15. Jh. eine repräsentative Bereicherung durch die Erhöhung des Westturmes mit einem Backsteinaufsatz. Dieser zeichnet sich durch eine geradezu klassische, an spätromanische Gestaltungen erinnernde Blendengliederung aus; über den Schmalseiten fassen gleichfalls blendengeschmückte Dreieckgiebel ein quergestelltes Satteldach ein, eine für das Land typische Form des Turmabschlusses, wie er durch die Stiche von Merian auch für Templin und Zehdenick überliefert ist und wie er sich in Angermünde bis heute erhalten hat. Ein urspünglich vorhandener Dachreiter ist allerdings verloren.

Abb. S. 108–109

Meyenburg (Ostprignitz, Kreis Pritzwalk)

Die Burg, die Ausgangspunkt der um 1300 entstandenen Stadt war, gehörte wie Putlitz und Freyenstein zu der Kette von Grenzfesten in der Prignitz gegen Mecklenburg. Seit der Mitte des 14. Jh. war sie im Besitz der Herren von Rohr, die zur gleichen Zeit Freyenstein bekamen und neben den Edlen Gans von Putlitz zu den Mächtigsten in der Prignitz zählten. Die Stadt war stark befestigt, Reste der Mauern sind erhalten, jedoch haben sonst keine mittelalterlichen Bauten den Stadtbrand von 1795 überstanden. Auch die etwas abseits der Hauptstraße stehende *Stadtkirche* läßt einen mittelalterlichen Kern schwer erkennen. 1749/52 soll sie in ihrer heutigen Form erbaut, dürfte aber im 19. Jh. noch entscheidend verändert worden sein (neugotische Fenster); der freistehende Turm stammt aus den Jahren 1849/50.

Mittenwalde (Teltow, Kreis Königs Wusterhausen)

Die Grenzfeste zwischen Teltow und Lausitz, am Nordufer des Unterlaufs der Notte, das »castrum Middenwalde«, war 1240, zusammen mit Köpenick, zwischen Wettinern und Askaniern umkämpft und fiel schließlich an Brandenburg. Die Markgrafen werden eine wohl schon vorhandene Markt- und Kirchensiedlung, die sich in der heutigen Stadtmitte mit winkligen Gassen von dem sonst regelmäßigen Straßengitter deutlich abhebt, um die Mitte des 13. Jh. planmäßig zur Stadt ausgebaut haben, auch wenn die »civitas« erst 1307 genannt wird. Der ältere Kirchplatz dürfte dabei übernommen worden sein wie auch das auf einen magdeburgischen Einfluß hinweisende Patrozinium. Die *Stadtkirche St. Moritz* ist dann mit der Stadt neu gebaut worden, ein Feldsteinbau mit Westquerbau und gleichbreitem Schiff, das als Backsteinhalle vollendet wurde. Die ersten vier Joche der heutigen Kirche mit nachträglich angebauten Strebepfeilern und Sechseckpfeilern mit Halbsäulenvorlagen gehen auf diesen Bau zurück, den man vor 1300 entstanden denken kann. Der Pfeilergrundriß ist einmalig, läßt sich aber mit Formen vergleichen, die in der Berliner Marienkirche schon im 13. Jh. auftreten. Ein Umbau brachte im 15. Jh. der Kirche die Erweiterung mit einem Umgangschor und die neue einheitliche Wölbung mit Stern- und Netzrippenmuster; die Form des Mittelschiffsgewölbes begegnet ähnlich in Bernau und war auch in Fürstenberg an der Oder vorhanden. An die Südseite des Chorjochs legt sich eine zweigeschossige Kapelle; die Sakristei im unteren Geschoß verfügt über ein reizvolles Sterngewölbe. Die äußerlich sehr schlichte Kirche erhielt 1877/78 durch Eduard Jacobsthal einen mächtigen, reich gegliederten neugotischen Turm. Er trat an die Stelle eines schlichten Aufsatzes von 1773 über dem mittelalterlichen Westquerbau und beherrscht seitdem nicht nur das innere Stadtbild. Es war offensichtliches Ziel des Architekten, den Turm weit in die Landschaft der Notteniederung hinein sichtbar zu machen.

So bescheiden das Äußere des mittelalterlichen Baues, so prächtig war die Innenausstattung. Von den zahlreichen Altären ist ein großer Flügelaltar erhalten, ein in das Jahr 1514 datiertes Werk. Die Jahreszahl findet sich an einem Fensterbrett im Gemälde der Verkündigung an Maria, auf der Rückseite eines Schreinflügels. Die Gemälde, die sich zeigen, wenn der Schrein geschlossen ist, haben einen Cranachschen Einschlag, der aber sehr wohl durch die Erneuerung von 1862 noch verstärkt worden sein könnte. Ist der Schrein geöffnet, dann erscheint in der Mitte eine geschnitzte Beweinungsszene »Antwerpener Art« in einem gesonderten Schrein, für den der übrige Altaraufbau erst geschaffen zu sein scheint, mit den großen Heiligenfiguren und dem rahmenden Beiwerk, in dem die Wappen von Brandenburg und Dänemark erscheinen. Schließlich steht über dem Ganzen auf merkwürdigen Sockeln ein Gesprenge mit hohen schlanken Figuren. Es sind mehrere heilige Dominikanermönche als Schnitzfiguren dargestellt, es könnte sich demnach um einen Altar für eine Klosterkirche handeln. Die genannten Wappen weisen auf eine Stiftung des kurfürstlichen Paares Joachim I. und Elisabeth von Dänemark hin. Möglicherweise stammt der Mittenwalder Altar aus der Berliner Dominikanerkirche. Von der alten Einrichtung sind noch hervorzuheben: die eisenbeschlagene Sakristeitür und das Chorgestühl, eine volkstümliche Renaissancearbeit mit geradezu witzigen Darstellungen in farbig getöntem Flachrelief, darunter die Hausmarken und Wappen derjenigen, die hier ihre Plätze einnahmen. Die Kirche ist 1955 innen restauriert worden, die Chorfenster erhielten dabei Glasmalereien von Gerhard Olbrich.

Mittenwalde ist eng mit dem Namen Paul Gerhardts verknüpft. Er war hier Propst von 1651 bis 1657. Das Lied »Befiehl du deine Wege« ist in dieser Stadt entstanden. Abb. S. 109–111

Müllrose (Lebus, Kreis Eisenhüttenstadt)

Der Grenzort zwischen dem Land Lebus und der Niederlausitz bestand vermutlich schon in slawischer Zeit. 1260 erfolgte die Gründung der Stadt durch einen Lokator, dessen Name mit Wilhelm Hase angegeben wird. Das Berliner Stadtrecht wurde 1275 bestätigt. In der Urkunde sind auch vier Freihufen für die Kirche erwähnt. Die Stadt scheint zu den wenigen zu gehören, die sich der eingesessene Kleinadel im 14. Jh. grundherrlich angeeignet hat; im Landbuch Kaiser Karls IV. wird sie nicht erwähnt, woraus zu schließen ist, das landesherrliche Rechte nicht mehr bestanden. Die Straßenführung der Stadtanlage folgt dem Leiterschema, in dessen Mitte der Markt und der Kirchplatz ausgespart sind. Die *Stadtkirche* ist ein Neubau von 1746, ein niedriger Rechtecksaal mit einer flachen Putzdecke, eingeschossigen Emporen an drei Seiten, auf der westlichen die Orgel mit stattlichem Rokokoprospekt von 1772, an der östlichen Schmalseite ein hoher Kanzelaltar. Das Äußere ist schlicht verputzt, der Turm an der Westseite wurde im Jahre 1875 erhöht. Vom liturgischen Gerät ist ein Kelch des Berliner Goldschmieds Daniel Männlich aus der Zeit vor 1700 hervorzuheben. Abb. S.112

Müncheberg (Lebus, Kreis Strausberg)

Die Stadt ist aus dem Marktort Lubes (nicht zu verwechseln mit der Bischofsstadt Lebus) hervorgegangen, der um 1225 nach deutschem Recht innerhalb eines von Herzog Heinrich I. von Schlesien dem Zisterzienser-Kloster Leubus und den Templern übereigneten Landes gegründet wurde. Ortsnamen wie Neuentempel und Tempelberg weisen in der Umgebung noch auf diese Tatsache hin. Als die Stadt in den Besitz des Erzbischofs von Magdeburg kam, erhielt sie 1253 ihren heutigen Namen. Der Stadtgrundriß zeigt Trapezform. Das Leiterschema der Straßenführung, das den Kirchenplatz in erhöhter Lage im Ostteil der Stadt einschließt, erweitert sich im

Westteil zum Dreistraßensystem, in dem der Markt seinen Platz hat. Die *Stadtkirche St. Marien,* seit 1945 Ruine, besteht im Kern aus einem einschiffigen Feldsteinsaal mit schmalerem, langgestrecktem Rechteckchor, vertritt also die einfachste Form der märkischen Stadtkirchen aus der Gründungszeit des 13. Jh. Ein Westquerbau soll vorhanden gewesen sein, er wiese auf eine Entstehungszeit nach der askanischen Landnahme um die Jahrhundertmitte hin. Andererseits macht der 5/10-Schluß des erweiterten Chorhauptes vom Grundriß her den Eindruck frühgotischen Ursprungs und könnte Bauabsichten unter der Vorbildlichkeit Magdeburgs nach der Besitzübertragung anzeigen, so daß man den Feldsteinbau doch noch in die schlesische Zeit datieren könnte. Der ursprünglich flachgedeckte Bau wurde spätgotisch eingewölbt mit reichen (heute verlorenen) Sterngewölben, im Langhaus zweischiffig auf Achteckpfeilern. Die Wölbung hatte eine Überformung des ganzen Baues im Sinne einer Backsteinhalle des frühen 15. Jh. zur Folge.

Anfang des 19. Jh. mußte der baufällig gewordene Westturm abgetragen werden. Nach Plänen Karl Friedrich Schinkels ist der heute noch stehende Backsteinturm 1826–1829 in etwa 4 m Abstand von der Westwand des alten Langhauses aufgeführt worden, wie es scheint unter Verwendung von Resten der Westmauer des alten Turmbaues. In Höhe des zweiten Turmgeschosses stellt ein spitzbogig überwölbter brückenartiger Gang die Verbindung zum Dach der Kirche her. Schinkel hat also den neuen Turm nach dem von ihm entwickelten Prinzip vor das mittelalterliche Gebäude gestellt, sich aber gleichzeitig bemüht, mit spitzbogigen Öffnungen des Glockengeschosses und mit dem gemauerten Spitzkegel des Daches, umstellt von Eckfialen, ein mittelalterlich-märkisches Architekturbild zu schaffen (vgl. S. 38).

Nauen (Osthavelland, Kreis Nauen)

Eine Burg am Anfang des Dammes durchs Luch nach Nordosten in Richtung Kremmen, die angeblich schon im 10. Jh., spätestens aber im 12. Jh. noch zu Albrechts des Bären Zeiten bestanden hat, war Ausgang einer Siedlung mit Zweistraßensystem und einem ausgespartem Quartier, auf dem die *Stadtkirche St. Jakobi* ihren Platz fand. Von einer nicht erhaltenen Nikolaikirche, also wohl einer Marktkirche vor dem Dammtor, war im 14. Jh. die Rede, möglicherweise der Hinweis auf einen frühen außerhalb der Burgsiedlung gelegenen Markt, der später in die Marktstraße verlegt und in die Stadt einbezogen worden ist. Einen Pfarrer in Nauen gab es schon 1186. Der stehende Kirchenbau aber, eine dreischiffige Backsteinhalle mit polygonalem Umgangschor, geht erst auf das spätere Mittelalter zurück. Das Innere ist mit Kreuzrippengewölben gedeckt, die von kräftigen Achteckpfeilern getragen werden. Das sterngewölbte Erdgeschoß des südlichen Anbaus dient als Sakristei. Erneuerungen waren vor allem nach dem großen Stadtbrand von 1695 erforderlich, weitere Veränderungen fanden 1742 und 1785 (barocker Turmaufsatz mit geschweiftem Helm) sowie 1845 und 1875 statt (Erneuerung der Fenster und Portale). Die neugotische Einrichtung, das Gestühl, die Emporen, die Kanzel und die Orgel, stammen von 1875. Die liturgischen Ausstattungsstücke im Chor dagegen, der Altaraufsatz und die marmorne Taufe, sind qualitätvolle Barockwerke aus dem ersten Viertel des 18. Jh. (am Altarretabel Zutaten von 1760), wie man sie im östlichen Havelland, vor allem in der Dorfkirche des benachbarten Markau, mehrfach findet. Abb. S. 112–113

Neuruppin (Ruppin, Kreis Neuruppin)

Am nördlichen Westufer des vom Rhin durchflossenen und ursprünglich nach ihm, heute aber nach Stadt und Land Ruppin benannten Sees, legten die Grafen von Arnstein eine Siedlung mit städtischem Charakter an. Sie war als Hauptstadt ihrer kleinen Landesherrschaft geplant, die die Grafen – als Verwandte der Askanier – im Zuge der Ostexpansion übereignet bekamen und in der sie sich bis zum Beginn des 16. Jh. hielten. Am nordöstlichen Ende des Sees lag die Burg Altruppin, der erste feste Sitz der landnehmenden Grafen, von dem aus Gebhardt, ein Urenkel Albrechts des Bären, wohl bald nach 1214 den Grund zu dem Ort legte, der 1256 Stendaler Stadtrecht erhielt und seit 1291 als Neu Ruppin (nove Repin civitas) bekannt ist. Die mittelalterliche Stadt war auf einem nahezu quadratischen Areal abgesteckt und verfügte über das übliche rechtwinklige Straßennetz. Die älteste Kirche mit dem Nikolaipatrozinium lag im westlichen Teil der Siedlung, sie verlor später ihre Bedeutung und war schon zu Beginn des 16. Jh. wüst. Als Hauptpfarrkirche der Stadt wurde wohl bald nach der Erteilung des Privilegs 1256 die *Stadtkirche St. Marien* errichtet. 1787 vernichtete ein Brand fast die gesamte Stadt, ihr Wiederaufbau in den Jahren 1788–1796 durch den Ruppiner Bauinspektor Bernhard Matthias Brasch unter der Aufsicht des Oberbaudepartements in Berlin gehört zu den großen Leistungen des frühklassizistischen Städtebaues in Deutschland.

Der Stadtbrand hatte auch die Stadtkirche betroffen. Eine Ansicht von Friedrich Genelli zeigt in den Trümmern der Stadt die Ruine einer spätgotischen Hallenkirche. Dieser Bau, als dessen Vollendungsdatum 1501 angegeben wird, hat aber auf jeden Fall einen gewiß nicht unbedeutenden Vorgängerbau des 13. Jh. gehabt. Nach dem Genelli-Bild wäre ein Feldsteinunterbau für die beiden Westtürme denkbar, die – durch die Ansichten von Merian und Petzold überliefert – das Stadtbild beherrschten und noch kurz vor dem Brand ihre spätmittelalterlichen Dachhelme mit einem barocken Aufbau vertauscht hatten. Die Ruine wurde gänzlich abgetragen und von Brasch eine neue Kirche in Form eines Zentralbaues auf demselben Platz vorgesehen. Offenbar fand sein Plan aber keine Zustimmung in Berlin, denn der ausgeführte Bau steht an anderer Stelle und ist nach Plänen des Geheimen Oberbaurats Philipp Bernhard Berson erst 1801–1804 durch Carl Ludwig Engel erbaut worden, ein Quersaal, der größte in ursprünglicher Form erhaltene seiner Art; er war zur Entstehungszeit wohl schon ein überlebter Bautyp. Der breit gelagerte, mit einem hölzernen Muldengewölbe überdeckte Innenraum wird an allen Seiten von zweigeschossigen Emporen umgeben, getragen von Säulen dorischen Charakters. Der sparsame, aber vornehme Dekor der Brüstungen hat den Stil des Empire. Die Emporen sind in den Mitten der Langseiten unterbrochen, über dem Eingang durch die Ratsloge, dem Eingang gegenüber durch den von ionischen Säulen flankierten Kanzelaltar mit der Orgel darüber.

Bersons Klassizismus ist eigenwillig, man spürt die Verbundenheit mit dem 18. Jh.; nicht nur Carl Gontard, sondern auch Johann Boumann und Wenzeslaus v. Knobelsdorff dürften ihn beeinflußt haben. Der von letzteren 1747–1750 errichtete erste Dom am Lustgarten in Berlin, auch ein quergelagerter Bau mit Turmkuppel-Überbauung des Eingangsrisalits an der Langseite, scheint vorbildlich für Bersons Plan gewesen zu sein. In Neuruppin antwortet auf der Gegenseite des Eingangsrisalits ein dreiachsiger Risalit im Charakter eines Portikus, von kannelierten Kolossalpilastern gegliedert, der mehr an ein Schauspiel- oder Opernhaus denken läßt als an eine Kirche. Aber die strenge Formensprache der Pilaster und Blendbogen, mit der die Fensterachsen des langgestreckten rechteckigen Baukörpers zusammengefaßt werden, lassen das Bemühen um eine heroische Monumentalität spüren, die dem Klassizismus als Ausdruck sakraler Würde galt. Etwas sentimentalische Supraportenreliefs über den Eingängen stellen Moses mit den Gesetzestafeln, die Taufe Christi und das Abendmahl dar. Eigenartig wirkt der gedrungene Umriß des mächtigen Walmdachs mit seinen charakteristischen Fledermausgaupen und die Kuppel-»Mütze« mit Laterne über dem Eingangsrisalit.

Zu den wenigen aus dem Mittelalter stammenden Bauten, die den Neuruppiner Stadtbrand von 1787 überstanden haben, gehört die ehemalige Klosterkirche der Dominikaner. Das Kloster war von Wichmann von Arnstein, einem Bruder Gebhardts, gegründet worden. 1246 erhielt das Kloster als erste Niederlassung des Ordens in der Mark Brandenburg seine Bestätigung. Vermutlich ist zur gleichen Zeit auch mit dem Bau der Kirche begonnen worden, zunächst ein einschiffiger flachgedeckter Backsteinsaal mit spätromanischen Formen (Rundbogenfries), der in der zweiten Hälfte des 13. Jh. zum Chor des dreischiffigen Hallenlanghauses wurde und einen polygonalen Schluß erhielt. Die Dominikaner-Klosterkirche in Neuruppin ist eine der ältesten Hallenkirchen in der Mark Brandenburg, und nie wieder sind die klassisch frühgotischen Formen der hessisch-westfälischen Nachfolgebauten der Marburger Elisabethkirche so rein in Backstein übertragen worden, aber die Verbreitung der Hallenform ohne Reminiszenzen an kreuzförmig basilikale Bautypen in den märkischen Städten dürfte durch sie entscheidend gefördert worden sein. Nach dem Stadtbrand ist sie keineswegs als Relikt des Mittelalters besonders pfleglich behandelt worden. Erst in den dreißiger Jahren des 19. Jh. kam es nach jahrelangem Bemühen, unter Mitwirkung des in Neuruppin am 13. 3. 1781 als Sohn des Superintendenten geborenen Karl Friedrich Schinkel, zu einer gründlichen »stilgetreuen« Erneuerung, die 1836–1841 in den Händen von Baurat Carl Wilhelm Redtel lag. Als 1974–1978 eine erneute Restaurierung durchgeführt wurde, hat man die dem Originalbau durchaus adäquate Überformung aus der Schinkelzeit weitestgehend bewahrt. Ludwig Dihm hatte 1904–07 zwischen Chor und Langhaus zwei repräsentative Türme eingefügt, ein fremdes Element an einer Bettelordenskirche. Aber Dihm ging es ganz offensichtlich nicht allein um eine Aufwertung des Bauwerks, sondern vor allem um die Wiedergewinnung des mittelalterlichen Stadtbildes, das nun wieder mit den alten Akzenten in der Landschaft am See zur Wirkung gebracht worden ist. – Die ehemalige Klosterkirche dient heute dem Gemeindeleben in weit stärkerem Maße als die eigentliche Stadtkirche. Abb. S. 192–193

Neustadt/Dosse (Ruppin, Kreis Kyritz)

Der Ort ist erst 1664 zur Stadt erhoben worden, was in der Zeit des preußischen Absolutismus sehr selten geschah. Es erfolgte auf Drängen des Landgrafen Friedrich von Hessen-Homburg, der ein Jahr zuvor den Ort erworben hatte. Der Dosseübergang bei Neustadt war schon seit der Landnahme im 12. Jh. befestigt, aber es kam im Mittelalter nicht zu einer geschlossenen Siedlungsanlage. Der Ort blühte erst auf, nachdem in der zweiten Hälfte des 17. Jh. mehrere Manufakturen gegründet und das noch heute bestehende Gestüt angelegt

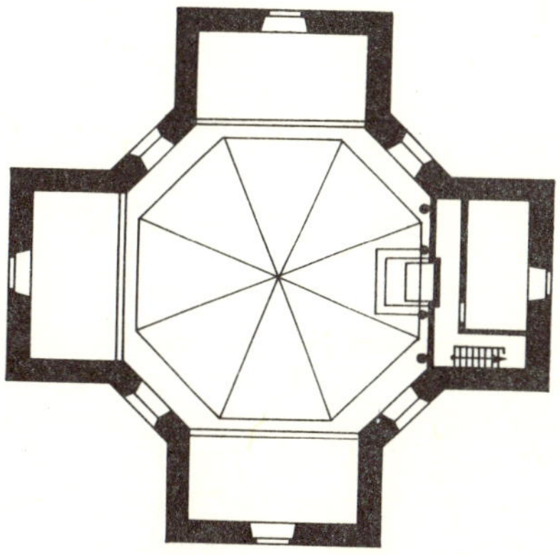

wurden. In dieser Zeit kam es auch zum Neubau der *Stadtkirche*. Laut einer Inschrift an der Empore währte die Bauzeit von 1673 bis 1696. Es ist ein Zentralbau über dem Grundriß eines griechischen Kreuzes mit schrägen Winkeln, so daß der Binnenteil ein Achteck bildet. Als Vorbild wird auf die 1620/23 vermutlich nach einem Entwurf von Hendrik de Keyser errichtete Noorderkirche in Amsterdam hingewiesen, was aber nur ganz allgemeine Züge, keinesfalls die Details meinen kann. Als Baumeister wird Anton Reinhardt genannt (vgl. S. 35). Das Äußere ist verputzt, an den Ecken mit Quadergliederung. Die Portale haben schmuckreiche Sandsteinfassungen und »gesprengte« Giebelverdachungen auf Volutenkonsolen, die Fenster sind von Putzfaschen umzogen. Die Walmdächer der Kreuzarme stoßen an das mittlere Kuppeldach über dem achteckigen Zentralraum; das ganze krönt ein haubengedeckter Turm. Bemerkenswert ist dessen Schieferverkleidung, die die Schallöffnungen mit einem architektonischen Muster umgibt. Die hölzerne Decke des Inneren ist in den Kreuzarmen als Stichkappe, über dem Mittelraum als achtseitige Kuppel ausgebildet. Im östlichen Kreuzarm sind Altar, Kanzel und Orgel übereinander angeordnet, in den anderen Kreuzarmen zweigeschossige Emporen. Trotz der ansprechenden Farbigkeit des Inneren, die bei der letzten Restaurierung um 1970 erneuert worden ist, läßt der bescheidene Raum reformierte Nüchternheit spüren. Originell ist die drapierte Sandsteinvase auf der Sohlbank des südwestlichen Fensters als Denkmal für den Kriegs- und Domänenrat Ernst Bleichert Giese aus dem 18. Jh. Abb. S. 118–119

Niemegk (Zauch-Belzig, Kreis Belzig)

Eine Kirche ist in Niemegk schon 1186 bezeugt, für die heutige *Stadtkirche St. Johannis* wurde der Grundstein aber erst 1852 gelegt (Datum im Feldsteinsockel der Ostapsis), die Weihe erfolgte 1853; von älteren Kirchbauten hat sich nichts erhalten. Der Neubau gilt als ein Werk Friedrich August Stülers, fehlt aber in den Œuvreverzeichnissen des Berliner Architekten (zuletzt E. Börsch-Supan). Die Kirche dürfte ein früher Vertreter jenes Bautyps sein, der in der zweiten Hälfte des 19. Jh. vor allem im ländlichen und kleinstädtischen Bereich gern gebaut worden ist, ein geräumiger Saal, der durch zwei Reihen spitzbogiger Arkaden auf schlanken Stützen in drei Schiffe unterteilt wird, von denen die schmalen Seitenschiffe mit Emporen versehen sind. Das hölzerne

Stützwerk trägt eine Bretterdecke, die über dem Mittelschiff satteldachartig gebrochen ist. In Niemegk ist das östliche Joch allerdings abgesetzt und über kräftigen gemauerten Pfeilern im Mittelschiff und in den Abseiten gewölbt, ebenso die polygonale Apsis. Nach außen stellt sich die Kirche als unverputzter Backsteinbau dar, sehr zurückhaltend sind die gotischen Formen zur Anwendung gekommen, spitzbogige Fenster, Bogen- und Maßwerkfriese, Blenden und Eckfialen. Das Fehlen von Strebepfeilern läßt den Außenbau besonders kompakt erscheinen. Auch die innere Hervorhebung des Ostteiles ist außen nicht kenntlich gemacht. Die Langseiten sind lediglich durch die zweigeschossige Fensteranordnung, den Emporen im Inneren entsprechend, gegliedert. An der Ostseite tritt das Polygon der Apsis hervor, an der Westseite der Unterbau des Turmes, der über dem Dach achteckig aufsteigt. Mit drei Portalen über einem umlaufenden Stufensockel ist die westliche Eingangsseite recht repräsentativ ausgebildet. Die etwas erhöhte Lage der Kirche innerhalb des von sumpfigen Wiesen umgebenen Städtchens bewirkt, daß das mächtige Satteldach und der schlanke Turm weithin im Lande als ein typisch märkisches Architekturbild aus der Mitte des 19. Jh. in Erscheinung treten. Die farbigen Fenster im Chor und das Altartriptychon von Gerhard Olbrich wurden 1953 (aus Anlaß des Jubiläums der Kirchweihe) geschaffen, die übrige Einrichtung stammt aus dem vorigen Jahrhundert.

Oderberg (Uckermark/Angermünde, Kreis Eberswalde)

Die Lage unmittelbar am (alten) Oderlauf sowie an Landwegen, die die Mittelmark und Pommern miteinander verbanden, verlieh dem Burgort Oderberg außerordentliche strategische Bedeutung. Seit Beginn des 13. Jh. in askanischer Hand, ist er 1231 als Sitz eines markgräflichen Vogtes und eines von Prämonstratensern betreuten Marienhospitals mit der urkundlich überlieferten Funktion als Raststätte für Reisende belegt. 1259 sind Bürger und ein Pfarrer nachweisbar, und 1275 ist der Ort mit einem Bürgermeister, 1301 mit Ratsherren als Stadt bezeugt. 1313 besaß Oderberg Stapelrecht für die Oderschiffahrt. Seine Bedeutung ging zurück, als 1317 das Stapelrecht nach Eberswalde übertragen und die Wegeführung nach Pommern über Angermünde gelegt wurde. Die langgestreckte Siedlung verfügte über keine Ummauerung, nur die Straßenausgänge waren befestigt.

Die *Stadtkirche St. Nikolai* steht am Rande der Stadt in Hanglage. Der Neubau nach einem Entwurf von Friedrich August Stüler hat 1853/55 einen Feldsteinbau des 13. Jh. ersetzt, dessen Kreuzform Ferdinand von Quast in zeichnerischen Bauaufnahmen festgehalten hat. Die Stülersche Kirche gehört zu den neugotischen Emporenbasiliken einfacherer Art, langgestreckt mit fünf Arkaden im Schiff und mit davon abgesetztem Chorpolygon. Die spitzbogigen Fenster sind nicht unterteilt und an den Seitenschiffen wegen der Emporenanlage im im Inneren zweigeschossig angeordnet; im Obergaden des Mittelschiffes sind sie paarweise zusammengefaßt. Staffel- und Dreiecksgiebel verblenden die Fronten im Osten und Westen, die Westwand zierte ein (jetzt vermauertes) Radfenster mit Maßwerkrosette. Ein sehr schlanker achteckiger Turm steht am Ostende des nördlichen Seitenschiffes und ist damit in die Blickachse der Hauptstraße der Stadt gerückt. Mit den Giebeln wirkt er als ein bewußt in die Oderlandschaft komponiertes Architekturbild. Als Baumaterial fanden gespaltene Findlinge und gelbe Ziegel Verwendung. Die neugotische Inneneinrichtung besitzt beachtliche Qualität, vor allem die Kanzel mit ihren klaren, der schlichten Architektur adäquaten Formen. Bemerkenswert ist auch das gußeiserne Altarkreuz von 1855.

Oranienburg (Niederbarnim, Kreis Oranienburg)

Auf dem westlichen Havelufer bei dem Flußübergang vom Ländchen Glin zum Barnim ist vermutlich schon um 1200 im Zuge der Sicherung der Havellinie und im Zusammenhang mit dem Vorstoß der Askanier nach Norden eine Burg angelegt worden, und die Verbindungslage des Ortes macht die Existenz einer vorher vorhandenen slawischen Wallanlage wahrscheinlich. Der Name des Ortes, Bötzow, taucht 1216 zum ersten Mal auf. Eine Siedlung mit Pfarre wird bei der Burg vermutet. An der Stelle der Burg wurde im 16. Jh. ein Jagdhaus und seit 1651 ein Landschloß, von Wassergräben umgeben, nach holländischem Vorbild von dem Baumeister Johann Gregor Memhardt und dem Hofzimmermeister Michael Matthias Smids errichtet. Später gaben Johann Arnold Nering, Martin Grünberg und Johann Friedrich Eosander von Göthe dem Schloß das Aussehen, das es nach wechselvoller Geschichte im wesentlichen bis heute bewahrt hat. Nering war es wohl auch, der dem Ort nach dem Brand von 1688 den Grundriß mit den radial auf das Schloß zugeführten Straßen gab. So war aus dem ursprünglichen Angerdorf Bötzow die absolutistische Stadt geworden, die seit 1653 Oranienburg heißt.

Die westliche der drei ursprünglich vom Schloß ausgehenden Straßen trifft auf das Kirchengelände am Südwestrand der alten Stadt. Die Kirche hatte 1658 eine neue Gestalt erhalten, die »als ein langgestreckter kreuzförmiger, innen mit einer Holztonne überwölbter Bau nebst hohem, von einer Galerie umgebenen Turm und einer geschweiften Haube« beschrieben wird. Das erinnert an Schwedt, wo gleichzeitig vermutlich eine mittelalterliche Kirche in einen kreuzförmigen Zentralbau verwandelt worden ist. In beiden Fällen läge holländischer Einfluß vor.

Seit 1848 gab es Neubauabsichten, die aber erst 1864/66 verwirklicht werden konnten. Der Entwurf für die *Stadtkirche* stammt von Friedrich August Stüler. Die Kirche wurde als Emporenbasilika aus gelbem Backstein errichtet, seine Formen gehören zum «romanisierend-renaissancehaften Rundbogenstil« der Berliner Schule, wie er für die Spätwerke Stülers charakteristisch ist. Speziell für Oranienburg wünschte sich Friedrich Wilhelm IV. als Vorbild die venezianische Romanik. Romanisierend darf man neben den Rundbogen die an der Ostseite vortretende Apsis mit der Zwerggalerie auf Säulchen und die Einzelformen des quadratischen, mit einer achtseitig gemauerten Spitze versehenen Westturmes ansprechen. Renaissancehaft wirken die hohen Bogenhallen, die den Turm flankieren, und die mit Terrakottaköpfchen geschmückten, profilgerahmten Flächen an der Westwand. Im Inneren öffnete sich das Mittelschiff mit hohen rundbogigen Arkaden auf achteckigen Stützen zu den Seitenschiffen. Nach den schweren Kriegsbeschädigungen wurde beim Wiederaufbau 1951/52 die basilikale Gestalt nicht wiederhergestellt und das Innere modern ausgebaut.

Peitz (Niederlausitz. Kreis Cottbus)

Die Lage am Ostrand des Spreewaldes, wo in der Niederung verstreute Sandhügel den Übergang der von Böhmen über Cottbus kommenden Straße nach Frankfurt an der Oder ermöglichten, gab Mitte des 13. Jh. den Anlaß zum Bau einer landesherrlichen Burg durch die Markgrafen von Meißen. 1301 erstmals genannt, befand sie sich seit 1462 (Frieden zu Guben) in brandenburgischem Besitz und wurde im 16. Jh. Ausgangspunkt für die Anlage einer Festung. Im Anschluß an die Burg entstand eine Markt- und Kirchsiedlung, die im 15. Jh. zur Stadt herangewachsen war. Inmitten gitterförmig angelegter Straßen befindet sich der rechteckige Markt mit Rathaus und Kirche. Der Neubau der *Stadtkirche* in den sechziger Jahren des 19. Jh. ersetzte einen im Ursprung wohl mittelalterlichen Hallenbau mit vierseitigem Ostschluß. Er stand östlich vom Markt und war nach dem Stadtbrand von 1656 erneuert worden. Seine Einrichtung folgte mit mittlerer Kanzelstellung vermutlich dem Raumkonzept eines Quersaals. Mit dem Bau der neuen, westlich vom Markt stehenden Kirche war 1854 begonnen worden, die Einweihung fand am 23. Mai 1860 statt. Es handelt sich um einen unverputzten Backsteinbau, der durch Streifengliederung der Wände mit farbig unterschiedlichen Steinen einen italianisierenden Charakter bekommt. Drei Schiffe sind angedeutet, jedes mit eigenem Giebel und Satteldach, an der Ostseite mit halbkreisförmigen Apsiden, im Westen das Mittelschiff mit einem Turm schließend, der von den Fronten der Seitenschiffe eingefaßt wird. Die Fensteranordnung ist zweigeschossig, in sechs Achsen stehen jeweils eine rundbogige, gestaffelte Dreifenstergruppe über einem Doppelfenster. Den Formen nach ist der Bau dem nachklassizistischen Rundbogenstil zuzuordnen, dem ein frühchristlich-italianisierender oder romanisierender Charakter eigen ist. Er steht dem Entwurf für die Matthäuskirche in Berlin von Friedrich August Stüler aus den Jahren 1844/46 auffallend nahe. Innen stellte sich die Kirche als schlichter weiträumiger Emporensaal mit Pfeilern, Arkaden und Decken aus Holz dar. Aus der Erbauungszeit stammen noch die Taufe und die Orgel, sonst ist das Innere gänzlich neu eingerichtet.

Perleberg (Westprignitz, Kreis Perleberg)

In einer günstigen Verkehrslage für den Handel zu Wasser und zu Lande entwickelte sich die Stadt auf der Stepenitzinsel rasch zu dem, wofür die Herren und Gründer, die Edlen Gans von Putlitz, sie vorgesehen hatten, zum Hauptort ihrer Territorialherrschaft in der Prignitz. Perleberg behauptete diese Stellung in der Landschaft auch, als 1275 das Gebiet der Familie Gans von Putlitz verkleinert wurde und die Stadt an die Markgrafen fiel. Die Burg des Adelsgeschlechts am Ostrand der Stadt, einst Ausgangspunkt der Siedlung, war schon im 15. Jh. eingeebnet. Als älteste Siedlungskerne werden der Südteil mit einer inzwischen verschwundenen Nikolaikirche und der Stadtteil um den jetzigen Markt mit Rathaus und Jakobikirche in einem Ring- und Radialstraßensystem angesehen. Zwischen beiden liegt der Schuhmarkt, der als ältester Markt gilt. 1239 ist das Salzwedeler Stadtrecht überliefert. Während Stadt- und Kirchengründung noch das Werk derer von Putlitz sind, erfolgte die Vereinigung der verschiedenen Stadtteile und ihre gemeinsame Ummauerung erst in markgräflicher Zeit.

Der Feldsteinunterbau des querrechteckigen Westturms der *Stadtkirche St. Jakobi* gilt als einziger Rest des Gründungsbaues. Anhaltspunkte dafür, wie der zu ihm gehörende Kirchenbau des 13. Jh. ausgesehen haben könnte, gibt es nicht, es sei denn, man wollte in dem breiteren östlichen Joch der jetzigen Hallenkirche aus dem 15. Jh. ein »nachwirkendes Querschiff einer vorausgegangenen Anlage« (Dehio) erkennen; dann wäre in der Prignitz zum Vergleich auf Pritzwalk zu verweisen. Der Umbau zur spätgotischen Hallenkirche begann in Perleberg laut Inschrift am Chor (heute eine Kopie) 1361. Der Chor ist einschiffig und schließt nach zwei Jochen mit einem 5/10-Polygon, bewahrt also in konventioneller Haltung den Einraumchor aus einer Zeit, in der sich auf den Umgang zustrebende Lösungen vor allem in der Uckermark bereits ausgebildet hatten und die Rezeption des Hallenumgangschores süddeutsch-böhmischer Prägung in der Mittelmark unmittelbar bevorstand. Das Langhaus ist eine dreischiffige Halle von vier Jochen, deren Umfassungen – darauf weisen schräggestellte Eckstrebepfeiler hin – möglicherweise mit dem Chorbau gleichzeitig begonnen wurden, während der Ausbau erst später erfolgte. Es zeigt dann die typischen Formen der Prignitz des 15. Jh.: ungegliederte Rundpfeiler – nur die Sockel und Kämpferzonen sind abgesetzt –, unprofilierte spitzbogige Arkaden, Halbrundsäulen mit flankierenden Runddiensten an den Außenwänden (vgl. Lenzen) und hochbusige Kreuzrippengewölbe. Den Außenbau beherrscht das mächtige Satteldach mit dem großen blendengeschmückten Giebel zum Markt hin, in dessen Achse die Kirche steht, so daß sie in diesem Bereich stadtgestalterisch neben dem Rathaus wirkungsvoll ins Bild tritt. Von besonderem Reiz sind die Portale mit dem dekorativen Wechsel von roten und schwarz glasierten Ziegeln im reich profilierten Gewände, deren schmückende Formsteindetails merkwürdig stilisiert und im Charakter eigentlich spätromanisch sind. Ähnlich an spätromanische Vorbilder erinnert auch der fünfarmige Standleuchter aus Messing, dessen Inschrift aber das Datum 1475 trägt und als Meister Harmen Bonstede nennt. Eine gotisierende Restaurierung erfuhr das Bauwerk 1851. Der damals aufgebrachte Turmaufsatz ist 1916 dem heutigen Satteldachabschluß gewichen. Abb. S. 121–123

Plaue (Westhavelland, Stadtkreis Brandenburg)

Der Ort, heute ein Stadtteil von Brandenburg, war im Mittelalter (vermutlich schon seit der Mitte des 12. Jh.) am Havelübergang der Straße Magdeburg – Brandenburg ein Burgplatz von entscheidender Bedeutung und deshalb von den verschiedensten Interessenten, zu denen sowohl der niedere Adel, wie die Quitzows, als auch die Territorialgewalten Magdeburg und Brandenburg gehörten, begehrt. Die Siedlung entwickelte sich entlang dem Straßenverlauf, die *Kirche* stand abseits davon, ein spätromanischer Backsteinbau (Erwähnung 1217), der im 16. Jh. (um 1570) zu einer zweischiffig gewölbten Halle umgebaut worden ist. Seit der Restaurierung von 1862 dient ein gut gearbeitetes Epitaph des frühen 17. Jh. mit szenischen Reliefs und allegorischen Figuren in einem mehrgeschossigen Säulenaufbau aus Sandstein und Marmor als Altarretabel. Der hölzerne Altaraufsatz von 1618 mit Malereien ist dahinter noch erhalten. Die zweigeschossigen Emporen aus dem 18. Jh. engen den Raum nicht ein, sondern schaffen die Voraussetzung für die Gemeindeversammlung zum Predigtgottesdienst. Von den Grabmälern der Familien von Saldern, Arnim und Görne mit den ganzfigurigen Darstellungen der Verstorbenen weist das Epitaph von Görne (†1678) auf jene Patronatsfamilie hin, die Plaue seit 1620 besaß und im frühen 18. Jh. eine Wollwaren- und eine Porzellanmanufaktur gründete. Von einer mittelalterlichen Ausmalung der Kirche sind bedeutende ornamentale und figürliche Reste an der Westwand, zum Teil über den jüngeren Gewölben, erhalten.

Potsdam (Stadtkreis)

Die erste Kirche auf dem Alten Markt, dem ältesten Siedlungskern der Stadt Potsdam, der hier im Schutze einer askanischen Burg im Laufe des 13. Jh. enststanden war, soll der heiligen Katharina geweiht gewesen sein. Es hat sich um einen Feldsteinbau gehandelt, der später mehrfach verändert und nach Bränden (1536, 1550 u. a.) umgebaut worden ist. 1721 legte man den vermutlich nicht mehr sehr ansehnlichen Bau nieder und ersetzte ihn durch einen kreuzförmigen Zentralbau nach einem Entwurf von Philipp Gerlach. Bei der Weihe 1724 wurde erstmals der nunmehr gebräuchliche Name *Nikolaikirche* genannt. Ein hoher Turm an der Nordseite beherrschte seitdem bis zum Brand im September 1795 das Stadtbild, zusammen mit dem Turm der Hof- und Garnisonkirche, 1735 ebenfalls von Gerlach errichtet, und dem der Heiligengeist-Kirche, den 1727 Johann Friedrich Grael aufgeführt hatte. Nachdem Georg Wenzeslaus von Knobelsdorff das bislang noch etwas bescheidene Stadtschloß der Kirche gegenüber in den Jahren 1744–1752 zur königlichen Residenz für Friedrich II. ausgebaut hatte, genügte der Anblick des schlicht gegliederten Gerlachschen Baues offenbar nicht mehr, ihm wurde an der Südseite 1752/54 eine zweigeschossig gegliederte Prunkfassade, reich mit Säulen und Figuren geschmückt, vorgelegt, der als Vorbild die 1742/43 errichtete Hauptfassade der Kirche Santa Maria Maggiore in Rom zugrunde lag. Heinrich Ludwig Manger teilt in seiner Baugeschichte von Potsdam mit, daß Knobelsdorff den Entwurf gemacht, Hildebrant und Boumann die Bauausführung innegehabt und die Potsdamer Bildhauer Glume, Benckert und Heymüller den plastischen Schmuck gearbeitet hätten. Es störte offenbar kaum, daß die Fassade einer der Hauptkirchen der katholischen Christenheit nun das protestantische Gotteshaus »verkleidete«. So ist die Fassade jedenfalls verstanden worden, wenn der Volksmund sie als »Vorhemdchen« bezeichnete. Nach dem Willen des Königs sollte die Fassade dagegen ein beherrschender Bestandteil des »römischen« Platzes sein, zu dem der Alte Markt mit den ihn umgebenden Gebäuden nach italienischen Vorbildern geworden war und in dessen Mitte Knobelsdorff 1754 seinen Marmorobelisk gestellt hatte.

Die hochbarocke Kirchenfassade überstand den Brand von 1795 und wurde erst 1811 abgetragen. Inzwischen lagen schon Neubaupläne von Johann Boumann d. J. und Friedrich Gilly vor, doch erst im September 1830 konnte der Grundstein gelegt werden; jetzt wurde nach dem Entwurf von Karl Friedrich Schinkel gebaut. Aus der Reihe Schinkelscher Entwürfe hatte sich schließlich der Zentralbau herauskristallisiert. Den Kubus auf quadratischem Grundriß sollte eine Kuppel auf säulenumstandenem Tambour krönen. Zur Ausführung kam jedoch zunächst nur der Unterbau, der sich als mächtiger, mit einem flachen Satteldach gedeckter Würfel darstellte, durch ein mittleres Gesims gegliedert und im oberen Teil der West- und Ostseite von großen Halbkreisfenstern durchbrochen. Dem Eingang an der Südseite war bereits der Säulenportikus vorgelegt, und an der Nordseite trat die große Halbkreisapsis hervor. So befremdend dieser Baublock auch gewirkt haben mag, so bedeutend war diese von Schinkel geschaffene Bauform des Sakralen.

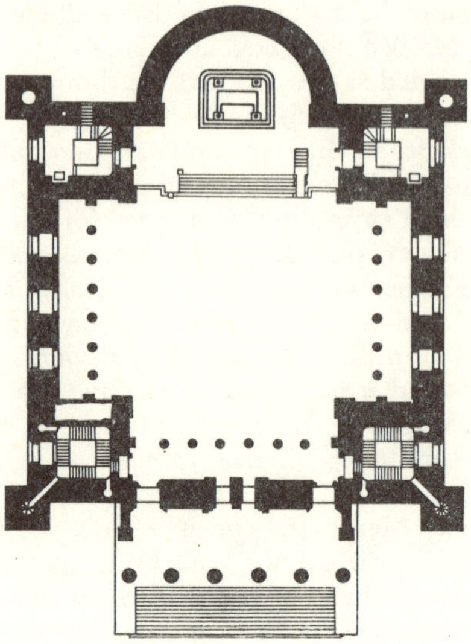

Der zeitgenössische Unmut rührte wohl mehr von der bei der Einweihung am 17. September 1837 festgestellten praktischen Unbenutzbarkeit des Raumes her; von der Festpredigt des Generalsuperintendenten Neander war so gut wie nichts zu verstehen. Das Gebäude erschien ja nicht eigentlich christlich, sondern vielmehr allgemein religiös im Sinne der Aufklärung und der Klassik. Gegen den Willen des königlichen Geld- und Auftraggebers, die Fassade um zwei Türme zu »bereichern«, konnte sich Schinkel mit Erfolg durchsetzen. Offenbar hätte sonst seine Sakralbaukonzeption auf dem Spiel gestanden. Sie mit der Kuppel zu vollenden, ist – nach seinen Entwürfen zu urteilen – seine Absicht gewesen. Daß jedoch deren Ausführung 1843 bis 1850 durch Ludwig Persius und Friedrich August Stüler sehr Wesentliches vom Charakter des Erstbaues zurückgenommen hat, macht ein Vergleich der beiden Zustände deutlich. Die Kuppel determinierte St. Nikolai in Potsdam wieder zum christlichen Kirchenbau in neuzeitlicher Tradition, welche im Rom der Hochrenaissance ihren Anfang nahm. Die vier Ecktürme sind von Schinkel nicht vorgesehene, aus Gründen statischer Sicherheit notwendige Zutaten, die nun aber die Blockhaftigkeit des Ursprungsbaues nahezu unkenntlich machen. In der Nähe beeinträchtigen sie auch die Wirkung des Kuppelaufbaus. Mit zunehmender Distanz jedoch wächst dieser zu einer das Stadtbild und die Umgebung beherrschenden Dominante empor, weithin sichtbar in der Havellandschaft um Potsdam. Dies nun dürfte wieder in der Absicht Schinkels gelegen haben, auch in der seines Mäzens, des Kronprinzen und späteren Königs Friedrich Wilhelm IV. So wie Friedrich II. seiner Residenz den Charakter römischer Urbanität zu geben versucht hat, so war Friedrich Wilhelm IV. von der Idee durchdrungen, Potsdams Umgebung in eine Campagna zu verwandeln. Römische Villen, Terrassen und Gärten sollten die Hügel zieren, an den Ufern der Seen Klöster und Kirchen liegen – die Friedenskirche bei Sanssouci oder die Kirche in Sacrow gehören zu diesem Projekt wie die Neue Orangerie von Sanssouci oder das Belvedere auf dem Pfingstberg –, inmitten aber die alles zusammenfassende Kuppel im Sinne von St. Peter in Rom. Die Ausstattung und Ausmalung des Inneren erfolgte nach Vorstellungen Schinkels. Mit dem ausführenden Maler, dem Corneliusschüler Bernhard Wilhelm Rosendahl, scheint Baurat Persius, der schon zu Schinkels Lebzeiten die Bauleitung innehatte, nicht sehr zufrieden gewesen zu sein. Nach Fertigstellung der Kuppel wurde 1849/50 die Kirche neu ausgemalt; die Leitung für das Figürliche hatte jetzt Peter Cornelius selbst. Interessant ist das heilsgeschichtliche Bildprogramm, zu dem Malereien und auch Plastiken, von Bildhauern der Berliner Schule Christian Daniel Rauchs geschaffen, zusammenwirkten, »gleichsam als harmonische Verkörperung des großen Gedankens der christlichen Religion, die sich vom Geist Gottes aus durch ihre Boten und Verkünder über die Erde verbreitet hat«. Vom Zenit der Kuppel, Abbild des Himmels, ausgehend vom Heiligen Geist, kommen sieben mal vier Engel hernieder, »bereit, Gottes Willen zu verwirklichen, so daß die Religion sich durch alle Zweige des Erdenlebens bis zu dem geringsten Gewerbe hindurchziehe«. In diesem zeitgenössischen Zitat aus einer Inhaltsbeschreibung der Bilder der Nikolaikirche enthüllt sich recht deutlich die klerikal-bourgeoise Ideologie preußischer Obrigkeit unter Friedrich Wilhelm IV. unmittelbar nach dem Scheitern der 1848er Revolution.

Die einmal angeschlagene Symbolzahl Sieben kehrt mehrfach im ikonographischen Programm wieder. Die sieben Urgemeinden vertreten sieben Glaubenstugenden, und im Verein von sieben Märtyrern – darunter der in der Romantik zum »Apostel der Deutschen« erhobene Bonifatius – und sieben Kirchenvätern finden sich sieben Reformatoren: Wyclif, Hus, Luther, Melanchthon, Calvin, Zwingli, Zinzendorf. Der Anspruch, Hauptkirche des Protestantismus zu sein, den wir schon der Bauform abspürten – gegen Rom, aber Rom gleich –, tritt im Inhalt des bildnerischen Schmucks ganz offen zutage, vorwegnehmend, was die wilhelminische Ära dann mit dem Berliner Dom ins Hypertrophe gesteigert hat.

Bei den Beschädigungen, die St. Nikolai in Potsdam 1945 erlitten hat, gingen die 1913 erneuerten Malereien größtenteils verloren, so daß nur Reste konserviert bzw. wiederhergestellt werden können. Im Zuge laufender Wiederaufbauarbeiten wurde das Innere für eine erweiterte gemeindliche Nutzung ausgebaut, wobei auf die weitestmögliche Wahrung der klassizistischen Raumqualität größter Wert gelegt worden ist. Die Einweihung des wiederhergestellten Gotteshauses fand am 2. Mai 1981 statt. Der Außenbau hat bereits 1969/72 sein ursprüngliches Aussehen zurückerhalten. Abb. S. 124–125

Prenzlau (Uckermark, Kreis Prenzlau)

Bevor es in Prenzlau 1234 zur planmäßigen Gründung einer »freien Stadt nach deutschem Muster« mit magdeburgischem Recht durch Herzog Barnim I. von Pommern kam, waren schon mehrere Siedlungen am Ort entstanden. Als die Pommern 1172 die Uckermark besetzten, war am Nordende des Uckersees ein Burgwall bei einer älteren slawischen Siedlung vorhanden. Herzog Bogislaw I. fügte die Kirche des heiligen Sabinus hinzu, und gleichzeitig bildeten sich nordwestlich ein Dorf mit der Jakobikirche und südöstlich eine Kaufmannssiedlung mit der Nikolaikirche heraus, letztere vielleicht als Suburbium einer neuangelegten pommerschen Burg. Mit Burg, Markt und Gasthaus (castrum cum foro et taberna) erscheint Prenzlau 1188 erstmalig in einer Urkunde als Bestandteil des bischöflichen Sprengels von Cammin. Zwischen diesen Stammsiedlungen wurde nun nach 1234 die gegründete Stadt gebaut mit faszinierender Regelmäßigkeit des gitterförmigen Straßennetzes. An der mittleren in West-Ost-Richtung verlaufenden Straßenachse, die das Stadtgelände in die nördliche und südliche Hälfte teilt, reihten sich

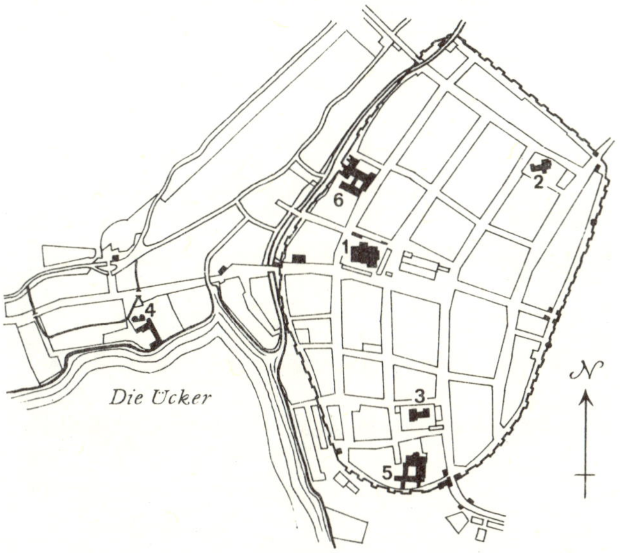

1 St. Marien 2 St. Jakobi 3 Ehemals St. Nikolai 4 St. Sabinus 5 Ehemaliges Dominikanerkloster 6 Ehemaliges Franziskanerkloster

hinter dem »Mitteltor« das Heiliggeist-Hospital, der Platz der neuen Hauptpfarrkirche und der Markt auf. Unweit am nordwestlichen Stadtrand ließen sich die Franziskanermönche nieder. Bei der Sabinuskirche gründete Barnim I. ein Nonnenkloster, und noch vor der Mitte des 13. Jh. wurde die alte Slawensiedlung westlich der Gründungsstadt als »Neustadt« einbezogen. So gehört Prenzlau zu den wenigen Städten in der Mark Brandenburg, die aufgrund ihrer Entstehungsgeschichte über mehrere Pfarrkirchen verfügen. Dabei ist der Fall, daß die Kirchen mehrerer älterer Siedlungskerne innerhalb eines Stadtbereiches bestehen blieben, in der Mark Brandenburg einmalig. Die *Jakobikirche* hat den Charakter einer Dorfkirche des 13. Jh. bewahrt, ein Feldsteinsaal mit eingezogenem, gerade geschlossenem Chor und breitem querrechteckigem Westturm. Auch die *Sabinenkirche* hat trotz der Veränderungen von 1816 ihr Aussehen aus dem 13. Jh. als einfacher Feldsteinsaal behalten.

Die Stadt hatte vermutlich ihre Gestalt schon gewonnen, als die nördliche Uckermark um 1250 in die Hände der Askanier fiel. Sie gaben 1287 die Erlaubnis zum Bau der Stadtmauer und gründeten im Bereich eines landesherrlichen Hofes am Südrand der Stadt um 1275 das Dominikaner-Kloster mit seiner Kirche »Zum Heiligen Kreuz«, jener Kirche, die nach der Reformation die Aufgaben der alten Nikolaikirche übernahm, weil diese baufällig geworden war und abgetragen werden mußte. Nur deren Turmwerk, querrechteckig aus Granitquadern mit einem Aufsatz aus Backstein, blieb bestehen und fungierte als Glockenträger für den turmlosen Bau der ehemaligen Bettelordenskirche, der nunmehrigen neuen *Nikolaikirche.* Seit der Beschädigung der früheren Hauptpfarrkirche St. Marien im Jahre 1945 erfüllt sie deren Funktion. Sie ist eine zwischen 1275 und 1343 (Weihe) entstandene dreischiffige Backsteinhalle von sechs Jochen mit der für das späte 13. Jh. typischen Streckung des Grundrisses, mit querrechteckigen Jochen im Mittelschiff und längsrechteckigen in den Seitenschiffen sowie einem kurzen einschiffigen, mit fünf Seiten des Achtecks geschlossenen Chor. Die Chorstrebepfeiler und das Maßwerk der Fenster deuten auf einen Zusammenhang mit der Choriner Bauhütte, der weiträumige, aber etwas gedrungene Innenraum mit Kreuzrippengewölben auf ungegliederten Achteckpfeilern entspricht ganz der Bauweise der Dominikaner in der Mittelmark (Berlin, Brandenburg). – Von den Resten der mittelalterlichen Ausstattung der Marienkirche sind einige Figuren des in Lübeck 1512 gearbeiteten Hochaltars und die Bronze-

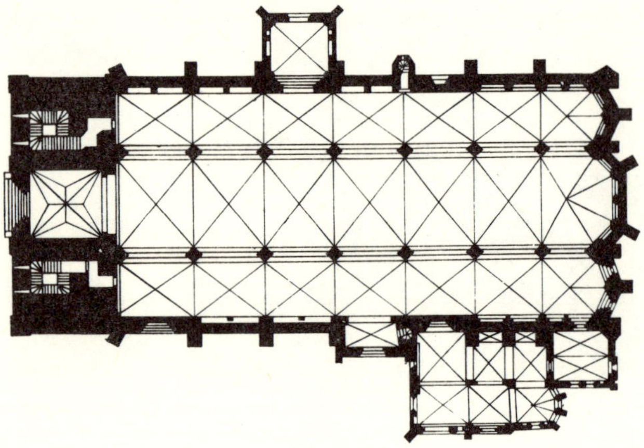

fünte aus dem frühen 15. Jh. in der Nikolaikirche geborgen. Der spätromanische Kelch – er gilt als rheinische Arbeit der ersten Hälfte des 13. Jh. – wird in der Sabinenkirche aufbewahrt. Die ehemalige *Stadtkirche St. Marien* ist im April 1945 bis auf die Umfassungsmauern ausgebrannt. Die Turmaufsätze wurden schwer beschädigt, und sämtliche Gewölbe stürzten ein, aber die Pfeilerreihen mit den spitzen Bögen der Arkaden und vor allem der prächtige Maßwerkgiebel über der Ostwand blieben erhalten. Seit 1970 ist die Wiederherstellung im Gange, ein neues, mit Kupfer gedecktes Dach wurde aufgebracht, der Ostgiebel saniert und neu abgefärbt, die Kapellenanbauten wurden wieder gedeckt und die Turmabschlüsse erneuert.

Baugeschichte und Bauform der Prenzlauer Marienkirche sind für die Architekturentwicklung in Norddeutschland von wesentlicher Bedeutung. Der erste Bau dürfte zwischen 1235 und 1250 entstanden sein und war nach dem Bericht über die Ausgrabungsergebnisse von J. Fait eine gewölbte dreischiffige Hallenkirche mit Querschiff und gestreckt rechteckigem Chor. Die Mittelschiffsjoche waren quadratisch, die Seitenschiffsjoche schmal längsrechteckig. Den Westabschluß sollen nicht von Anfang an die zwei Türme, von denen noch vier Feldsteingeschosse erhalten sind, gebildet haben, sondern ein mittlerer Turm, dessen Innenraum in voller Höhe mit dem Mittelschiff verbunden war. Doch schon bald muß der Plan zu einem doppeltürmigen Westbau gefaßt worden sein, der, sehr sorgfältig aus Granitquadern aufgeführt, dann der wohl gleichfalls aus Feldsteinen errichteten Hallenkirche ein repräsentatives Aussehen verlieh, das vor allem vom Westen und vom See her eindrucksvoll gewirkt haben muß. Das Gewände des spitzbogigen Westportals ist fünffach abgetreppt; das sonst seltene Rundfenster darüber tritt in Prenzlau auch an St. Jakobi und St. Nikolai auf. Die Gliederung mit kräftigen Lisenen und Reihen spitzbogiger Blenden läßt an den Einfluß nieder- und mittelrheinischer Architektur der Übergangszeit zwischen Romanik und Gotik denken, wie er in der nördlichen Uckermark auch an kleineren Kirchen auftritt und der vermutlich über Westfalen vermittelt worden ist, wo auch die Vorbilder für den ersten Prenzlauer Hallenbau zu suchen sind.

Im zweiten Viertel des 14. Jh. wurde unter Beibehaltung der Westtürme ein großzügiger Neubau aus Backsteinen errichtet, eine siebenjochige Halle mit polygonalen Endungen aller drei Schiffe. Man gab der neuen Kirche die Breite des ehemaligen Querschiffes. Der Neubau vollzog sich in zwei Bauabschnitten, die Zäsur liegt zwischen dem dritten und vierten Joch von Osten und wird durch zwei Treppentürme markiert. Die zeitliche Unterbrechung, die zwischen den beiden Bauabschnitten gelegen haben soll, kann bei den geringfügigen Verschiedenheiten in den Details (Maßwerke, Ornamentfriese) von nicht allzu großer Dauer gewesen sein. Im Inneren ist die Form der Stützen, kreuzförmig mit starken und schwächeren vor- und eingestellten Diensten, und die entsprechend reiche Gliederung der Arkadenprofile in beiden Bauabschnitten die gleiche. Ebenso zieht sich die Wandgliederung mit Sockelnischen und dem Laufgang darüber, der die jochtrennenden Vorlagen durchbricht, um die gesamte Kirche. Die größte Bedeutung kommt der Gestaltung der Ostwand zu. Die Schlußpolygone stehen in einer Flucht und bilden das Tragewerk für den monumentalen Giebel, der in der Gesamtbreite der Halle über der Ostwand aufsteigt und diese zur Hauptschauseite der Kirche macht. Das Filigran des Maßwerks sollte aber nicht nur allein, sondern zusammen mit den Giebelreihen an den Langseiten über den Häusern der Stadt zu sehen sein und wie eine gotische Kathedrale das Bild des himmlischen Jerusalem in Erscheinung treten lassen. Die Aufstockung der Westtürme trug zu der gleichen Wirkung bei.

Im Laufe des 14. und 15. Jh. wurden die üblichen Kapellen und Vorhallen hinzugefügt, die ihrerseits mit sehr bemerkenswerten Kompositionen zum Reichtum an Giebeln beitragen, vor allem die Christophoruskapelle an der Südseite des Chores und die Nordvorhalle mit einer schmuckreichen Giebelgestaltung aus der Brunsberg-Schule. Abb. S. 120, 126

Pritzerbe (Westhavelland, Kreis Brandenburg)

Der Ort gehörte als civitas Pricervi bereits zur Ausstattung des 948 gegründeten Bistums Brandenburg. Die Burg diente dem Schutz einer Fährstelle der Straße Havelberg – Brandenburg. Zu einer echten Stadtentwicklung kam es jedoch nicht, auch Stadtrecht ist nicht nachweisbar. Zeitweilig war Pritzerbe bischöflich-brandenburgische Residenz. Die Siedlung wurde nach den Bränden 1689 und 1773 auf verändertem Grundriß wieder aufgebaut. Für die *Stadtkirche* ist ein Marienpatrozinium überliefert, was immerhin auf eine geplante Stadtgründung hinweisen könnte. Der heutige Kirchenbau, ein Putzbau mit quadratischem Westturm, und seine Ausstattung sind das Ergebnis von Erneuerungen des 17. und 18. Jh. Die Orgel, eine Arbeit von Joachim Wagner, wurde 1792 aus der Berliner Garnisonkirche hierher übergeführt. Eine Kostbarkeit stellt der Kachelofen aus dem 18. Jh. dar.

Pritzwalk (Ostprignitz, Kreis Pritzwalk)

Die Stadt gilt als Neugründung an der alten Handelsstraße von Wittenberge nach Stettin, dort, wo diese sich zwischen Perleberg und Wittstock mit einer Nord-Süd-Verbindung von Mecklenburg kreuzt. Sie mag in gewisser Hinsicht strategische Bedeutung für die Flankensicherung der Straße von Norden her gehabt haben, und der regelmäßige Abstand der Städte auf der Linie Wittenberge–Wittstock läßt an die frühe Anlage befestigter Plätze auf jenem Wege denken, den die ersten militärischen Vorstöße im 10. wie dann auch im 12. Jh., einschließlich des Wendenkreuzzuges 1147, in Richtung Nordosten, in Richtung auf die Uckermark und Pommern, genommen hatten. Eine Burg war wie in allen Städten der Prignitz auch hier Ursprung der Siedlung. Das Nikolaipatrozinium der Stadtkirche in Pritzwalk, dem nachträglich ein Marienpatrozinium zur Seite trat, könnte schließlich ebenfalls Hinweis auf eine kaufmännische Siedlung höheren Alters sein, trotz der Regelmäßigkeit des Stadtgrundrisses. Dieser ist ohne Zweifel erst das Ergebnis eines planmäßigen Stadtanlagevorgangs um die Mitte des 13. Jh., auch wenn die Bestätigung des Seehausener Stadtrechts 1256 durch die Markgrafen Johann I. und Otto III. »keineswegs Gründungsakt war, sondern für ein in voller Blüte stehendes bürgerliches Gemeinwesen erfolgte« (J. Schultze). In der Mitte ist der Kirchplatz ausgespart, während der Markt nur in Straßenform überkommen ist. Die heutige *Stadtkirche St. Nikolai und St. Marien* geht in ihren Anfängen auf diese Zeit der Stadtanlage zurück, ein frühgotischer, vermutlich basilikaler, vielleicht kreuzförmiger Feldsteinbau mit querrechteckigem Westbau aus Feldsteinquadern (über dem üblichen Spitzbogenportal ein Rundfenster), an sich ein typischer Bau aus der askanischen Städtegründungszeit, mit Querschiff beinahe eine Frühform, die man noch in die erste Hälfte des 13. Jh. datieren würde, wären nicht die schlanken schmalen frühgotischen Fenster der Erstbaues im Feldsteinmauerwerk noch deutlich zu erkennen. Einige sind in einer Umbauphase, in der vermutlich das Langhaus bereits verbreitert wurde, durch größere mit Backsteingewänden ersetzt worden, noch bevor der Neubau der Hallenkirche mit dem Umgangschor im 15. Jh. vonstatten ging (Chor 1441 geweiht, Gewölbe 1451 vollendet). In dem breiteren östlichen der drei Langhausjoche vermutet man das ehemalige Querschiff (vgl. Perleberg). Die schlanke ungegliederte Form der Rundpfeiler, die hochgebusten Kreuzrippen- und die baldachinartigen Sterngewölbe machen die Pritzwalker Kirche zu einem typischen, die hoheitsvollen Maßverhältnisse, der übersichtliche Raum und die klaren Gewölbelinien zum schönsten Hallenbau der Prignitz. Möglicherweise hat das Zurückdrängen von neugotischen Zutaten des 19. Jh. bei der letzten Restaurierung um 1960 zu diesem Eindruck beigetragen. Seitdem steht auch der spätgotische Schnitzaltar aus Alt Krüssow an der Stelle eines Altarblatts von 1882. Eine zweigeschossige Kapelle an der Südseite des Langhauses ist erst gegen Ende des 15. Jh. angebaut worden. Die Anfänger des mit reichem Sternrippenmuster verzierten Gewölbes werden von glasierten grobformigen Kopfkonsolen getragen. Den hohen Turm mit spitzem Helm hat Friedrich Adler mit den zeitüblichen Charakteristika des exakten Historismus seines Spätstils entworfen; das 1880/82 errichtete Werk steht fremd, als Ableger großstädtischer Neugotik, weithin sichtbar im Land. Abb. S. 127

Putlitz (Westprignitz, Kreis Pritzwalk)

Zwischen den die Prignitz begrenzenden Flüssen, der Elde im Westen und der Dosse im Osten, übernimmt es die Stepenitz gleichsam in der Mitte, die Landschaft in Nord-Süd-Richtung zu teilen. Auf einer von ihr nahe der Grenze zu Mecklenburg umflossenen Insel stehen noch heute die recht ansehnlichen Reste der Burg der Edlen Gans zu Putlitz, deren Herkunft aus dem Harz (Mansfeld) wahrscheinlich ist. Die Burg war seit der Landnahme im 12. Jh. Grenzfeste und zugleich Mittelpunkt der Herrschaft derer von Putlitz.

Neben ihrer Burg entstand wohl erst spät (früheste urkundliche Nennung 1319) die Stadt mit zwei parallelen Hauptstraßen und in der Mitte ausgespartem Markt. Die *Stadtkirche* liegt abseits näher zur Burg und zum Flußübergang, möglicherweise ein älteres Suburbium bezeichnend. Der gegenwärtige Bau verfügt über ein Schiff aus der Mitte des vorigen Jahrhunderts und einen Turm, dessen »Gotik« Jugendstil spüren läßt.

Rathenow (Westhavelland, Kreis Rathenow)

Bei Rathenow bilden dicht an die Havel heranreichende Hochflächen die Voraussetzung für einen günstigen Übergang über den sonst im Süden und Norden von sumpfigen Niederungen eingefaßten Fluß. Die Anlage der Burg ist schon früh anzunehmen, eine Stammsiedlung um die Kirche mit radialer Straßenordnung (und Markt = Mühlenstraße?) auf einer Anhöhe nahe am Fluß ist noch heute erkennbar. Die eigentliche Stadtgründung erfolgte möglicherweise erst gegen Mitte des 13. Jh. mit planmäßiger Anlage nördlich davon. Doch bereits 1216 erscheint Rathenow mit Plaue und Pritzerbe als Grenzort des Brandenburger Archidiakonatsgebiets, und märkischer Grenzort gegen das Erzbistum Magdeburg blieb es bis ins 17. Jh. Zum Zeitpunkt der Erwähnung (1216) dürfte der romanische Bau der *Stadtkirche St. Marien und Andreas* bereits gestanden haben, eine kreuzförmige Backsteinbasilika mit einem querrechteckigen Westturm, von deren Querhaus noch Teile erhalten sind. Die romanische Kirche gehörte zu den Nachfahren der Klosterkirche in Jerichow. Im frühen 15. Jh. ist ein Hallenumgangschor an das romanische Querhaus angefügt worden, der im Norden und Süden symmetrisch recht originell von zwei Polygonkapellen flankiert wird. Beide Kapellen waren mit einem gemauerten Pyramidenhelm gedeckt. Das Umgangspolygon beschreibt sieben Seiten um den dreiseitigen Binnenchorabschluß. Von den »Umgangschören mit symmetrischen Kapellen« (G. Schade) müßte der in Rathenow einer der frühesten sein (um 1420/40). Der Umbau des basilikalen Langhauses zur Halle soll erst 1517 begonnen und 1562 vollendet worden sein. Der Gesamteindruck des Neubaues, vor allem der des Innenraums, ist jedoch ganz der von Kirchen in der Prignitz aus dem 15. Jh.: Rundpfeiler mit spiraligem Muster des Ziegelverbandes, profilierte Scheidbögen, baldachinartige Zierrippengewölbe im Mittelschiff, Stern- und Netzgewölbe in den Seitenschiffen. Als Baumeister ist Andreas Lindemann überliefert.

Den romanischen Westturm hatte man beibehalten, er ist noch auf Stadtansichten des 17. Jh. zu sehen. 1727 wurde an ihm gebaut, aber seine Baufälligkeit nahm zu, er mußte 1818/19 abgetragen werden. Karl Friedrich Schinkel hatte 1821 mit seinem Entwurf in antikisierenden Formen und im Charakter einer monumentalen Triumphsäule zweifellos für die kleine Stadt nicht das Richtige getroffen, ausgeführt wurde der neugotische Entwurf von Christian Heinrich Ziller und Carl Wilhelm Redtel. Der 1828 vollendete Turm war mit der hochaufschießenden Baumasse nicht für die Kirche, auch nicht für die Stadt allein, sondern für die umgebende Landschaft gebaut worden. Hier tritt zum ersten Mal das Motiv auf, den Kirchturm zum landschaftsbeherrschenden Architekturwerk werden zu lassen. Bis ins frühe 20. Jh.

haben die Architekten des Historismus ihre Turmbauten so verstanden.

Nach der starken Beschädigung im April 1945 ist das Langhaus der Kirche 1950–1959 wiederhergestellt worden. Die erhalten gebliebenen Gewölbe der Seitenschiffe konnten durch rechtzeitige Sicherungsmaßnahmen bewahrt werden, die verlorenen Mittelschiffsgewölbe wurden durch eine flache Decke ersetzt. Der Chorteil mit den Seitenkapellen ist noch Ruine.

Von der mittelalterlichen Ausstattung ist der Flügelaltar erhalten, ein Schrein mit fünf geschnitzten Figuren und zwei beidseitig mit Heiligenfiguren bemalten Flügeln. Diesen Malereien ist neuerdings große Aufmerksamkeit zuteil geworden. Sie werden als Werk eines Meisters angesehen, der sie unter Einfluß der böhmischen Kunst der Zeit Karls IV. etwa in den siebziger Jahren des 14. Jh. geschaffen hat. Man hat die je drei Figuren unter Baldachinarchitekturen mit Kompositionen des Meisters von Wittingau (W. Worringer) verglichen, den Stil der Figuren aber mehr in Abhängigkeit des Meisters von Hohenfurth gesehen. Auch auf die Vorbildlichkeit böhmischer Buchmalerei ist hingewiesen worden. Dagegen sind die Plastiken im Schrein wenig beachtet geblieben, ein Magdeburger oder Halberstädter Meister habe sie gemacht. Aber die Unterschiede zwischen den zum Vergleich oder als Vorbild herangezogenen Beispielen sind größer als die Ähnlichkeiten, manches mag dabei auf die Restaurierungen zurückgehen, die in diesem Jahrhundert an dem Altar vorgenommen worden sind (zuletzt 1958). Besonders das Fehlen des Räumlichen, ganz im Gegensatz zur böhmischen Malerei der zweiten Hälfte des 14. Jh., zeigt die Rathenower Malereien noch in der Tradition des frühen 14. Jh.

Ein zweites bemerkenswertes Stück aus dem Mittelalter besitzt die Rathenower Kirche in dem spätromanischen Abendmahlskelch, ein Prachtwerk niedersächsischer Goldschmiedekunst der Zeit um 1260. Der Fuß ist mit Reliefbildern geschmückt, die Geburt und Kreuzigung sowie die Madonna und den thronenden Christus, dazwischen die Symbole der Evangelisten, zeigen. An der halbkugeligen Kuppa finden sich gravierte Darstellungen, der Sündenfall und drei alttestamentliche Szenen, die auf das Kernstück der Messe hinweisen, die Opferung Isaaks, die Anbetung der Ehernen Schlange und Abraham und Melchisedek vor dem Altar. Erklärende Inschriften, in lateinischer Sprache gereimt, rahmen die Medaillons. Die Patene zeigt das gravierte Bild eines Gnadenstuhls, Gottvater mit dem Gekreuzigten und der Taube des Heiligen Geistes, die seit dem 13. Jh. verbreitete Darstellung der Dreieinigkeit. Abb. S. 127–129

Rheinsberg (Ruppin, Kreis Neuruppin)

Georg Wenzeslaus von Knobelsdorff hat nicht nur das alte Renaissanceschloß am Grinericksee für den Kronprinzen Friedrich ausgebaut, sondern auch die Pläne für den Wiederaufbau des zugehörigen Städtchens geliefert, als dieses – ursprünglich eine im 13. Jh. von den Grafen von Arnstein als Grenzposten des Landes Ruppin gegen Mecklenburg angelegte Burgsiedlung – 1740 abgebrannt war. In dem jetzt regelmäßig-rechtwinkligen Straßennetz wurde vom »Quarree IV« an der Kirchstraße ein kleiner Platz ausgespart, so daß die alte *Pfarrkirche St. Laurentius,* die den Brand überstanden hatte, in die neue Stadt einbezogen werden konnte. Der Ostteil der Kirche ist der Rest einer frühgotischen Feldsteinkirche, ob nur der rechteckige Chor eines größeren Baues oder, was näher liegt, im ganzen der ursprünglich flachgedeckte Saal einer Anlage des 13. Jh., sei dahingestellt. Die mittelalterliche Kirche ist 1568 erweitert worden, man fügte nach Westen ein etwas breiteres Schiff mit einem Turm an und wölbte den gesamten Bau mit gratigen Kreuzgewölben ein, im Schiff auf einem kräftigen quadratischen Mittelpfeiler mit hohem Postament und ausladenden Gesimsen, im nunmehrigen Chor dreischiffig auf vier achteckigen Stützen mit sorgfältig gearbeiteten korinthisierenden Kapitellen. Die eigenartige Raumschöpfung gewährt trotz der etwas beengten Situation reizvolle Durchblicke. Sie muß als die einzige erhaltene originale Leistung der Renaissance im märkischen Kirchenbau angesprochen werden.

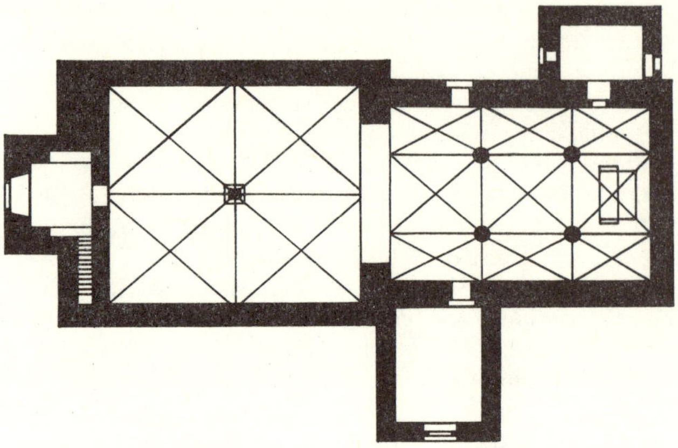

Den Ausbau veranlaßten die damaligen Inhaber der Herrschaft, die Familie von Bredow, die ihr Andenken in der Kirche wie auch in den verschiedenen Ausstattungsstücken aus dieser Zeit gewahrt wissen wollte. Ihre Wappen finden sich zunächst an den Gebälkstücken über den Kapitellen der Chorpfeiler, dann am hölzernen Altaraufbau, und zu den Teilnehmern am letzten Abendmahl, das auf dem Gemälde in der Predella dargestellt ist, gehören nicht nur Luther und andere Reformatoren, sondern auch der Bauherr und Stifter. Bemerkenswert ist die Backsteinstipes, die den Altaraufbau trägt, ein blockartiger Tisch, an dessen Schmalseiten je drei Säulenfüße mit mittleren Schaftringen angeordnet sind, Formen, die frühgotisch anmuten, aber neuerlich als für das 16. Jh. typische Rezeptionen von Vorbildern des 13. Jh. angesprochen werden.

Die Bredowschen Wappen zieren ebenfalls die 1568 gefertigte Kanzel, während die Taufe, eine interessante Terrakottaarbeit in Pokalform aus der gleichen Zeit, wohl eine Stiftung von anderer Seite ist. Das üppigste Denkmal für die Patrone aber ist das große Doppelepitaph an der Nordwand des Chores mit den lebensgroßen Relieffiguren Achims († 1594) und Annas von Bredow auf den in die Wand eingelassenen Grabplatten, umgeben von Wappen und einer dekorativen Renaissancearchitektur aus Backstein und Stuck. Die Kirche der Stadt Rheinsberg mit ihrer Ausstattung ist so ein Denkmal des starken Persönlichkeitsbewußtseins aus dem Jahrhundert von Renaissance und Reformation geworden, muß aber auch als ein Zeugnis der Stabilisierung feudaler Verhältnisse gesehen werden. Das 18. Jh., die Zeit des Kronprinzen Friedrich und seines Bruders Heinrich, durch die Rheinsberg mit seinem Schloß und seinem Park zu fast legendärem Ruhm gelangt ist, ging fast spurlos an der Stadtkirche vorüber; wie aus den Inschriften über dem Chorfenster hervorgeht, hat 1739 eine Renovierung stattgefunden. Abb. S. 130–131

Rhinow (Westhavelland, Kreis Rathenow)

Rhinow ist die Hauptstadt eines gleichnamigen Ländchens, das ähnlich den Ländchen Bellin, Glin und Friesack zunächst von Freiedlen angeeignet, dann aber in markgräflichen Besitz gekommen und nach mehrfachem Wechsel schließlich in der Hand eines belehnten Adelsgeschlechts verblieb. Die Siedlung wurde offenbar Ende des 13. Jh. – damals in markgräflichem Besitz – von einem älteren Platz an die heutige Stelle verlegt und dabei die *Kirche* mit dem für landesherrlich-askanische Gründungen charakteristischen Westquerbau aus Feldsteinen errichtet. Ihre heutige Gestalt hat die Stadtkirche ebenso wie ihre Innenausstattung aus dem Jahre 1734.

Schwedt (Uckermark/Angermünde, Stadtkreis Schwedt)

Eine Talrandinsel am Westrand des unteren Odertales, nördlich begrenzt von der einmündenden Welse, ist alter Siedlungplatz und Wegkreuzungspunkt gewesen. Eine Slawenburg mit Heiligtum wird im späteren Stadtgebiet vermutet. Unter pommerscher Herrschaft seit Anfang des 12. Jh. ist bereits eine christliche Kirche am Ort vorauszusetzen. In askanische Hand ist Schwedt wohl schon um 1230, bei der ersten Teilerwerbung der Uckermark, die bis zur Welse reichte, gekommen. 1265 wird es civitas genannt und war befestigt. In den Wirren des 14. Jh. fiel mit der übrigen Uckermark auch Schwedt an Pommern und wurde erst im 15. Jh. durch die Hohenzollern zurückerobert; 1465 huldigten die Schwedter und erhielten Recht und Freiheiten bestätigt. Der eigentliche Ruhm Schwedts rührte jedoch daher, daß die Stadt 1670 zum Sitz einer brandenburgischen Nebenlinie erhoben wurde, die als Markgrafschaft Schwedt bis 1788 bestand. Kirchlich gehörte Schwedt zum pommerschen Bistum Cammin, bis es nach der askanischen Eroberung zum Bistum Brandenburg geschlagen wurde.

Die Gründung der *Stadtkirche St. Katharinen* könnte noch in die Zeit der ersten pommerschen Herrschaft insofern fallen, als die erste christliche Kirche an der Stelle des slawischen Kultplatzes errichtet worden sein dürfte, der sich eben dort befunden haben soll, wo die heutige Stadtkirche steht. Auffallend und schwer deutbar ist die Kreuzform der Anlage, die den Kern der nach dem Brand von 1887 durch Ludwig Dihm neu erbauten Kirche bildet. Sie ist im Stadtbild von Merian um 1650 deutlich erkennbar und ihrer Form halber sogar als »Creutz Kirche« bezeichnet. Der Baubefund legt einen frühgotischen Ursprung der Kreuzform nahe. Ausgangspunkt wäre dann das Querschiff einer möglicherweise nicht ausgeführten Basilika mit langgestrecktem einschiffigem und gerade geschlossenem Chor gewesen. Dem ist jedoch von Paul Eichholz entschieden widersprochen worden. Wenn mit Recht, dann hätte es sich im 17. Jh. – als Bauzeit käme der Wiederaufbau der Stadt seit 1647 nach den Zerstörungen im Dreißigjährigen Krieg in Frage – um den erweiternden Umbau eines Feldsteinsaales des 13. Jh. mit der Tendenz zum Zentralbau unter niederländischem Einfluß handeln müssen, auf den auch der über dem westlichen Kreuzarm errichtete Turm mit doppelter Haube und Laterne hinweisen könnte. Baurat Dihm hat an dessen Stelle den massigen neugotischen Turm errichtet, der recht widersprüchlich zur Schlichtheit des älteren Baues steht, aber mit plastischer Wucht auch noch nach dem Wiederaufbau in vereinfachter Form – die Kirche war im April 1945 mit der gesamten Ausstattung ausgebrannt – im Architekturbild dominiert. Die strengen Formen des dem langen Chor angefügten neugotischen Polygons zeigen Dihm dagegen als disziplinierten Historisten.

Seelow (Lebus, Kreis Seelow)

Am Rande des Oderbruchs, oberhalb des Hanges des Lebuser Plateaus, entstand wohl noch unter schlesischer Herrschaft ein großes Dorf an der Kreuzung wichtiger Verkehrswege, der Nord-Süd-Verbindung Stettin – Frankfurt an der Oder, der außerordentlich bedeutsamen Oderbruch-Randstraße, und der West-Ost-Verbindung von Berlin nach Polen. Die Entwicklung zum Marktflecken war bereits 1278 vollzogen, und Anfang des 14. Jh. ist urkundlich von einem Städtchen die Rede. Einen weiteren Aufstieg nahm der Ort jedoch nicht, auch besaß er keine Befestigung (zumindest keine steinerne), was er bemerkenswerterweise mit den großen Ortschaften (Quilitz, heute Marxwalde) und den Städten (Wriezen, Freienwalde) an der Oderbruch-Randstraße gemeinsam hat. Die Siedlungsanlage von Seelow ist bestimmt durch die Kreuzungssituation, um die sich ein Straßennetz auf dem Grundriß eines gestreckten Dreiecks legt. Am Treffpunkt der Straßen hat sich der Markt mit unmittelbar benachbartem Kirchplatz gebildet. Die Kirche ist schon für das Dorf belegt, und vom frühgotischen Bau des 13. Jh. hat der Rechteckchor mit gestaffelter Dreifenstergruppe und ebensolcher Blendengruppe im Giebel noch bis in das frühe 19. Jh. gestanden. Nach dem Einsturz von Teilen des mittelalterlichen Baues wurde dieser gänzlich abgetragen und 1830/32 nach Entwürfen des Bauinspektors Siedler eine neue Kirche erbaut, unter maßgeblicher Beteiligung Karl Friedrich Schinkels; man bezeichnet sie als einen der reifsten Sakralbauten aus dessen Spätzeit. Es hat sich um einen klassizistischen Emporensaal auf gestreckt rechteckigem Grundriß mit einem quadratischen Turm an der Westseite gehandelt. Letzterer wurde bei den Kriegsereignissen im April 1945 gesprengt und beschädigte mit seinen Trümmern das Schiff. Erhalten blieben die Ostseite mit der monumental gegliederten Apsis, flankiert von schmalen hohen Nebenapsiden, die die ehemaligen Aufgänge zu den Emporen enthalten, sowie die Langseiten in ihrer ursprünglichen Gestalt. Die Inneneinrichtung ist verloren. Der neue Innenausbau erfolgte seit 1956 den Bedürfnissen der Kirchengemeinde entsprechend mit Gemeinderäumen und verkleinertem Kirchenschiff.

Senftenberg (Niederlausitz/Calau, Kreis Senftenberg)

Wie in mehreren Städten in der Niederung der Schwarzen Elster wird auch für die im 13. Jh. entstandene Stadt eine im 10. Jh. angelegte Grenzburg, an deren Stelle das in veränderter Form erhaltene Spätrenaissance-Schloß (Kreisheimatmuseum) steht, als Ausgang der Siedlungsbildung angenommen. Der Stadtgrundriß zeigt eine leicht gekrümmte Längsstraße zwischen ehemaligem Schloßtor im Osten und Kreuztor im Westen mit rippenförmig angelegten Querstraßen und mittlerem Marktrechteck, an dessen Nordostecke eine schräg geführte Gasse die Verbindung zum Kirchplatz herstellt. In der Blickachse zum Markt steht der Turm der deutschen *Stadtkirche St. Peter und Paul* (auch ein Martinspatrozinium wird namhaft gemacht); unweit nördlich die ehemalige wendische Kirche aus dem 18. Jh. (1749), die 1934 zum Gemeindehaus umgebaut worden ist. Die Stadtkirche ist eine dreischiffige spätgotische Halle von fünf Jochen. Die Umfassungen aus Bruchsteinmaterial bilden als östlichen Abschluß ein fünfseitiges Polygon, doch der zu erwartende Umgang im Inneren fehlt: die Arkaden auf achteckigen Pfeilern (nur das mittlere Stützenpaar ist kreuzförmig gebildet) laufen bis an die Scheitelwand des Polygons durch, wie es für die »Lausitzer Gruppe« und ihre Reduktionsform des klassischen Hallenumgangschores typisch ist. Das den ganzen Kirchenraum einheitlich überdeckende Zellengewölbe, jene seit 1470 in Sachsen und Böhmen, ausgehend von der Albrechtsburg in Meißen, verbreitete originelle Wölbform, die aber auch in Brandenburg in der Petrikapelle auf der Dominsel auftritt, ist in Senftenberg vermutlich erst nach dem Stadtbrand von 1509 entstanden und besteht, wie auch die Pfeiler und die Bögen, aus Ziegeln. Aus Backstein ist auch der spätgotische Turm aufgeführt (Ablaß 1503), über querrechteckigem Grundriß, schmaler als das Langhaus, das Erdgeschoß ungegliedert (Westportal 1891), die Obergeschosse mit den für die Lausitz charakteristischen Blendenreihen, das letzte gestreckter und mit abgeschrägten Ecken. Bis 1891 trug der Turm ein Walmdach, dann erhielt er einen neugotischen Spitzhelm, gleichzeitig wurde das Innere gotisierend überformt. Bei Kriegsende 1945 brannte die Kirche aus und verlor die Dächer wie auch ihre Inneneinrichtung; der Wiederaufbau erfolgte von 1951 bis 1958. Abb. S. 132–133

Spremberg (Niederlausitz, Kreis Spremberg)

Man vermutet eine slawische, später deutsche Burg bei der Spreeinsel, die hier weithin den einzigen Flußübergang ermöglichte. Auf der Insel kam es zur Gründung einer Stadt in der zweiten Hälfte des 13. Jh., 1397 ist das Stadtrecht durch eine Bestätigung nachweisbar. Eine radiale Stammsiedlung in nordwestlicher Lage um den Kirchplatz wurde in Richtung auf die Burg (der mittelalterliche Bau zum Barockschloß umgebaut) mit einem gitterförmigen Straßennetz und dem viereckigen Markt nach Osten und Süden erweitert. Die deutsche *Stadtkirche* – die ehemalige Wendische Kirche, ein spätklassizistischer Bau von 1834/35, ist heute Gemeindehaus – stellt eine dreischiffige fünfjochige Backsteinhalle dar, deren Seitenschiffe im Osten schräg enden, so daß im ganzen ein dreiseitiger Ostschluß entsteht. Es handelt sich um jenen Typ spätgotischer Umgangsbildungen, bei denen die Langhausarkaden die Ostumfassungen anlaufen. Achteckige Pfeiler tragen die Bögen, das Gewölbe zeigt ein schönes Sternrippenmuster; Gurte teilen den Raum zwischen dem mittleren Stützenpaar. An der Nordseite des Ostteils ist über der Sakristei eine sterngewölbte Kapelle angebaut. Für die Entstehungszeit der Halle soll es an der Ostwand das Datum 1509 gegeben haben, zu lesen sind dort heute nur die Erneuerungsdaten von 1549 bis 1977. Die Inneneinrichtung stammt wesentlich aus dem 17. Jh., der Renaissanceaufbau des Altarretabels mit Gemälden und Figuren nach einem einfachen protestantischen Bildprogramm von 1660, die Kanzel mit reichen Blattschnitzereien um 1700, die Emporenbrüstungen mit Darstellungen des Lebens Jesu von der Verkündigung bis zur Auferstehung in einer Braun-in-Braun-Malerei. An der Nordseite befinden sich Patronatsstuhl und Herrschaftsloge mit dem knorpeligen Ornament aus der Zeit um oder bald nach der Mitte des 17. Jh. Die Taufe in Form einer zopfigen frühklassizistischen Sandsteinvase gehört erst dem ausgehenden 18. Jh. an (R. Bergau: 1832?). An geborgenen Kunstwerken befinden sich in der Erdgeschoßhalle des Turms spätgotische Schnitzfiguren aus der Georgenkapelle vor dem Forster Tor und im südlichen Seitenschiff der Renaissancealtar aus der Dorfkirche in Jessen. Der ältere Turm ist in die Südwestecke der jüngeren Halle einbezogen worden. Über quadratischem Grundriß steigt er mit ungegliedertem Erdgeschoß (eine Pforte nur an der Südseite) und mit dreieinhalb blendengegliederten Geschossen auf. Die Blendenform wechselt von Geschoß zu Geschoß, an der Ostseite wird die reiche Gliederung vom Langhaus und seinem Dach überschnitten. Der barocke achtseitige Aufsatz mit welscher Haube und doppelter Laterne wird von einer Spitze mit durchbrochen gearbeiteter Wetterfahne bekrönt. Abb. S. 134

Storkow (Beeskow-Storkow, Kreis Beeskow)

Das Schicksal der Stadt war dem des benachbarten Beeskow ähnlich. Beide Städte bildeten die Mittelpunkte der nach ihnen benannten, zunächst zu Sachsen, seit dem 16. Jh. zu Brandenburg gehörenden Herrschaft. Eine Wasserburg in der Niederung des Dolgenseefließes und ein Fischerdorf um den Platz der späteren Stadtkirche dürften die Ausgangspunkte der zwischen ihnen im Parallelstraßenschema mit langgestrecktem Marktplatz angelegten Stadt gewesen sein. Eine Gründungsüberlieferung besteht nicht, als Stadt oder Städtlein erscheint Storkow im 15. und 16. Jh. Seit 1518 war die dortige Burg, wie die in Beeskow, in bischöflich-lebusischem Besitz. Die *Stadtkirche* wird 1336 zum ersten Mal erwähnt und könnte im Kern auch auf das 14. Jh. zurückgehen, ein einschiffiger, auf vier Gewölbejoche berechneter Bau mit abgesetztem polygonal geschlossenem Chor, der 1859/64 stark überformt, 1895/96 erweitert und mit einem Turm an der Nordseite des Chores versehen worden ist. 1945 brannte die Kirche vollständig aus, der neugotische Westgiebel und die spätgotischen Sterngewölbe in Schiff und Chor stürzten in der Folgezeit ein. Beim Wiederaufbau 1949/51 wurde im Inneren eine flache Decke eingezogen. Ein wohlgeformter Kelchpokal aus Zinn, den ein Müllermeister 1637 der Kirche in Storkow gestiftet hat, ist Ausdruck des bescheidenen Wohlstandes der Stadt.

Strasburg (Uckermark/Prenzlau, Kreis Strasburg)

Der Ortsname wird wörtlich interpretiert, Burg an der Kreuzung alter Straßen, der Süd-Nord-Verbindung Prenzlau – Friedland und der Ost-West-Verbindung Pasewalk – Neubrandenburg. Eine Stadt mit Magdeburger Recht wird schon vor 1250 vermutet. Der annähernd rechteckige Stadtgrundriß mit auffallend regelmäßiger Geviertteilung durch die rechtwinklige Führung der Straßenzüge überlagert ältere Siedlungskerne und weist auf die planmäßige Anlage einer askanischen Neugründung hin, wie sie um die Mitte des 13. Jh. in der nördlichen Mark und im damals brandenburgischen Land Stargard typisch war: umgeben von einer Feldsteinmauer mit rechteckig vortretenden Weichhäusern, in zentraler Lage das Geviert für den Markt. Die Stadtmauer und das in der Mitte des Marktes errichtete Rathaus sind zerstört, aber unweit nordöstlich des Marktes hat sich die *Stadtkirche St. Marien* erhalten. Ursprünglich war die Stadtkirche ein Feldsteinbau. Der rechteckige Chorteil des Erstbaues mit überblendeten Dreifenstergruppen und bogenfriesgerahmtem Giebel erinnert an die Kirche in Fürstenwerder. Die Absicht, eine doppeltürmige Westfassade zu bauen, die durch den bis in 15 Meter Höhe aus Feldsteinen errichteten Südturm (Fachwerkaufsatz 1837) unter Beweis gestellt wird – der Nordturm ist über Anfänge nicht hinausgekommen –, deutet eine Konkurrenzstellung zu Prenzlau an, woraus mit Blick auf die dortige erste Marienkirche entsprechend eine dreischiffige Anlage, wohl als Halle, zumindest aber ein den Chor an Breite übertreffendes Langhaus erschlossen werden kann. Als man dieses um 1400 in eine sterngewölbte Hallenkirche von vier Jochen aus Backstein umwandelte, drückte sich darin sowohl der steigende Wohlstand des Gemeinwesens als auch erneut ein Wetteifern mit den Nachbarstädten aus, die sich schon im Verlauf des 14. Jh. ihre großen Backsteinhallen mit den monumentalen Prunkgiebeln gebaut hatten. Auch das Westportal zwischen den beiden Turmstümpfen und das Radfenster darüber sowie die Ansätze zu einer reicheren Blendengliederung am Ostgiebel verraten eine demonstrative Bauabsicht. Offenbar hatte sich die Stadt jedoch übernommen, und so ist der fragmentarische Charakter des Ganzen das Ergebnis gewesen, an dem auch ordnende und vervollständigende Restaurierungen des vergangenen Jahrhunderts nichts geändert haben. Gerade das aber macht den Reiz dieses Bauwerks aus, das den Ehrgeiz einer kleinen Stadt und den Verlauf ihrer Geschichte lebendig widerspiegelt.

Strausberg (Oberbarnim, Kreis Strausberg)

Der alte Handelsweg vom Süden zur Oder, der bei Köpenick die Spree überschritt und bei Wriezen die Oder erreichte (1247 als via vetus, später auch als Heerstraße bezeichnet), überquerte bei Strausberg einen Barnimpaß. Er war schon in slawischer Zeit befestigt. Eine voraskanische deutsche Kaufmannssiedlung dürfte in dem ehemaligen Nikolaiviertel um den Lindenplatz zu sehen sein. Die Anlage einer askanischen Burg (curia) wird um 1230, im Zuge der planmäßigen Erschließung des schon früher erworbenen Barnim vermutet, ebenso noch vor der Mitte des 13. Jh. die Gründung einer Stadt durch Lokatoren aus dem Geschlecht der Struzze von Pfuel. In den Auseinandersetzungen zwischen Askaniern und Wettinern um Köpenick und Mittenwalde 1240/45 war auch das Gebiet um Strausberg umkämpft. 1254 wurden Dominikaner am Nordwestrand der Stadt in der markgräflichen Burg angesiedelt, vermutlich durch den Askanier Otto III., der im Kloster 1267 bestattet wurde. Die askanische Landesteilung von 1258 soll dort vollzogen worden sein.

Die askanische Stadtplanung erweiterte und überformte die ältere Nikolaisiedlung mit einem rechtwinkligen Straßennetz östlich der Großen Straße. Westlich dieser Nord-Süd-Achse verläuft eine Parallelstraße, und zwischen beiden sind in der Stadtmitte der Kirchplatz und der Marktplatz ausgespart. Die Pfarrkirche der neugegründeten Stadt erhielt das übliche Marienpatrozinium. Die *Stadtkirche St. Marien* ist aus Feldsteinquadern wohl bald nach der Jahrhundertmitte als querschifflose dreischiffige Basilika errichtet worden; der langgestreckte einschiffige Chor ist gerade geschlossen, den westlichen Abschluß bildet ein etwas über die Gesamtbreite vortretender Turmquerbau, im ganzen also ein gleicher Kirchentyp, wie er auch in Altlandsberg gewählt worden war, von strenger, beinahe klösterlicher Wirkung. Ob tatsächlich Einwirkungen der monastischen Kirchenbaukunst vorhanden gewesen sind, muß allerdings offenbleiben. Feldsteinbauten der Bettelorden sind nur von den Franziskanern seit der Mitte des 13. Jh. in der Uckermark überliefert. Die Zistersienzer haben in Zinna nach 1220 eine beeindruckende, in der zisterziensischen Architektur der Mark aber alleinstehende Feldsteinbasilika erbaut. Lediglich die Templer haben aus dem 13. Jh. mehrere Feldsteinkirchen hinterlassen. Gerade aber die Zinnaer Mönche haben bis 1247 auf dem Barnim um Strausberg einen größeren Landstrich (etwa von Rüdersdorf bis Prötzel) erworben, und so wäre es durchaus denkbar, daß die strengen Formen der Strausberger und Altlandsberger Basiliken, die schweren spitzbogigen Arkaden auf massigen quadratischen Pfeilern und die schmalen spitzbogigen Fenster, ihr Vorbild in Zinna gehabt haben. Vielleicht ist ganz allgemein die hervorragende Feldsteinquadertechnik, wie sie in Strausberg und Altlandsberg und in vielen Dörfern auf dem Barnim anzutreffen ist, aus dem Fläming eingeführt worden, wo sie schon früher heimisch war. In der Strausberger Stadtkirche sind an die Stelle flacher Decken laut Inschrift 1448 Gewölbe getreten, Kreuzrippen im Langhaus, Sternmuster im Chor, in den Kappen reich bemalt, figürlich (Weltenrichter, Marienkrönung, Maria und Johannes der Täufer, musizierende Engel und Heilige) wie ornamental, 1524 erneuert (daher der gröbere Dekor?) und 1920 stark restauriert. Der Rest einer Madonnendarstellung an der Ostwand des nördlichen Seitenschiffes hat den originalen Charakter weit besser bewahrt.

Die baulichen Veränderungen des 15. Jh. waren wohl die Folge von Zerstörungen, die Stadt und Kirche während der märkischen Adelswirren im 14. Jh. und frühen 15. Jh., vor allem aber 1432 durch die hussitische Besetzung erfahren hatten. Durch die Veränderungen und Anbauten ist das Äußere der Langseiten etwas entstellt worden, lediglich ein klassizistischer Portikus von 1815 an der Südseite des zweigeschossigen Choranbaues kann einiges Interesse beanspruchen. Die Ostfassade des Chores dagegen steht mit ihren drei hohen schlanken Spitzbogenfenstern – sie reichten ursprünglich bis auf die vierte Quaderschicht über dem Boden herab – in hoheitsvoller Strenge noch wie in der Gründungszeit. Der Westquerbau springt nach dem ersten und zweiten Obergeschoß leicht zurück; das Erdgeschoß war bis auf das abgetreppte Westportal geschlossen – die Fenster an den Schmalseiten sind neu –, das erste Obergeschoß hat Öffnungen an drei Seiten. Im oberen Teil, der aus grobem Feldsteinmaterial besteht, durchbrechen schlanke Zwillingsöffnungen, spitzbogig auf dünnen Kalksteinsäulen, die Wände. Ob das jetzige Walmdach einen ursprünglichen Zustand trifft, sei dahingestellt. Auf jeden Fall aber war der Charakter des Westbaues der eines mächtigen geschlossenen Baublocks. Zusammen mit den heute verschwundenen Baulichkeiten des Dominikanerklosters muß die Stadtkirche auf der Anhöhe über dem See einen beeindruckenden Anblick geboten haben, wie er heute vom Uferweg aus nur noch geahnt werden kann.

Die liturgische Ausstattung ist vom Barock geprägt, die kräftige Kanzel aus dem 17. Jh., der Orgelprospekt mit zierlich geschnitztem Rokoko-Ornament von 1773. Ein spätgotischer Schnitzaltar aus dem frühen 16. Jh. steht als Retabel auf dem Altarblock. Die Madonna auf der Mondsichel im Strahlenkranz ist umgeben von Engeln mit den Leidenswerkzeugen Christi, eine ikonographisch bemerkenswerte Darstellung. Pfarrerbildnisse, Epitaphien und Grabsteine bereichern das Bild. Unter dem Gerät besticht die elegante Form einer Abendmahlskanne von 1796.

Abb. S. 135–137

Teltow (Teltow, Kreis Potsdam)

Teltow ist Stadt- und Landschaftsname zugleich. Vom Lande heißt es, daß die in ihm gelegenen Städte auf landesherrliche Verfügung hin 1232 ihr Recht von Spandau holen sollten, von der Stadt ist erst anläßlich der Innungsrechtsverleihung 1265 urkundlich die Rede. Nach dem Landbuch von 1375 war das »oppidum« damals im Besitz des Bischofs von Brandenburg. Die kleine, regelmäßig rechteckige Stadtanlage war nur mit Wällen und Gräben befestigt. Drei parallele Straßenzüge bilden durch Querverbindungen eine Art Ring, in dessen Mitte die Aussparung eines Platzes zwischen der Breiten Straße und der Ritterstraße das nachträglich zugebaute Areal für Markt und Kirche abgab. Die *Stadtkirche St. Andreas* ist ein großer Feldsteinsaal mit eingezogenem rechteckigem Chor und westlichem Breitturm, also ein Typ, wie er im 13. Jh. für kleinere Städte und Flecken in der Mark häufig verwendet wurde. Nach einem Brand 1810 erfolgte eine Umgestaltung der Kirche, auf die die gotisierende Überformung zurückgeht. Den ursprünglichen Bau wird man sich mit schmaleren Fenstern vorstellen müssen. Der Turm erhielt nach einem Entwurf von Karl Friedrich Schinkel 1811/12 seinen Aufsatz, der schon bei der Ausführung wie auch bei späteren Veränderungen durch den Bauinspektor Quednow im Detail stark reduziert worden ist. Die heutige Ausgestaltung des Inneren stammt im wesentlichen von 1910 und 1964.

Templin (Uckermark, Kreis Templin)

Die Lage an der Kreuzung bedeutender Wege zwischen südmecklenburgischem Havelgebiet und unterer Oder, zwischen mittlerer Mark Brandenburg und pommerscher Uckermark machte den Ort für die nach Nordosten vorstoßenden Askanier wichtig, so daß sie um die Mitte des 13. Jh. den Grund zur Stadt legten. Templin war vom Anlageschema her eine typische Gründungsstadt der Expansionszeit; die Regelmäßigkeit der mittelalterlichen Straßenführung wurde allerdings durch das rechtwinklige Planraster beim Wiederaufbau nach dem Stadtbrand von 1735 weit übertroffen. Der Stadtmauerring, noch im 13. Jh. aus Feldsteinquadern errichtet, mit Weichhäusern und drei Tortürmen gibt aber bis heute in einmaliger Weise etwas von dem frühstädtischen Bauwillen wieder. Zur Gründungsstadt gehörte auch eine ebenfalls aus Feldsteinquadern erbaute *Stadtkirche St. Maria Magdalena* (vgl. Eberswalde), von der nur der untere Teil des Westbaues mit dem abgetreppten Spitzbogenportal erhalten ist. Die Kirche des 13. Jh. – vermutlich ein Saal in der Art der aus dieser Zeit noch erhaltenen Kirche in Lychen, die heutigen Langhauspfeiler könnten auf den Fundamenten der ehemaligen Außenmauern stehen – war im 15. Jh. durch einen Backsteinbau, eine dreischiffige Halle mit polygonalem Umgangschor, ersetzt worden. Der Grundriß dieses repräsentativen spätgotischen Baues blieb interessanterweise bewahrt, als man die Kirche nach dem Stadtbrand von 1735 bis 1749 neu errichtete. So ist das Innere bis heute eine dreischiffige Umgangshalle, allerdings mit flacher Holzdecke auf quadratischen Pfeilern, zwischen denen hölzerne Emporen umlaufen; auf der Westseite steht die Orgel mit einem Prospekt von 1769. Außen wurde die Kirche zu einem barocken Putzbau mit Lisenen, Pilastern, Bandquaderungen, profilierten Konsolen, Schlußsteinen und vorspringenden, teilweise geschwungenen Gesimsen. Die Südseite ist mit einer monumentalen Portalnische besonders betont, und der Turm erhielt einen stattlichen mehrgeschossigen Aufbau mit kupferbeschlagener Laterne und Haube. Die Risse für den Neubau lieferte schon 1737 Bauinspektor Schmidt aus Berlin. In der nördlich angebauten Sakristei sind noch mittelalterliche Rippengewölbe erhalten. Ein eiserner Opferkasten mit ornamentalen Beschlägen trägt die Jahreszahl 1748.

Abb. S. 139–140

Teupitz (Teltow, Kreis Königs Wusterhausen)

Eine Burg auf einer Insel im See war Ausgang für die Bildung einer kleinen Herrschaft, die immerhin bis zu zwanzig Ortschaften umfaßte und die ursprünglich in der Hand märkischer Adliger war, um die Mitte des 14. Jh. aber an die meißnischen Schenken von Landsberg fiel. Die Ortschaften blieben in ihrem Besitz bis ins frühe 18. Jh., als sie die Herrschaft Teupitz der preußischen Krone übereigneten. Zur Burg gehörte, an ihrem Zugang gelegen, eine Marktsiedlung in der Art eines Suburbiums, das eigentliches Stadtrecht nie besaß und auch über eine Befestigung, von der natürlichen durch Wasser und Sumpf abgesehen, nicht verfügte. Die *Kirche,* zwischen Städtchen und Burg inmitten des Friedhofs gelegen, ist ein gotischer Backsteinbau, der deutlich zwei mittelalterliche Bauperioden aufweist. Es handelt sich um einen rechteckigen Saalbau, wie er für Stadtkirchen der Gründungszeit, in der Regel aber aus Feldstein, typisch war. Man wird annehmen können, daß der Erstbau aus dem Anfang des 14. Jh. stammt (1307 erste Erwähnung des Fleckens) und von ihm auch die unteren Spitzbogenblenden in der Ostwand herrühren. Ob es sich ursprünglich im ganzen um Fenster gehandelt hat, sei dahingestellt, auf jeden Fall ist eine Gruppierung erkennbar, die eine ursprüngliche, möglicherweise nur geplante, Zweiteilung des Innenraums wahrscheinlich macht. Die ehemalige Gliederung der Westwand mit mittlerem Eingang müßte dem nicht widersprechen, würde aber auch eine hölzerne Tonnenwölbung über dem Gesamtraum nahelegen. Entweder im 15. Jh. (nach den Formen der jetzt vermauerten nördlichen Pforte zu urteilen) oder erst 1566 (laut einer Inschrift, von der aber nurmehr der Name des Otto Schenken zu Landsberg, über mehrere Ziegel verteilt, an der Ostwand der Sakristei erhalten ist und die sich auch nur auf die Aufstockung dieses Bauteiles um die Patronatsloge beziehen kann) hat man den Bau erhöht, mit neuen, größeren Fenstern versehen, ein neues, im Osten halb abgewalmtes Satteldach aufgebracht und an der Westseite einen Turm eingebaut. Diese Gestalt behielt die Kirche bis zur Mitte des vorigen Jahrhunderts. 1855 bis 1859 erfolgte im Zuge einer Erneuerung die gotisierende, vereinheitlichende Überformung, bei der die jetzigen Maßwerkfenster eingebracht, die Blendengliederung »bereinigt«, die Zierfriese ergänzt und die Treppengiebel des Turmes hinzufügt worden sind. (Ein Vorschlag Stülers für die Turmgestaltung kam nicht zur Ausführung.) Für den Innenraum ist die Erneuerung bei weitem nicht so vorteilhaft ausgefallen wie für den Außenbau.

Von der Ausstattung ist lediglich die an der Ostwand aufgestellte Kanzel, 1692 vom Bildhauer Friedrich Schenck aus Lübben gearbeitet, bemerkenswert. Der mit einem Pinienzapfen bekrönte Schalldeckel trägt an der Unterseite eine gemalte Darstellung der Taube des Heiligen Geistes. An der Außenwand der Kirche und auf dem Friedhof finden sich noch einige ältere Grabdenkmäler.

Abb. S. 141

Trebbin (Teltow, Kreis Luckenwalde)

An der Übergangsstelle zwischen den Hochflächen der Zauche und des Teltow wurde Anfang des 13. Jh. eine Burg angelegt, und 1375 ist von »oppidum« und »civitas« die Rede, obwohl von einer eigentlichen Stadtgründung Trebbins nichts bekannt ist. Das Patrozinium der *Stadtkirche St. Marien* spricht aber für die Entstehung im 13. Jh. Der Kern des heutigen langgestreckt rechteckigen Putzbaues besteht bis zu zwei Drittel Höhe aus Feldstein und dürfte auf den Bau der Gründungszeit zurückgehen. Beim Neubau um 1740 entstand der zeitübliche Quersaal mit dem Kanzelaltar (datiert 1744) an der südlichen Langseite und dem auf ihn zentral ausgerichteten Gestühl sowie umlaufender Empore, im ganzen eine äußerst schlichte, beinahe befremdlich nüchterne Innenraumgestaltung. 1755 wurde der Turm, der bereits eine andere Formensprache aufweist als der des Entwurfes von Christian Friedrich Feldmann aus dem Jahre 1743, hinzugefügt und mit einer etwas reicheren Putzgliederung versehen, mit Eckquaderungen, Gesimsen und Gebälken. Der zurückspringende Aufsatz mit dem schiefergedeckten Helm stellt eine eigenartige Reminiszenz an barocke Turmkompositionen in Berlin und Potsdam mit ihrer betonten Geschoßstaffelung und ihren umlaufenden Brüstungen dar; die Schwingung des Helms verleiht ihm einen fast chinoisen Charakter. Im ganzen ist aber die Form eines Obelisken gemeint, wie er gern im 18. Jh. als Turmabschluß verwendet wurde. Schließlich weist der Turm noch eine weitere charakteristische Berliner Bauform des 18. Jh. auf: Das rundbogige Westportal, von Doppelpilastern eingefaßt, besitzt ein ausgenischtes Gewände mit geputzter Felderteilung – die Kämpferlinie wird durch ein »perspektivisch« schräg verlaufendes Gesimsband markiert –, ein italienisches Motiv, das der Berliner Barock zum Versatzstück, auch in der preußischen Landarchitektur, gemacht hat. Abb. S. 140

Treuenbrietzen (Zauch-Belzig, Kreis Jüterbog)

Als Grenzfeste gegen die Wettiner und Magdeburger legten die Askanier am Nordrand des Fläming, am Oberlauf der Nieplitz, die Burg Bricene an (1209 und 1217 bezeugt). Hinter ihr trat das ältere, gleichen Zwecken dienende Beelitz bald zurück. Die beiden Kirchen St. Marien und St. Nikolai werden schon 1217 genannt, die zugehörigen Siedlungen, Suburbium und Marktort, müssen schon früh begründet worden sein. Unter Einschluß zweier Dörfer entstand die langgestreckte Stadt, die Ende des 13. Jh. ihr Recht erhielt. Die Stadtmauer wie auch der Glockenturm der Marienkirche sollen mit dem Steinmaterial der 1319 der Stadt geschenkten Burg errichtet worden sein, doch wird der Kirchturm allgemein erst um 1500 datiert. In den Wirren um den Falschen Waldemar hielt die Stadt zu den Wittelsbachern und soll dieser Treue halber ihren heutigen Namen erhalten haben.

Von den beiden Kirchen der Stadt gilt die am Ostrand bei der Burg gelegene *Marienkirche* als die ältere, eine um 1220 begonnene, ursprünglich turmlose spätromanische Pfeilerbasilika mit Querschiff, Chorjoch und (um 1720 abgetragenen) nebenchorartigen Kapellen, die wie der Chor mit halbkreisförmigen Apsiden schlossen. Chor und Querhaus sind aus Feldsteinen errichtet, die Apsis zeigt eine zweigeschossige Anordnung rundbogiger Fenster, die ihr Vorbild an der Klosterkirche in Lehnin hat, ebenso wie die Gestalt der Querhausgiebel mit Zierfriesen und Blendrosetten. Auch die Kapellen neben dem Chor weisen auf Baugewohnheiten der Reformorden, in diesem Falle auf Augustiner-Chorherren und Prämonstratenser (Jerichow), hin. Die sorgfältige Granitquadertechnik hat der Bau mit der Klosterkirche Zinna gemeinsam. Doch nicht nur die möglicherweise für einen ungewölbten Bau konzipierten Ostteile machen den Zusammenhang der Treuenbrietzener Kirche mit den Klosterkirchen deutlich, auch das aus Backsteinen errichtete und im gebundenen System kreuzrippengewölbte Langhaus steht unter dem Einfluß der frühgotischen märkischen Zisterzienserbaukunst. Die glatten Hochwandflächen, die Vorlagen für die Gewölbebogen, die Runddienste und Konsolen mit den schräggestellten Kapitellen für die Diagonalrippen, die Profile, all das findet sich ähnlich in den Zisterzienserkirchen Lehnin und Dobrilugk. Schließlich ist auch das ursprüngliche Fehlen eines Turmes eine zisterziensische Eigenart. Daß uns der Bau heute, vor allem der Innenraum in seiner ursprünglichen Erscheinungsform einschließlich der interessanten Farbgebung in der Gewölbezone, so rein entgegentritt, ist das Ergebnis einer 1959 begonnenen Restaurierung, durch die die Entstellungen des 18. und 19. Jh. behoben werden konnten. Nur die liturgische Ausstattung der Barockzeit – der Altar, die Kanzel, die wohl die Schlüterkanzel in der Berliner Marienkirche zum Vorbild hatte, und die Orgel von Joachim Wagner – ist belassen worden.

Die heute von der katholischen Gemeinde genutzte *Nikolaikirche* beim Neumarkt im Westteil der Stadt ist ein reiner Backsteinbau, von vornherein als im gebundenen System kreuzrippengewölbte Pfeilerbasilika in Kreuzform mit halbkreisförmigen Apsiden an Querhaus und Chorjoch errichtet. Vermutlich waren die Bauleute die gleichen, die das Langhaus der Marienkirche gebaut

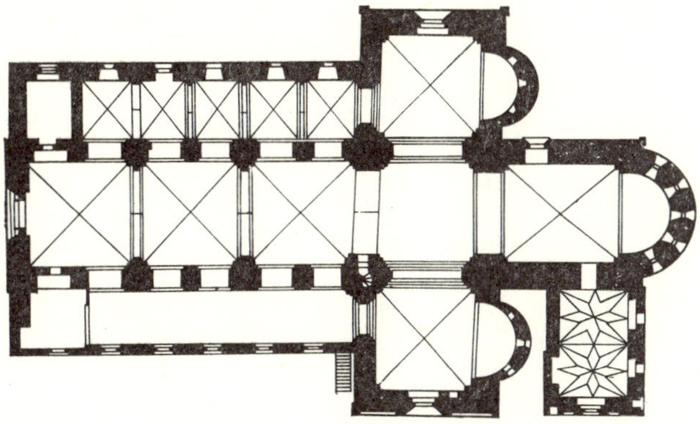

und sie im ganzen gewölbt haben. Das »Zisterziensische« tritt an St. Nikolai nicht so deutlich zutage wie an St. Marien, dafür aber das damit zusammenhängende Import-Formengut, zu dem auch der in der Mark einmalige, 1756 erneuerte Vierungsturm gehört. Seit 1969 ist eine Restaurierung im Gange, bei der Malereien in der Kuppel der Hauptapsis freigelegt werden konnten.

Abb. S. 142–146

Vetschau (Niederlausitz, Kreis Calau)

Vetschau ist aus einem wendischen Pfarrdorf und späteren Marktflecken am Südrand des Spreewaldes hervorgegangen; 1548/49 wurde der Siedlung Stadtcharakter zugestanden. Den Kern des Ortes bildet ein regelmäßiges Zweistraßensystem, das Kirchplatz und Markt einschließt. Auf dem Kirchplatz stehen zwei aneinandergebaute Kirchen, die deutsche *Stadtkirche* und die wendische Landkirche. Als Hauptkirche fungierte zunächst die wendische, die auf den alten Grundmauern nach 1853 spätklassizistisch und innen 1868 gotisierend ausgebaut worden ist. Ihr massiger Turm stammt im unteren Teil aus dem Mittelalter, der achteckige Oberteil mit geschweifter Haube von 1709. Er dient beiden Kirchen als Glockenturm. 1690/94 wurde »wegen Vermehrung der deutschen Bürger und Einwohner« die deutsche Kirche an der Nordseite der wendischen angebaut, ein Saal von gedrungenen Proportionen mit hochgewölbter hölzerner Tonnendecke und zweigeschossigen Emporen, von denen die unteren in Stuben mit rückseitigem Korridor eingeteilt sind; gemalte oder geschnitzte Wappen deuten auf die ehemaligen Inhaber, die übrigens nicht den Kircheneingang benutzten, sondern über eine eigens für sie gebaute Treppe ihre Plätze erreichten. Auch an der Südwand des eingezogenen Altarraumes zieht sich eine verglaste Logenempore hin. Die tüchtig geschnitzte und stark farbig gehaltene Ausstattung, zu der Altar, Kanzel und Orgel nebst den Emporen gehören, macht die kleine Stadtkirche von Vetschau und ihren Innenraum zu einem selten einheitlichen Werk des Barocks von hohem Reiz. Abb. S. 147

Werder/Havel (Zauch-Belzig, Kreis Potsdam)

1317 wird der Ort auf einer Havelinsel als oppidum im Besitz des Klosters Lehnin erwähnt. Wahrscheinlich war er aus einer slawischen, dann von den Askaniern übernommenen Burgsiedlung hervorgegangen. Der Stadtgrundriß weist das Nebeneinander einer unregelmäßigen dörflichen und einer regelmäßigen Marktsiedlungsanlage auf. Die *Kirche* dürfte schon zum älteren Dorf gehört haben, der Feldsteinunterbau des Westturms wird auf das Mittelalter zurückgeführt. Sonst aber handelt es sich um einen Neubau von 1857 nach einem Entwurf von Friedrich August Stüler; ein Backsteinbau in strenger Neugotik, dessen äußere Wandflächen einen Quaderputz tragen, während die gliedernden Strebepfeiler und die Aufsätze der schlanken hohen achteckigen Chorflankentürme und des massigen quadratischen Westturmes materialsichtig geblieben sind. Der einschiffige Bau hat mit Querschiff und Chorpolygon auffallende Ähnlichkeit mit einem Entwurf von August Soller für die katholische Nikolaikirche in Breslau (Wrocław). Die Fensteranordnung ist, wie bei Emporenkirchen der Zeit üblich, zweigeschossig. Innen deckt nur den Chor und die Apsis ein Rippengewölbe, sonst bildet eine Holzbalkendecke den Raumabschluß. Die neugotische Einrichtung mit umlaufenden hölzernen Emporen, Altarbaldachin, Kanzel – am Korb Reliefdarstellungen von Kirchenvätern und Reformatoren – und Orgel ist aus der Bauzeit in guter Einheitlichkeit erhalten. Auf ein aus dem barocken Vorgängerbau stammendes Ölgemälde mit der seltenen Darstellung »Christus als Apotheker« macht der Apothekersohn und -lehrling Theodor Fontane aufmerksam. Fontane schreibt auch – was Wesen und Bedeutung der Kirche von Werder ausmacht – von der »spitzenreichen Gotik, die, in der Nähe vielleicht mannigfach zu beanstanden, als Landschaftsdekoration aber von seltener Schönheit ist ...«, wenn sich »eine meilenbreite segelbedeckte Fläche und eine giebelreiche, rot und weiß gemusterte, in dem klaren Havelwasser sich spiegelnde gotische Kirche zeigt«. Landschaft und Architektur sind hier »überall an der Havel und den Havelseen hin«, wo die »Munifizenz Friedrich Wilhelms IV. neue Kirchen entstehen und alte wiederherstellen ließ«, zu einem natürlich erscheinenden, aber bewußt komponierten romantischen Bild entworfen.

Wiesenburg (Zauch-Belzig, Kreis Belzig)

1161 wird der Ort als Burgward zum ersten Mal genannt und erscheint als erzbischöflich-magdeburgisches Lehen, er dürfte also in die Geschichte der Landnahme durch Erzbischof Wichmann im 12. Jh. gehören. Im 14. Jh. ging er an Kursachsen über und befand sich seit 1456 als Mittelpunkt einer Standesherrschaft im Besitz der Familie Brandt von Lindau, die im 16. Jh. für den Bau eines Renaissance-Schlosses an der Stelle der »alten Burg« wie auch für die Ausstattung der Pfarrkirche sorgte. Wiesenburg ist nie Stadt im eigentlichen Rechtssinn geworden. Die Siedlung legt sich um die Ostseite des erhöhten Schlosses, die *Kirche* befindet sich in auffälliger Randlage südlich davon. Sie ist ein einschiffiger Feldsteinbau auf dem Grundriß eines griechischen Kreuzes (Folge einer späteren Verkürzung des Langschiffes?) aus der ersten Hälfte des 13. Jh. Die breite kuppelgewölbte Apsis am Chorarm schließt innen halbkreisförmig, außen ist sie fünfseitig gebrochen. Die übrigen Raumteile haben flache Holzdecken. Bögen im Bereich der Vierung gibt es nicht, aber die Querhauswände stoßen mit Zungenvorlagen in den Chor und das Schiff vor; die Form des »durchgehenden« Querschiffes wird dadurch besonders betont. Im ganzen stellt der Bau einige entwicklungsgeschichtliche Probleme: Die Kreuzform ist ungewöhnlich und altertümlich, vgl. die Stadtkirche in Belzig; die Form der Apsis könnte mit den Ostteilen der Klosterkirche Zinna zusammenhängen. »Noch« Romanisches und »schon« Gotisches stehen in einer allerdings für die märkische Feldsteinarchitektur des 13. Jh. typischen Weise nebeneinander. Der Westturm aus Backstein von 1879/80 nimmt sich recht fremd dazu aus.

Im Inneren haben mehrere Grabsteine und Epitaphien der burgsässigen Familie und deren Verwandten Aufstellung gefunden. An der Brüstung der hufeisenförmig umlaufenden Empore im nördlichen Kreuzarm von 1594 sind 16 märkische Adelswappen gemalt (1623, restauriert 1929?). Die kleine Orgel stammt aus Wittenberg von Johann Ephraim Hübner, 1775. Das bedeutendste Ausstattungsstück aber ist das steinerne Altarretabel, das 1561 aufgerichtet wurde. In Form eines Triptychons mit Predella und Aufsatz gegliedert, sind auf den drei Relieffeldern die Verkündigung, das Abendmahl und die Auferstehung Christi dargestellt. Vermutlich ist es ein Werk der Torgau-Wittenberger Bildhauerschule (Simon Schröter?). Die Bemalung stammt von 1677.

Abb. S. 138, 148

Wilhelm-Pieck-Stadt Guben siehe Guben

Bad Wilsnack (Westprignitz, Kreis Perleberg)

Im Jahre 1383 hat ein Ritter von Bülow in der Kirche des Dorfes Wilsnack ein Feuer gelegt. Als der Pfarrer Johannes Cabuez, der sich gerade auf einer Reise nach Havelberg befand, zurückkehrte, sah er in den rauchenden Trümmern auf dem Altar drei Hostien nicht nur unversehrt, sondern jede mit einem Tropfen von Christi Blut bedeckt. Schon 1384 wurde das »Wunderblut« von den märkischen Bischöfen und dem Erzbischof von Magdeburg anerkannt. Sie forderten die Gläubigen zur Wallfahrt nach Wilsnack auf, um das Hostienwunder zu verehren, und die Havelberger Bischöfe verbanden mit den zu erwartenden Einnahmen ehrgeizige Pläne zum Bau einer domgleichen Kirche und eines Klosters oder Stiftes. Bischof Dietrich ließ die Kirche beginnen, Bischof Johann

Wöpelitz sie weiterführen und Chor und Querschiff noch vor 1400 vollenden. Danach verwandte der Bischof die ihm aus der Wallfahrt zufließenden Summen zunächst für den Umbau des Havelberger Doms und den Ausbau seiner Residenz auf Plattenburg. An der Wilsnacker Kirche wurde erst nach einer Unterbrechung weitergebaut, die die Anwendung anderer Bauformen zur Folge hatte.

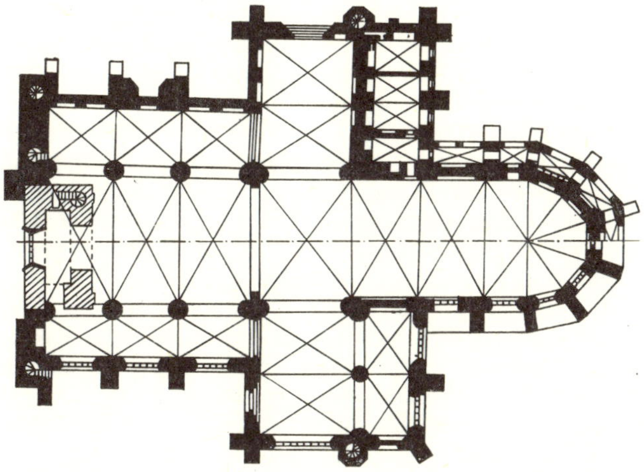

Das damals errichtete dreischiffige Hallenlanghaus hat die kurze Ausdehnung von nur drei Jochen wohl nicht wegen mangelnder Mittel, sondern ganz absichtlich erhalten. Auch die Einbeziehung des Westturms der alten Dorfkirche muß nicht notwendig aus Sparsamkeit erfolgt, sondern könnte auch ein Akt der Erinnerung gewesen sein. Was offenbar nicht vollendet wurde, ist der Westabschluß im ganzen. Im Mauerwerk vorbereitete Anschlußstellen weisen auf geplante Bauteile, vermutlich stattliche Türme hin, die den Kathedralcharakter erst vollständig gemacht hätten. Doch die Kirche ist turmlos geblieben, und ausgangs des 16. Jh., als der Wallfahrt durch die Reformation längst ein Ende gemacht worden war, erhielt die Westfassade den mächtigen Renaissancegiebel.

Die Bedeutung des Ortes war damals schon im Sinken begriffen. Die Wallfahrt hatte nach 1384 aus dem Dorf eine Stadt gemacht. 1424 stand bereits auf dem Markt bei der Kirche eine Kaufhalle, die wir 1508 als Rathaus antreffen. Stadtrecht und Marktgerechtigkeit ist aber erst 1513 nachweisbar. Der Siedlungsgrundriß des ehemaligen Straßendorfes wurde nur wenig um den Marktplatz und um einige Querstraßen erweitert. Nachdem die Attacken der Reformatoren, Martin Luther allen voran – im frühen 15. Jh. war Jan Hus unter den Kritikern –, gegen die Wallfahrt mit der Verbrennung des Wunderbluts 1552 endlich Erfolg hatten, geriet die ihrer wirtschaftlichen Grundlage beraubte Stadt in die Abhängigkeit der Herren von Saldern auf Plattenburg und blieb fortan ein bescheidenes Landstädtchen, für das die nunmehrige *Stadtkirche St. Nikolai* viel zu groß war.

Der Typ der Wilsnacker Kirche, eine dreischiffige Halle mit Querschiff und gestrecktem einschiffigem Chor, ist aus niedersächsischer und altmärkischer Tradition erwachsen; die Johanniskirche in Lüneburg wird als ein eng verwandtes Beispiel genannt. Die Rundpfeiler mit den dünnen vorgelegten Diensten sind typisch für die Kirchen des 15. Jh. in der Altmark und den von ihnen abhängigen Bauten geworden (St. Gotthard in Brandenburg, St. Marien in Bernau). Die Wilsnacker Kirche wurde zum direkten Vorbild für den 1423 begonnenen Stendaler Dom. Die doppelgeschossigen Kapellen an den Querschiffarmen, auch als östliche Seitenschiffe des Querschiffs angesprochen, sind von diesem übernommen worden, obwohl dort die in Wilsnack gegebenen liturgischen Voraussetzungen nicht vorhanden waren. In Wilsnack dienten die Erdgeschoßkapellen der Reliquienaufbewahrung und -ausstellung. Außen verlief um den Chor durch die Strebepfeiler hindurch ein ursprünglich gewölbter und vermutlich auch verglaster Umgang, der die Querschiffkapellen miteinander verband. In den Kapellen auf der Südseite war das Wunderblut in einem schrankartigen Schrein verwahrt; der Schrein, dessen Türen mit einer Darstellung der Gregorsmesse bemalt sind, ist noch erhalten. Sonst verfügt die Kirche nur noch über, allerdings sehr qualitätvolle, Teile einer vermutlich überaus reichen Ausstattung: ein spätgotisches Taufbecken, den Fuß eines Osterleuchters, einen Christuskopf von einem Kruzifix oder Schmerzensmann, die fast lebensgroße Figur des eigentlichen Schöpfers der Wallfahrt, des Bischofs Wöpelitz, in prächtig dekoriertem Ornat, alles Werke aus Sandstein, die dem Kunstkreis der Bildhauer nahestehen, die kurz vor 1400 die Plastik am Lettner des Havelberger Doms geschaffen haben. Als Altarretabel dient ein Kompositstück, aus drei Altarschreinen zusammengestellt. Der untere ist ein altertümliches Werk mit eleganter Maßwerkschnitzerei, drei spitzbogige Nischen für die Aufstellung von Reliquienbüsten bildend. Der mittlere Schrein aus dem frühen 15. Jh. mit der typischen Reihung der Apostel zu beiden Seiten der Madonna unter hohen Architekturbaldachinen ist im Stil der norddeutschen Nachfolge des Hamburger Meisters Bertram verpflichtet. Der obere Schrein schließlich entstammt erst dem späten 15. Jh.; die drei mittleren Figuren, die Madonna zwischen zwei heiligen Mönchen, werden von Heiligen in zwei Reihen übereinander eingefaßt.

Von besonderem Wert sind die Glasmalereien im Chor, auch nur die Reste eines ursprünglich weitaus reicheren Bestandes. Unter dem Kreuz der Kreuzigungsdarstellung im mittleren Fenster ist eine Stifterfigur als Kurfürst wiedergegeben, sie wird als Friedrich II. (gest. 1471) angesehen, weswegen man die Malereien in das dritte Viertel des 15. Jh. datiert. Es sind Heilige mit Szenen aus ihren Legenden dargestellt, ferner die Anbetung der Könige, die Himmelfahrt der Maria sowie eine thronende und eine Madonna im Strahlenkranz. Es handelt sich um die Reste ursprünglich reicherer Bildfolgen, unter denen sich auch ein Zyklus des Titelheiligen der Kirche befunden hat. Abb. S. 149–153

Wittenberge (Westprignitz, Kreis Perleberg)

Die Burg am Elbübergang von der Altmark zur mittleren Prignitz und die dabei entstandene Stadt waren im 12. und 13. Jh. im Besitz der Edlen Gans von Putlitz. Eine Urkunde vom Jahre 1226 erwähnt den Ort in einem Zusammenhang, der offenbar seinem Wachstum nicht sehr frommte: Die Markgrafen verboten zugunsten ihrer Stadt Werben die Anlage von Elbfähren in Wittenberge. Die Stadt wechselte ihren Besitzer im späten 13. und 14. Jh. mehrfach, fiel aber schließlich an die Familie Gans von Putlitz zurück und verblieb im Untertänigkeitsverhältnis bis 1781 (Verkauf des Ritterguts an der Stelle der ehemaligen Burg) bzw. bis zur Stein-Hardenbergschen Stadteordnung im Jahre 1808, durch die die Stellung der Stadt im preußischen Staat geregelt wurde. Erst jetzt wirkte sich die Lage am Fluß auf die Stadtentwicklung positiv aus. Wittenberge wuchs zur führenden Industriestadt der Prignitz heran. Ausdruck dieser Industrialisierungsperiode ist auch die 1870/72 errichtete

Stadtkirche inmitten der Altstadt auf dem wohl schon von der Stadtgründung her aus dem rechtwinklig zum Fluß geführten Parallelstraßennetz ausgesparten Kirchplatz. Es handelt sich um einen neugotischen Emporensaal mit der typischen pseudobasilikalen Überhöhung des Mittelschiffraums durch das metallisch wirkende Stützensystem aus Tudorbögen auf schlanken Pfeilern und dem »offenen« Dachstuhl. Die Anlage der Ostteile ist kreuzförmig mit Querschiff und polygonaler Apsis. Die industrieartige Nüchternkeit wurde im Inneren 1938 durch die kuppelige Wölbung des Altarraumes etwas zurückgenommen. Der Außenbau zeigt das maschinell gefertigte Backsteinmaterial in bestechend exaktem Verband ohne jegliche Verkleidung in offensichtlichem Stolz, mit dieser Fertigkeit bauen zu können. Die Details sind bescheiden, der Turm ist das einzig repräsentative Motiv am Bau.

Wittstock (Ostprignitz, Kreis Wittstock)

Im Winkel des Zusammenflusses von Glinse und Dosse wurde um 1200 die deutsche Burg des Bischofs von Havelberg angelegt, – es war der Ort einer größeren slawischen Niederlassung und Mittelpunkt eines Burgwardes schon im 10. Jh. –, in deren Schutz sich nördlich die erste frühstädtische Siedlung entwickelte. Man erkennt sie in der Umgebung der Stadtkirche an den Resten eines ringförmigen Straßensystems. Die im 5. Jahrzehnt des 13. Jh. erfolgte Erweiterung (das Stendaler Stadtrecht wurde 1248 durch den Bischof verliehen) bietet mit rechteckigem, zentral angeordnetem Markt das übliche gründungsstädtische Parallelsystem der Straßenführung, mit dem die ältere Siedlung teilweise überformt wurde. Bischof Heinrich von Havelberg verlegte um 1270 die Bischofsresidenz in seine neue Stadt, die Großartigkeit des frühgotischen Baues der *Stadtkirche St. Marien* mit dem mächtigen Westbau dürfte denn auch auf bischöflich-stadtherrliches Zutun zurückzuführen sein. Der Westbau besteht nur in den Sockelschichten aus Feldsteinquadern, schon in Höhe der Gewändekämpfer des Westportals beginnt das Backsteinmauerwerk, das an der Westseite geschlossen, an den Schmalseiten aber von Fenstern durchbrochen, aufgeführt ist. Eingefaßt wird der blockhafte und sonst ungegliederte Baukörper, der das Langhaus um einiges an Breite übertrifft, von kräftigen Ecklisenen. Ursprünglich wird dieser Westbau niedriger gewesen sein und vielleicht eine gewisse Ähnlichkeit mit dem des Havelberger Doms gehabt haben, ehe man über seinem erhöhten mittleren Teil den jetzigen Turm hochführte und ihm zwischen 1512 und 1519 durch Meister Christoph aus Lüneburg einen hohen Spitzhelm gab, wie er auf dem Merianstich um 1650 zu sehen ist. 1704 aber, nachdem der alte Helm 1696 abgebrannt war, erhielt er eine kupfergedeckte dreifach gestufte Haube mit offenen Laternen.

Der Westbau war für ein dreischiffiges Hallenlanghaus von vier Jochen bestimmt, dessen Grundrißgestalt mit queroblongen Kompartimenten im Mittelschiff und längsoblongen in den Seitenschiffen eine Entstehungszeit im späten 13. Jh. voraussetzt. Der dazugehörige einschiffige und polygonal geschlossene Chor ist angeblich durch Grabungen nachgewiesen. Der ursprüngliche Ostgiebel ist unter dem Dach des Erweiterungsbaues verborgen, der nach 1451 unter Fortführung des dreischiffigen Hallensystems mit fünf Jochen und geradem Ostschluß an die Stelle des alten Chores getreten ist. Die Pfeilerform – kreuzförmig mit vorgelegten Halbrund- und eingestellten Profildiensten – ist im frühgotischen und spätgotischen Bauteil auffallend verwandt. Man hat deshalb auf eine Angleichung bei der Erneuerung nach dem Brand von 1495 geschlossen (J. Fait), wobei offenbleiben müßte, ob der Grundriß- und Querschnittcharakter des 15. Jh. nicht bereits eine Adaption der Langhauspfeiler des 13. Jh. dargestellt hat, ehe man diese den Chorpfeilern anpaßte. Altarnischen in der geraden Ostwand machen wahrscheinlich, daß die schmaleren östlichen Joche im Sinne eines Umgangschores verwendet wurden. Aus der Bauzeit des Chores stammt das mit glasierten Formsteinen so reich verzierte Portal, das von der 1498 errichteten Südkapelle verdeckt worden ist, wie auch das Sakristeiportal. Ornamentik und figürlicher Reliefschmuck haben beinahe noch spätromanisch-frühgotische Prägung (vgl. Perleberg). Die Kapelle an der Nordseite mußte 1484 zu Ehren der Gottesmutter Maria als Sühne von den in einem Mühlenstreit gegen den Bischof unterlegenen Bürgern errichtet werden.

Die Wittstocker Stadtkirche ist noch verhältnismäßig reich an alten Bildwerken und Ausstattungsstücken, an erster Stelle der spätgotische Schnitzaltar, in dessen Schrein die Krönung Mariä zwischen den Heiligen Anna Selbdritt und Dorothea (?) und in dessen Flügeln die zwölf Apostel dargestellt sind. Im Stil weisen diese Figuren auf den Lübecker Bildhauer Claus Berg hin, der seit 1504 in Dänemark ansässig war, es aber nach der Einführung der Reformation 1532 verließ, um in dem noch katholischen Güstrow die Apostel für den dortigen Dom zu schaffen. Möglicherweise hat seine Werkstatt in dieser Zeit auch im Auftrag des Havelberger Bischofs den Altar für Wittstock gearbeitet, mit einer großen Figurengruppe der Marienkrönung im Schrein und mit Apostelfiguren in den Flügeln, deren manieristisch expressive Haltung deutlich das Vorbild der Güstrower Apostel verrät. Etwas grob, nur entfernt an die Cranachsche Schule erinnernd, aber doch mit dem süddeutsch-donauländisch beeinflußten Stil des Claus Berg zusammengehend, erscheinen die Gemälde der Flügelaußenseiten und der Predella; ikonographisch bemerkenswert sind das Bild der Madonna auf der Mondsichel und der Gnadenstuhl auf den Mitteltafeln bei geschlossenem Zustand. Der kleine Schnitzaltar darüber dürfte nur um weniges älter sein, im Schrein zeigt er die Madonna im Strahlenkranz, in den Flügeln kleine Heiligenfiguren vor reich gemustertem Goldgrund. An der Nordseite des Chores steht der Rest eines Sakramentshauses, aus Eichenholz geschnitzt und ursprünglich – wohl mit einem fialenartigen Turmaufbau – bis an die Gewölbe reichend. Farbspuren verraten Blau, Rot und Gold als Haupttöne der ehemals vorhandenen Fassung. Die eisenbeschlagenen Kupfertüren weisen 1516 als ihr Entstehungsdatum aus, ein Datum, das auch zu dem fränkisch anmutenden Charakter der Engelfiguren paßt, die in den Zwickeln über dem Sakramentsschrein die Leidenswerkzeuge Christi tragen. Die Marienfigur aus Sandstein, die dem Umkreis des Havelberger Lettnermeisters aus der Zeit um 1400 zugerechnet wird, und eine jetzt im Märkischen Museum zu Berlin befindliche hölzerne Bischofsfigur (hier eine Kopie), wohl noch vor der Mitte des 14. Jh. entstanden und vielleicht rheinischer Herkunft, stellen weitere Reste eines am Bischofshofe blühenden Kunstlebens dar. Daß es der Stadt aber auch nach der Reformation an tüchtigem Kunstsinn nicht mangelte, beweisen bemerkenswerte Renaissancewerke aus dem frühen 17. Jh., wie die reich geschnitzte Kanzel (1608) und die hölzerne, mit Knorpelwerk höchster Eleganz verzierte und von einer Freifigur Johannes' des Täufers bekrönte Taufe (1634).

Abb. S. 154–159

Wriezen (Oberbarnim, Kreis Bad Freienwalde)

Bei dem Ort an der (alten) Oder trafen sich schon im Mittelalter die Straßen von Frankfurt an der Oder (via regia) und von Köpenick über Strausberg (via vetus) nach Pommern. Die Askanier legten wohl um 1230 bei einer slawischen Siedlung den Grund für die spätere Stadt (1337 Strausberger Stadtrecht). Die Reste der ältesten Kirche St. Lorenz sind erst 1919 abgerissen worden. Die spätere *Stadtkirche* ist zunächst mit dem Nikolai-, dann mit dem Marienpatrozinium überliefert. Ein derartiger Patroziniumswechsel ließe auf eine Überformung älterer Siedlungskerne schließen, an deren Ende die typische planmäßige Anlage mit gitterförmigem Straßennetz und großem zentral gelegenen Markt gestanden hätte. Die älteste Marienkirche ist ein Feldsteinquaderbau gewesen, vermutlich ein Saal mit Westquerbau. Der Umbau zur dreischiffigen sterngewölbten Halle mit einem abgesetzten, ebenfalls dreischiffigen und sterngewölbten Chor, dessen Mittelschiff nach Osten verlängert mit fünf Seiten eines Achtecks schließt, erfolgte im 15. Jh., die Erhöhung des Turms im 18. Jh. An der Ostseite des Turms ist zu erkennen, daß schon frühere mittelalterliche Aufstockungen erfolgt sein müssen, mit Blenden und Fenstern, die zunächst vom Dach des Langhauses nicht verdeckt waren. An Einzelformen sind die Taustabprofile der Portalgewände bemerkenswert. Bei den Kriegshandlungen im April 1945 wurde Wriezen besonders stark zerstört, und die Stadtkirche ist seitdem – in Teilen gesichert – Ruine.

Abb. S. 160

Wusterhausen (Ruppin, Kreis Kyritz)

Wie Kyritz war der Ort während der Landnahme im 12. Jh. in die Hände der Familie von Plotho geraten, die dort an einer Furt über die Dosse eine Burg, ein »festes Haus«, anlegten. Dabei entstand ein bäuerlicher Marktflecken, dessen angerartige Gestalt in der später erfolgten Überformung mit einem regelmäßigen Straßensystem noch erkennbar ist. Ende des 13. Jh. sprechen die Markgrafen von »unserer Stadt«, die Stadtherrlichkeit derer von Plotho war bereits vorüber; doch fiel sie im 14. Jh. an die Grafen von Ruppin, ohne daß die Markgrafen darüber Unruhe hätten verspüren lassen. Im Stadtgefüge nimmt die *Stadtkirche St. Peter und Paul* den zu Markt- und Kirchplatz erweiterten ehemaligen Straßenanger ein. Die Kirche ist heute eine dreischiffige kreuzrippengewölbte Hallenkirche mit einem Umgangschor und einem quadratischen Westturm. Der spätgotischen Backsteinhalle ging eine frühgotische Feldsteinbasilika – kreuzförmig und offenbar mit sehr kurzem Langhaus (vgl. Pritzwalk) – voraus, deren Querschiff noch im mittleren Teil des jetzigen Kirchenbaus enthalten ist. Es wurde zum Breitenmaß für die Halle, die zunächst nach Westen – mit quadratischen und kreuzförmigen Pfeilern – geführt, wohl ursprünglich in anderen Proportionen und mit anderer Dachform, dann um 1475 nach Osten um ein quadratisches Mittelschiffsjoch und den Umgang erweitert wurde. Der fünfseitigen Außenwand des Chores entsprechen drei Seiten des Binnenpolygons, was zu merkwürdig verschobenen Gewölbebildungen geführt hat. Die symmetrischen zweigeschossigen Kapellenanbauten im Norden und Süden erinnern wieder an Pritzwalk. Die Marienkapelle aus der Zeit um 1520 an der Südseite zeigt einen reizvollen Staffelgiebel. Als Turmdach fungierte ursprünglich ein Spitzhelm, das heutige Pyramidendach stammt von 1764.

Das Innere der Kirche ist von malerischem Reiz durch seine vor allem aus nachreformatorischer Zeit stammende Einrichtung, die reichgeschnitzten und bemalten Emporen in den Seitenschiffen und an der Westseite, die Kanzel, die mit ihrer Architektur und den zahlreichen Figuren von Aposteln, Tugenden und anderen Allegorien – den Schalldeckel krönt ein Pelikan – von Jürgen Fischer 1610 geschnitzt und 1694 von Moritz Meves aus Seehausen bemalt worden ist, die Orgel mit einem Werk von Joachim Wagner und einem barocken Prospekt, der zopfige Altaraufbau, für den Bernhard Rode 1776 das Gemälde schuf, die vasenartige Sandsteintaufe von 1712 und das Gestühl, zu dem sich Reste eines mittelalterlichen Chorgestühls mit qualitätvollen figürlichen Reliefschnitzereien gesellen. Mehrere Epitaphien, der Patronatsstuhl und anderes Mobiliar sowie schließlich die Spätrenaissance-Kronleuchter aus Messing füllen das Raumbild, das 1965/72 durch eine zurückhaltende Farbgebung auf der Grundlage aufgedeckter Originalfassungen bereichert wurde. Unter dem liturgischen Gerät ragen ein frühgotischer Kelch mit szenischen Darstellungen am Fuß und eine Patene mit der Ritzzeichnung des Jüngsten Gerichts heraus. Die Bibliothek verfügt über mittelalterliche Meßbücher in prächtigen Einbänden.

Abb. S. 160–162

Zehdenick (Uckermark/Templin, Kreis Gransee)

Der Havelübergang für die Straßenverbindung zwischen dem Land Ruppin und der Uckermark (Gransee – Templin) war von den Askaniern im Zuge ihrer Expansion in nordöstlicher Richtung – ähnlich Liebenwalde – schon zu Beginn des 13. Jh. durch eine Burg befestigt worden. Daneben entstand eine kleine Marktsiedlung mit einem Straßennetz in Gitterform auf dem westlichen Flußufer. 1250 gründeten die Markgrafen ein Nonnenkloster. Aufgrund eines Hostienwunders war es Wallfahrtort und förderte auch sonst die Entwicklung der Siedlung zur Stadt (1281 civitas Cedlicensis). Die *Stadtkirche* hat aus der Gründungszeit nur den Unterbau eines querrechteckigen Feldsteinturms mit dem charakteristischen, in das starke Mauerwerk mehrfach eingestuften Spitzbogenportal bewahrt, das Schiff dagegen ist ein Neubau aus den Jahren 1805 bis 1812, ein langgestrecktes Rechteck, das innen als Quersaal mit zweigeschossigen Emporen eingerichtet war. Die Kanzel befand sich dem Nordeingang gegenüber vor der mittleren Achse der südlichen Langseite. Der ursprüngliche Raumcharakter ist durch Umbauten im Inneren verwischt. Das liturgische Gerät der Kirche ist heute um den aus dem Kloster stammenden spätromanischen Kelch bereichert, der zu den in der Mark gar nicht so seltenen Abendmahlsgefäßen des 13. Jh. gehört, die in der Regel wohl landesherrliche Stiftungen und Importe aus westlichen Kunstzentren sind (vgl. Berlin, Rathenow, Prenzlau). Der Kelch befindet sich zur Zeit als Leihgabe im Dommuseum Brandenburg. Ein zweiter Kelch ist etwas kleiner und um einiges jünger, frühgotisch gegenüber dem älteren zu nennen, von Gestalt aber äußerst ähnlich, auf dem runden Fuß mit gekehltem Rand Medaillons mit szenischen Reliefs, am ausladenden Nodus naturalistische Eichenblätter und Rotuli mit Köpfen und Tieren.

Abb. S. 164

Zossen (Teltow, Kreis Zossen)

Eine Grenzfeste der nördlichen Lausitz war Mittelpunkt einer Herrschaft, die 1370 unter böhmische Lehnshoheit fiel (bis 1742). Die Stadt »zu der Czossen« entwickelte sich entlang der Straße, östlich der bis ins 18. Jh. hinein mächtig befestigten Burg; der slawische Kietz war weiter

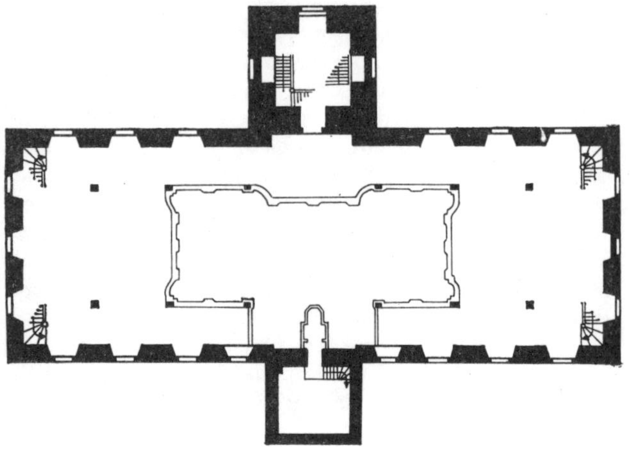

entfernt. Seinen heutigen Stadtgrundriß erhielt Zossen nach dem Brand von 1671. Diesen Stadtbrand hatte eine 1649 von Christian Heintze aus Cummersdorf erbaute Fachwerkkirche offenbar überstanden, denn an ihre Stelle trat erst 1739 die von Bauinspektor Christoph Gottlieb Hedemann errichtete *Stadtkirche*, die 1873 durch Blitzschlag beschädigt und danach bis 1875 innen völlig neu ausgestaltet und außen entscheidend verändert wurde (neuer Turm). Es handelt sich um einen typischen Quersaal. An der Mitte der südlichen Langseite steht der Turm, ihm gegenüber der Sakristeianbau. Vor diesem befindet sich im Schiff der Kanzelaltar, in der Gestaltung mit der Patronatsloge korrespondierend, die an der Gegenseite über die Treppe im Turm zugänglich ist. Der umlaufenden eingeschossigen Empore entspricht die Fensteranordnung mit kleinen flachbogigen Untergeschoßfenstern und hohen Obergeschoßfenstern, die im Flachbogen der Faschen einen Schlußstein tragen. Eingefaßt werden die Fenster von einer Putzstreifengliederung, die dem mit einem Walmdach gedeckten schlichten Baukörper Rhythmus und Proportionen gibt. Unter den Quersaalkirchen, die nach den Theorien von Leonhard Christoph Sturm gebaut sind, dürfte die Kirche in Zossen eine der charakteristischsten aus dem 18. Jh. sein.

Abb. S. 163

Nachbemerkung zur Literatur

Auf ein Literaturverzeichnis zur vorliegenden Arbeit glaubte ich verzichten zu können, weil es seit 1961 die Bibliographie zur brandenburgischen Kunstgeschichte von Edith Neubauer und Gerda Schlegelmilch und seit 1968 die Bibliographie zur Kunstgeschichte von Berlin und Potsdam von Sibylle Badstübner-Gröger gibt. In ihnen findet der interessierte Leser nicht nur die speziellen Fachtitel, sondern auch heimat-, kultur- und kirchengeschichtliche Arbeiten verzeichnet. Ich möchte mich deshalb darauf beschränken, nur die Literatur, die ich in erster Linie benützt habe, und die Hilfsmittel, die mir darüber hinaus zur Verfügung gestanden haben, zu nennen. Das sind zunächst die älteren topographischen Werke, das »Inventar der Bau- und Kunstdenkmäler in der Provinz Brandenburg« von Rudolf Bergau (Berlin 1885) und die Bände des amtlichen Inventars der »Kunstdenkmäler der Provinz Brandenburg«, die ab 1909 erschienen, aber für das Gebiet bis heute noch nicht vollständig sind. Die neueren Veröffentlichungen über den Bestand an Kunstdenkmalen der Mark Brandenburg – »Deutsche Kunstdenkmäler. Ein Bildhandbuch. Die Bezirke Cottbus, Frankfurt/Oder, Potsdam und Berlin« von Joachim Fait (Leipzig 1971) und »Bau- und Kunstdenkmale der DDR. Bezirk Potsdam« (Berlin 1978) und »Bezirk Frankfurt/Oder« (Berlin 1980) – leisteten mir ebenso große Dienste wie die Vorarbeiten dazu in Form einer Erfassungskartei beim Institut für Denkmalpflege in Berlin, die ich dankenswerterweise einsehen konnte. Sehr informativ sind auch die das märkische Land betreffenden Abschnitte, bearbeitet von Horst Drescher und Peter Findeisen, in dem zweibändigen Werk »Schicksale deutscher Baudenkmale im zweiten Weltkrieg« (Berlin 1978). Die Neubearbeitung des Handbuches der deutschen Kunstdenkmäler von Georg Dehio ist noch nicht erschienen, aber es sind gegenüber den Darstellungen in dem Band Nordostdeutschland wesentliche Änderungen zu erwarten, so daß man auf die alte Bearbeitung nur in Ermangelung neueren Materials zurückgreifen wird.

Es war nicht immer leicht, sich mit dem Wissen um die laufende Erarbeitung kunsttopographischer Publikationen von deren Darstellungsstil abzusetzen. So schien es mir notwendig, mich zu bemühen, auf keinen

Fall die in diesen Werken geübte Vollständigkeit bei der Aufzählung baugeschichtlicher Einzelheiten, bei der Beschreibung architektonischer Details und beim Aufnehmen der Ausstattungsstücke zu wiederholen oder vorwegzunehmen. Auch in den Einzeldarstellungen zu Städten und Bauwerken habe ich deshalb nur das mir wesentlich Erscheinende hervorgehoben und keinen Ersatz für Inventarisationswerke angestrebt.

Was die landeskundliche Literatur angeht, möchte ich auf die fünfbändige »Landeskunde der Provinz Brandenburg« von Ernst Friedel und Robert Mielke (Berlin 1910 bis 1916) hinweisen. Sie enthält im vierten Band die meines Wissens erste und einzige zusammenfassende Kunstgeschichte der Mark. Für die Architektur ist das nur noch einmal von Hans Müther mit »Baukunst in Brandenburg bis zum beginnenden 19. Jahrhundert« (Dresden 1955) geleistet worden. Für die mittelalterliche Baugeschichte der Mark bleibt trotz vieler durch die spätere Forschung überholter Einzelheiten Friedrich Adlers Werk »Mittelalterliche Backsteinbauwerke des preußischen Staats« (Berlin 1862 und 1898) grundlegend. Eine spezielle Untersuchung zur Kirchenbaukunst des 14. und 15. Jahrhunderts liegt mit der Dissertation von Günther Schade »Der Hallenumgangschor als bestimmende Raumform der bürgerlichen Pfarrkirchenarchitektur in den Brandenburgischen Städten von 1355 bis zum Ende des 15. Jahrhunderts« (Halle 1962) vor. Über den protestantischen Kirchenbau in Brandenburg-Preußen unterrichten die Dissertationen von Arthur Werner »Der protestantische Kirchenbau des friderizianschen Berlins« (Berlin 1913) und von Carola Schwartz »Kirchenbauten unter König Friedrich I. und Friedrich Wilhelm I. in der Mark Brandenburg« (Berlin 1940). Über die Kirchenbauten Karl Friedrich Schinkels und des weiteren 19. Jahrhunderts standen mir die Habilitationsschriften von Gerlinde Wiederanders, »Die Kirchenbauten Karl Friedrich Schinkels in Berlin und der Mark Brandenburg in Zusammenhang mit frömmigkeitsgeschichtlichen Tendenzen in der 1. Hälfte des 19. Jahrhunderts« (ungedr., Berlin 1977) und von Hartmut Mai, »Studien zum Kirchenbau des 19. Jahrhunderts« (ungedr., Leipzig 1969) dankenswerterweise zur Verfügung.

Zur Gründung der Städte und über ihre Gestalt sind die Aussagen von Jobst Siedler, »Märkischer Städtebau im Mittelalter« (Berlin 1914), noch immer gültig. Die Geschichte der märkischen Städte behandelt Eckkard Müller-Mertens, »Untersuchungen zur Geschichte brandenburgischer Städte im Mittelalter« in der Wissenschaftlichen Zeitschrift der Humboldt-Universität (Berlin 1955/56 und 1956/57), erschöpfend. Ein topographisches Werk zur Landesgeschichte liegt mit dem »Handbuch der historischen Stätten. Berlin und Brandenburg« von Gerd Heinrich (Stuttgart 1973) vor, und schließlich darf das monumentale Geschichtswerk in fünf Bänden, »Die Mark Brandenburg« von Johannes Schultze (Berlin 1961 bis 1969), nicht unerwähnt bleiben.

Ganz wesentlich aber war für mich bei der Bewältigung der Aufgabe, über den städtischen Kirchenbau in der Mark Brandenburg zu schreiben, der Kontakt mit meinen Arbeitskollegen beim Berliner Institut für Denkmalpflege, die mir im Meinungsaustausch weiterhalfen, allen voran Carljürgen Gertler, der in geduldigen Gesprächen meine Überlegungen an seinem Wissen und seinen Anschauungen prüfte und kritisch das Manuskript durchsah. Letzteres taten ebenfalls Kirchenbaurat Winfried Wendland und Dr. Walter May. Ich sage hier Dank, der vor allem auch dem verdienten Initiator der Publikationsreihe »Stadtkirchen« und Herausgeber des vorliegenden Bandes, Herrn Karl Wagner gilt.

Die Forschungen zur Landesgeschichte wie zur Bau- und Kunstgeschichte der Mark Brandenburg sind in ständigem Fluß. Begonnene denkmalpflegerische Instandsetzungen kommen zum Abschluß, neue werden in Angriff genommen. Laufend werden daraus neue Erkenntnisse gewonnen. Manche Kirchgemeinde hat ihr Gotteshaus den gegenwärtigen Bedürfnissen des Gemeindelebens angepaßt und dabei Veränderungen der Einrichtung vorgenommen, die Ausstattung neu geordnet und auch neue Kunstwerke erhalten. Der Autor bittet um Nachsicht, wenn in seinen Darstellungen nicht immer der gegenwärtige Stand zum Ausdruck kommt, und dankt im voraus für korrigierende Hinweise.

Ernst Badstübner

Berlin, im Februar 1980

Personenregister

Ortsregister

ABBILDUNGSNACHWEIS

Die Aufnahmen für Bildteil und Schutzumschlag, ferner die Fotovorlagen für den Vorsatz fertigte die *Deutsche Fotothek, Dresden,* sie wurden für diesen Band von den Fotografen *Regine Richter* und *Hans Reinecke* größtenteils neu geschaffen.
Außerdem stellten Aufnahmen zur Verfügung:
Institut für Denkmalpflege Berlin: 23 (Brandenburg, St. Gotthard, Ansicht von Westen), 51 (Gransee, St. Marien, Ansicht von Südwesten), 83 (Gransee, St. Marien, Triumphkreuzgruppe, Aufnahme: Renate Worel), 103 (Neuruppin, St. Marien, Ansicht von Norden);
Institut für Denkmalpflege, Abt. Meßbild: 70 (Frankfurt/Oder, St. Gertraud, Hauptaltar der chem. Marienkirche), 125 (Potsdam, St. Nikolai, Innenansicht);
Rudolf Hartmetz, Frankfurt/Oder, 71.
Die Abbildungen im einleitenden Text wurden nach Originalvorlagen aus der Kartenabteilung und der Handschriftenabteilung der *Deutschen Staatsbibliothek Berlin* sowie des Kupferstichkabinetts und der Sammlung der Zeichnungen der *Staatlichen Museen zu Berlin* reproduziert.
Die historischen Stadtgrundrisse, die Kirchengrundrisse und -schnitte wurden nach folgenden Werken neu gezeichnet:
Bergau, Rudolf: Inventar der Bau- und Kunstdenkmäler der Provinz Brandenburg, Berlin 1885;
Die *Kunstdenkmäler* des Kreises Templin, Berlin 1937;
Die *Kunstdenkmäler* des Kreises Sorau und der Stadt Forst, Berlin 1937;
Die *Kunstdenkmäler* des Kreises Niederbarnim, Berlin 1939;
Müther, Hans: Baukunst in Brandenburg, Dresden 1955;
Dehio, Georg: Handbuch der deutschen Kunstdenkmäler, Bezirke Neubrandenburg, Rostock, Schwerin, Berlin 1968;
Fait, Joachim: Deutsche Kunstdenkmäler, Bezirke Cottbus, Frankfurt/Oder, Potsdam und Berlin, Leipzig 1971;
Heinrich, Gerd: Handbuch der historischen Stätten Deutschlands, Berlin und Brandenburg, Stuttgart 1973.

Typografie, Schutzumschlag und Einband: Lothar Gabler; Vorsatz, Übersichtskarte, Stadtgrundrisse: Karl-Heinz Lötzsch; Kirchengrundrisse und -schnitte: Sigrid Groß-Kaiser

ISBN 3-374-00546-2

3. Auflage 1988

Lizenz 420.205-127-88. LSV 6610. H 5054. P 72/81
Printed in the German Democratic Republic
Druck: Druckwerkstätten Stollberg und
Druckerei Markneukirchen
02950

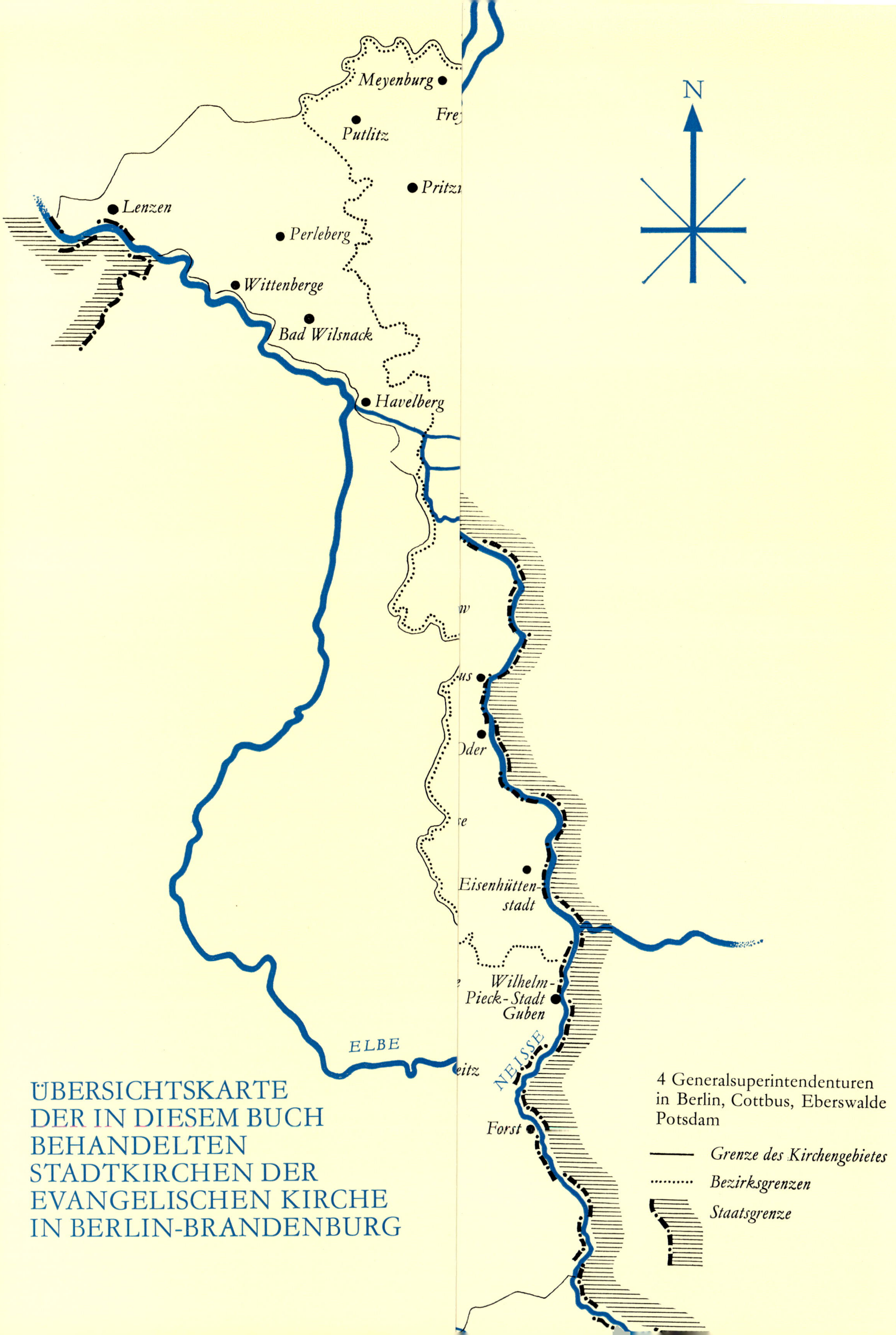

ÜBERSICHTSKARTE DER IN DIESEM BUCH BEHANDELTEN STADTKIRCHEN DER EVANGELISCHEN KIRCHE IN BERLIN-BRANDENBURG